先知后行　反思沉淀

——柴荣名师工作室教学探索集

柴　荣　等　编著

人民交通出版社股份有限公司
北　京

内 容 提 要

这本文丛汇聚了柴荣名师工作室的七位教师教学思想的火花。他们提炼总结了自己对教学的理解，并用教学行为落实立德树人的教育任务。本书记录了教师成长的一段历程，提供了教师成长的一种路径，搭建了教师成长的一个平台。

图书在版编目（CIP）数据

先知后行 反思沉淀：柴荣名师工作室教学探索集 / 柴荣等编著 .— 北京：人民交通出版社股份有限公司，2020.12

ISBN 978-7-114-15788-2

Ⅰ．①先… Ⅱ．①柴… Ⅲ．①中学语文课—教学研究—初中 Ⅳ．① G633.302

中国版本图书馆 CIP 数据核字（2019）第 178279 号

书　　名：先知后行 反思沉淀——柴荣名师工作室教学探索集
著 作 者：柴　荣　等
责任编辑：陈　鹏
责任校对：刘　芹
责任印制：刘高彤
出版发行：人民交通出版社股份有限公司
地　　址：（100011）北京市朝阳区安定门外外馆斜街 3 号
网　　址：http：//www.ccpcl.com.cn
销售电话：（010）59757973
总 经 销：人民交通出版社股份有限公司发行部
经　　销：各地新华书店
印　　刷：北京虎彩文化传播有限公司
开　　本：720 × 960　1/16
印　　张：15
字　　数：260 千
版　　次：2020 年 12 月　第 1 版
印　　次：2020 年 12 月　第 1 次印刷
书　　号：ISBN 978-7-114-15788-2
定　　价：66.00 元

编　委　会

序言

“先知后行　反思沉淀”是教师成长的一条路径。

“知”既包括专业课内知识，也包括专业课外多种拓展知识。只有对以上各种知识有清晰地理解和掌握才能在教育职业发展路上走得有底气。

“行”指教学实践，只有通过广泛的教学实践，才能验证自己传授的知识是否适合学生，这其中也包含教学理念、观念的更新，如以学生为主体、从学生学习的角度设计教学等。

“反思”是成熟教师必备的基本素质。每节课后都要做反思，一定要认真梳理课上课下学生的反应和教师的课堂表现，无论是学生回答问题，还是教师的授课内容，能否形成教学互动，都要客观地做出判断和评价。特别是课堂知识难点落实不到位的地方，要再三思考解决方案。教学更多的是不断解决学生在课堂上对“知”的准确把握和延伸，教师要思考好的教学对策和方法，并把这些对策方法变成教学行动。再量化到课堂中，不断反复实践，形成自己的常态化教学优势。

“沉淀”有利于教师对长期有效的教学工作做一个理论性提升，找到与自己教学行为相符的教育教学理念，提炼出一些具有特色的教学理念或思想。

这本文丛汇聚了我工作室的七位教师教学思想的火花。王鲁新老师的从阅读文字之“馨”，到阅读作者之“心”，最终读出属于学生自己之“新”，让学生在感性认知和理性分析的基础上，完成从“阅读”到“悦读”的蜕变。田姝老师的“会读沙龙”，把师生聚在一起，通过讨论质疑的方式，关注读书过程中伴生的疑问，启发学生深入思考，拓展了读书的深度和广度。梁琦老师的体验式阅读教学，引导学生在阅读中发现内心与书中主人公的共鸣，进而搭建自己与文学作品之间阅读与对话的平台。邵艺老师的“言”中有“文”，“文”中有“言”，从文言文的文与言的关系入手，用情境任务让学生在“文”“言”中穿越，攻克初中学生畏难文言文的心理。段秀丽老师的故事教学法与初中生记叙文写作训练相结合，抓住语文的基本听说读写，提升学生的思维能力。李蕾老师从活动出发，设计基于核心素养的语文活动，充分关注学生学习认知规律，由审美鉴赏与创造思考入手，在语言建构的过程中发展思维能力。每位老师都在提炼自己对教学的理解，都在用自己的教学行动落实立德树人的教育任务。

本书记录了初中语文教师一段成长的历程，提出了教师成长的一种路径，搭建了教师成长进步的一个平台。

柴　荣

2020年3月

目录
Contents

第一章

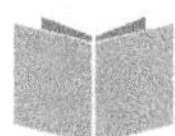

语文思维发展与提升　问题型思维教学模式

北京市第二十二中学　柴　荣

思维发展与提升是2017年版《普通高中语文课程标准》提出的语文核心素养之一，而所有课堂教学要素都要围绕核心素养，探索相对稳定的实践范式。比如语文直觉思维的初级形态是“领悟”和“顿悟”，中级形态是“感悟”，高级形态是“觉悟”和“醒悟”，这是根据人的主观意识介入的程度和对事物反应的程度来划分的。教师根据学生的特点和课文阅读的一般要求，灵活地调动这些“感受要素”，设计教学内容，提出相应的要求，建构“感受型思维教学模式”。

同理，从学生疑惑入手，教师找到学生思维的问题所在，根据符合思维认知和学生认知规律的方法，选取合适的多篇教材，解决学生思维难点，建构出适合学生自身思维特点的思维模式，这是语文教学落实思维发展与提升的有效路径。这种路径称为“问题型思维教学模式”，可以以此在语文思维教学中提升学生的形象思维和抽象思维的能力等。

构建语文学科思维发展与提升的教学模式，能对学生思维的发展与提升起到积极的作用。学生形成程序化知识后，提出问题，并能有效地解决问题，对学生未来的生活和人生的发展有着至关重要的作用。

第一节　语文学科思维

就儿童青少年思维的发展而言，学校教育起主导作用。各门学科的教学活动，都对学生的思维发展起作用。语文学科之所以能够引起学生的思维发展与变化，是因为它具有以下三个功能。

一是语言学习可以使学生获得思维的工具。语言是思维的物质外壳，是思维的工具。我们每一个普通人，思维总与语言相联系，需要借助语言来思考，并依靠语言来表达。语文学科的语言教学，就是要学生学会理解和运用祖国的语言文字。学生对语言的理解和运用的过程，就是获得思维的工具并使思维得到发展的过程。

二是阅读可以使学生获得间接的思维经验和思维材料。

三是听说读写可以使学生获得语言的思维能力。听说读写，是语文学科实现学生思维能力转换的最基本的实践形式。听与读的过程，是以理解他人思想为核心的思维过程。从对语言的感知到对文章内容的理解，再到对文章内容及形式作出评判，期间要经过一系列的、多层次的分析、综合等思维过程。写与说的过程，是以表达自己的思想为核心的思维过程。从对生活的感知到形成自己的认识，再到以语言的形式把这种认识表达出来，期间也要经过一系列、多层次的分析、综合等思维过程。语文学科的思维，正是通过听说读写这种实践形式，使学生的各项思维能力得到训练，不断地完善学生的思维结构，推动学生思维向前发展的。

2017年版《普通高中语文课程标准》对"思维发展与提升"的解释，指学生在语文学习过程中，通过语言运用，获得直觉思维、形象思维、逻辑思维和创造思维能力的发展，以及思维的深刻性、敏捷性、灵活性、批判性和独创性等思维品质的提升[1]。

课程目标要求，学生通过阅读与鉴赏、表达与交流、梳理与探究的语文学习活动，在思维发展与提升获得进一步的发展。

具体而言，一是发展形象思维，即：获得对语言和文学形象的直觉体验；在阅读与鉴赏、表达与交流、梳理与探究活动中，运用联想和想象，丰富自己对现实生活和文学形象的感受与理解，丰富自己的经验与语言表达[2]。

二是发展逻辑思维，即：能够辨识、分析、比较、归纳和概括基本的语言现象和文学形象，并能有依据、有条理地表达自己的观点和发现；运用基本的语言规律和逻辑规则，分析、辨别语言，准确、生动、有逻辑地表达自己的认识；运用批判思维审视语言作品，探究和发现语言现象和文学现象，形成自己对语言和文学的认识[3]。

三是提升思维品质，即：自觉分析和反思自己的语言活动经验，提高语言运用的能力，提高思维的深刻性、灵活性、敏捷性、批判性和独创性[4]。

根据2017年版《普通高中语文课程标准》的要求，语文学科“思维发展”的是形象思维和逻辑思维。而对“直觉思维”只强调其“直觉体验”。“创造思维能力”是形象思维中的一个能力点，单独提出来以强调其重要性，但在“课程目标要求”中并未对其培育方式做出具体的解释。我把其归于形象思维发展中的一项。

2017年版《普通高中语文课程标准》认为，构成语文核心素养的上述四个方面是一个整体。语言是重要的交际工具，也是重要的思维工具；语言的发展与思维的发展相互依存，相辅相成。语言文字是文化的载体，又是文化的重要组成部分，学习语言文字的过程也是文化获得的过程。语言文学作品是人重要的审美对象，语文学习的过程也是人审美能力和审美品质发展的重要途径。语言的建构与运用是语文核心素养的重要组成部分，也是语文素养整体结构的基础层面。在语文课程的学习中，学生语文运用能力的形成、思维品质与审美品质的发展、文化的传承与理解，都是以语言的建构与运用为基础，并在学生个体语言经验的建构过程中得以实现[5]。

从思维角度研究语文教学，既有利于学生语言的建构和运用，又可以有效地和提升思维。同时，文化传承与理解，审美鉴赏与创造，都需要语言和思维作为工具。

语文学科思维包括形象思维和逻辑思维。形象思维既指在阅读过程中想象文学作品描绘的画面，也指在写作过程中运用联想、想象等方式构思记叙。逻辑思维指灵活运用关联思维、形式思维、辩证思维等思维形式，梳理出文章内在思路，准确解读出文章内涵，用深刻的思维品质解读出文字背后的深意，用批判性思维质疑作者的观点，在学习的过程中用假设发现自己原先解读文本时未曾发现的内容，并且能用自己的语言逻辑清楚地表达出自己的想法。

第二节　形象思维培养方法

形象思维是凭借表象或形象进行的思维。它具有思维的概括性和间接性的一般特征。形象思维不是头脑中原有表象的简单再现，而是通过形象的概括反映客观事物的本质。形象思维主要包括表象、回想、联想、想象、情感等因素，可分为两种，即再造性形象思维和创造性形象思维。

一、再造性形象思维

（一）概念

按照他人语言（口头或书面）描述或图形的示意进行的思维，称为再造性形象思维，它的主体因素是再造想象[6]。学生读不懂文学作品，在于再造想象所再造的形象与作品塑造的形象不一致，因而不能准确分析形象的本质。

在所有文学作品中，作者都是用创造想象去塑造形象，这是作者情感的载体。读者阅读时要用再造想象，将语言符号转换成具体可感的形象，再由作品形象去理解作者的情感。

再造想象就是让学生通过大脑加工，将文学作品的语言符号转换为具体鲜活的场景和画面，再造与作品表述一致的形象。

再造想象伴随文学作品阅读全过程。只有在再造想象基础上，才能完成文学作品阅读。阅读完成后，学生要在整体把握作品内容的基础上，再用分析、综合、概括的思维方法，用现象到本质的思维形式，推导出作者塑造形象背后承载的情感。

（二）再造性形象思维培养方法

1. 积累意象、形象，提高想象能力

如果没有相应的知识经验和生活经验作依托，学生无法把意象再造出来。比如，学生不知道“砧杵”是何物，在读唐朝诗人韦应物《登楼寄王卿》中的“数家砧杵秋山下，一郡荆榛寒雨中”，就想象不出来“砧杵”的意象，也就无法理解诗人要表达的情感。

在诗歌教学中，引导学生积累意象。不仅如此，还可以让学生阅读各种类型的整本书，积累各种形象。比如通过阅读周立波《暴风骤雨》，让学生积累东北方言表达出的形象，如“跳猫子”指“兔子”，“香油馃子”指“油条”，“条通”指“灌木丛生的土地”，“黄土包子”指“黄土丘陵地”；积累人物形象，如赵玉林是从地主长工成长为打胡子而牺牲的共产党员。

2. 抓富有表现力的词再造形象

再造想象需要按照语言文字，提取选择积累的记忆表象，然后根据语言文字对这些记忆表象材料进行组合，最终形成符合作品描述的形象。作者在塑造形象时，会使用富有表现力的词句，再造想象时需抓住这些富有表现力的词语和句子，再造出符合作品描述的形象。

教学中，让学生对富有表现力的词语和句子有所体会，从中描绘出想象的场景。如归有光《项脊轩志》中的“庭有枇杷树，吾妻死之年所手植也，今已亭亭如盖矣”，让学生想象“亭亭如盖”，用自己的语言再现“亭亭如盖”的样子。再造想象完成后，学生就明白作者把对妻子的思念之情，移到妻子种的树上。树高高直立不断生长，茂盛得像张开的伞一样，正代表着他对亡妻的思念之情在不断生长，占据着心中很大的一块地方。

3. 根据经验补充丰富形象内容

比如李白《夜下征虏亭》：“船下广陵去，月明征虏亭。山花如绣颊，江火似流萤。”这是一首写景诗，表达诗人热爱祖国山河的美好情感和出游的喜悦之情。

“船下广陵去，月明征虏亭”这两句，如果不由“船下广陵去”联想到诗人此时坐在船上，不知道征虏亭居山临江，就不会明白诗人是回首仰望山上的征虏亭，便很难组成月光下征虏亭轮廓分明的形象。

这既是对形象非描述部分的补充，也是对作者形象的补充。船已经离开了征虏亭，还回首眺望，可见诗人对这里景色的喜爱之情。

再如唐朝诗人胡令能写的《咏绣障》：“日暮堂前花蕊娇，争拈小笔上床描。绣成安向春园里，引得黄莺下柳条。”“争拈小笔上床描”和“绣成安向春园里”，这两句诗之间省略了绣女绣屏风的内容，学生只有根据经验加以补充，再造想象的内容，才能形成完整的形象。

4. 通过对事物相似处的联想再现形象

联想是形象思维的一种思维运动形式，能从事物之间的关系中，揭示意象的内容，从而达到对事物的理性认识。作者通过联想塑造形象，阅读时也要运用联想再造出作品中的形象。仍以李白《夜下征虏亭》为例，如“山花如绣颊，江火似流萤”，如果不知道“绣颊”是唐人风俗，指少女妆饰面颊，“山花”和“绣颊”之间就没有相似点，无从产生联想。同时，如果不知道“流萤”是飞动的萤火虫，“江火”是江上的渔火和江中倒映的灯火，“江火”与“流萤”之间就没有相似点，联想式的想象也就无从产生。

在阅读教学中，要对两种事物发生联想的相似处或对比处进行联想式的想象，可以对比喻修辞做专题教学研究。

二、创造性形象思维

（一）概念

想象在心理学上指在知觉材料的基础上，经过新的配合而创造出新形象的心理过程。想象的思维价值在于它的创造性[7]，即是把以前没有的事物制造出来。以创造新形象的形象思维，称为创造性形象思维，它的主体是创造想象。创造性形象思维是形象思维的高级形态[8]。

想象作文是用创造的新形象来表达自己对人生、社会、生活、自我的认识和思考。从这个角度讲，想象作文就是编写自己没有经历过的事，在这些事件中塑造人物，表达自己对生活的认识。所以想象作文的核心是编故事。

（二）创造性形象思维的培养方法

1. 编故事

（1）围绕主题编写有内在联系的故事

作文要先确定主题，这是想象作文的核心，然后围绕这个主题编故事。比如鲁迅先生的《祝福》，主题是抨击封建制度和封建礼教对中国人的毒害。作者塑造祥林嫂这个人物形象，把她置身于被封建制度和封建礼教禁锢的鲁镇人中，通过她做工、被迫改嫁、再来做工、禁止祭祀、捐门槛、呵止祭祀、沦为乞丐、问有无魂灵等事件的发展表现主题。

（2）设计主体事件，编写有内在联系的故事

编写有内在联系的故事，就是描述人物做的一些事，这些事情应有内在的联系，在这些事情中展现人物的性格品质。

如《假如与我心目中的英雄生活一天》，主题设定为家国情怀，塑造为国家付出生命的英雄人物，如邱少云。主体事件是邱少云牺牲，设定“我”为邱少云的战友，写邱少云的最后一天，以主体事件为核心，想象前后的情节。先写早上我们已经隐避在蒿草丛中整一夜，再倒叙潜伏之前，邱少云向党支部递交入党申请书时的决心。再写美军飞机盲目发射燃烧弹，落在邱少云潜伏点附近，飞迸的火星溅落在邱少云的左腿上，烧着了他的棉衣、头发和皮肉，描写邱少云咬紧牙关，双手深深插进泥土中，以惊人的毅力忍受着剧痛，一声不吭、一动不动，最终壮烈牺牲。我看着心焦，泪流满面。最后点题邱少云是英雄。

（3）架构故事框架

制造故事波澜。故事架框就是故事的骨架，包括起因、经过、发展、高潮和结局，其中波澜最为重要。人物在故事的波澜中会有性格上的变化。如加布瑞埃拉·泽文的《岛上书店》，主人公费克里和妻子在艾丽丝岛开了一家书店，妻子因交通事故去世，珍藏的《帖木儿》被盗，费克里的人生陷入了低谷，在大家眼中成了势利、冷漠的人。作者设计了把两岁零一个月的小女孩遗弃在主人公开的书店里的情节，主人公由此发生改变。这就是给人物预先设计多重不幸，再使人物性格发生变化的情节，形成故事的波澜，既使故事有可读性，又让人物性格得以充分展现。

在故事主线上增加人物。围绕故事主线，增加人物，由主线引出新的情节，让主人公在这个情节中表现，既推动了故事情节，丰富了故事内容，人物性格也得以展现。如鲁迅先生的《祝福》中，祥林嫂第二次来鲁镇做工，鲁镇人主动找祥林嫂，听她讲阿毛的故事。当大家都听腻了，对她的态度也变得冷冷的。此时作者让柳妈出场，柳妈告诉了祥林嫂死后有地狱的事，这才有祥林嫂捐门槛的情节。

当然在搭建故事框架时，还要注意设置矛盾，设计悬念，使前后勾连，以推进情节。

（4）用学过的小说做示例讲解故事架构

教师可以利用学生学过的小说，教给学生设计故事架构的方法。

给学生提供编故事的模板，让学生按照这些模板写想象作文，如：《变色龙》的循环往复，围绕是不是"将军家的狗"，奥楚蔑洛夫的不断变化；《麦琪的礼物》的邂逅巧合；《卡夫卡》的物体变形；《喂，出来》的欲擒故纵；《胖子和瘦子》的对比映衬；《药》的明暗线串联等。

2. 阅读全书，积累各种意象

意象是创造想象的材料。大脑中只有有了丰富的意象，才可能在创作时随时调用，开展想象活动。在阅读整本书的过程中学生会注意到多个形象，比如《暴风骤雨》中既有赵玉林这样从地主长工成长为打胡子牺牲的共产党员形象，也有郭全海这样由开始说不出有分量的话被张富英挤出农会，到在萧祥的帮助下，成长为新婚二十多天即放下个人幸福，带头参军的共产党的好干部形象。

3. 积累丰富情感审美，融入创造想象

作者通过塑造的形象再现生活，表达对生活的认识与思考。其对生活的审美评价和情感态度，一定会融入塑造的形象中。所以，创造想象要有丰富的情感和审美感知能力。如想象作文《绿水青山图》，如果没有对祖国处处是绿水青山的期盼之情，不具备对绿水青山之美的审美感知能力，那么就写不好，甚至写不出来。

三、想象作文

示例一

二十年后的我

北京市第二十二中学　高一学生

二十年后，科技飞速发展，我也成了一个新科技公司的一名普通员工。最近，我们公司研发了一个叫“人生体验机”的新玩意，它可以让你体验其他人的生活。使用十分便捷，上面有一个红按钮，只需在按下时心里想着一个人，你就可以变成那个人，去体验他的生活。什么时候想回来，只需再按一下那个按钮就行了。作为公司的员工，公司给我们每个人派发了一个体验款，可以使用三次。回到家，我迫不及待地拿出了“人生体验机”，第一次体验。我决定变成我的初中同学：王小明。他学习成绩特别好，每次都是班里第一，老师、同学都特别喜欢他。我决定变成他，享受一下“称霸班级”的感觉。

白光一闪，我变成了王小明，正坐在教室里他的位置上。临近放学，正在上最后一节政治课，我也不用怕老师上课让我做题露怯了。上着课，我掏出数学作业，在当天的作业本上装模作样写几笔，就混到放学了。

回到家，我像原来一样径直走到电视机前，准备开始看电视。这时他妈妈走过来对我说：“你怎么还不去写作业，写完作业后把这两个区的卷子刷一遍，再去做英语听力。”说着，甩来两大摞卷子。面对着如山的作业，我十分震惊，原来学习好的学霸，回家竟然要下如此多的功夫。不想面对如此多的作业，只好按下按钮，回到了现实。

有了上次的经验，我决定不去体验学霸的人生了。我又想起了我曾经的同事——马大云。他曾和我在一个部门，之后不甘心过平淡的生活，一个人去创业，现在赚得盆满钵满，于是我决定变成他。

变成马大云之后，我正站在他家门内，首先看到的就是一个高大华贵的衣柜，里面名牌西装、皮鞋、领带数不胜数。衣服换好后，我走向沙发，准备开始享受“富翁”的“美妙生活”。眼光一扫，茶几上财务报表上几个大大的赤字冲击着我的眼球。我翻看报表，发现最近几年他们公司的营业每况愈下。我十分惊讶：他们公司今年年初还宣称，公司运营良好，怎么就……“滴滴！”他的手机上发来短信，秘书说最近刚得知有几家竞争的公司要联合起来推出新产品，让我赶紧规划接下来该如何应对这些情况，并且还发来了一个关于他们公司今年运行数据的表格，看得我头晕眼花。原来亿万富翁的生活如此不堪，眼看我的“亿万富翁梦”破灭了，只好赶忙退回现实。

体验过两次辛苦劳累的人生后，决定用第三次机会真正享受一下人生，我把目标锁定到隔壁的刘爷爷。他每周末都会去郊区的大别墅里休养，儿女也时常去看望他，真是享受的不二选择啊！于是，我按下了按钮。

白光一闪，我变成了刘爷爷，手里捧着一杯热茶，坐在摇椅上，面对着远处的树林，感受清风拂过脸颊，在二楼的阳台上哼着小曲，好不惬意！突然，争吵声打破了宁静。“凭什么财产你七我三？我不同意!”“怎么不行？我给老爷子付出得多，我就应该拿大头。”原来是他的大儿子和二儿子为了遗产的分配吵了起来，两个声如洪钟的大男人，震得房子直颤。“扯，谁比你做得少了？上次他发烧，还不是我来看护的？”“那次是我出差，能算吗？再说了，上上次他昏倒了，还不是我送的医院？”“你说，该怎么分!”两个人同时看向我，仿佛两把无形的剑指着我，喘不过气来。原来看上去和睦的一家人，为了财产，可以不顾亲情。我受不住压力，回到了现实。

我颓废地躺在床上，看着已经被我用完的“人生体验机”，十分失望：浪费了三次机会，一次也没体验成，还受到了精神刺激，真是得不偿失。不过我又好像体会到了什么，所有看上去光鲜亮丽的人，背地里一定付出了许多。我中学时羡慕王小明，羡慕他学习好，却忽略了他每晚的奋笔疾书；我工作时羡慕马大云，羡慕他家财万贯，却忽略了他事业刚起步时的艰辛奋斗，事业有成后的苦心维持；我休息时羡慕刘爷爷，羡慕他有大别墅，儿女都来看望他，却忽略了他每天都要面对儿女之间六亲不认的掐架，又伤心又生气。我们往往只看到了别人外在的成功，但忽略他们为之加倍的努力。

国家也是一样，表面的繁荣昌盛，背后付出的定是百倍艰辛。国家飞速发展的根本，不是一两项亲民的政策，不是几项重大的投资建厂，而是需要千千万万个“你”“我”“他”这样的无名英雄夜以继日地坚守，刻苦求实。我或许成为不了某个领域的高精尖人才，但是，只要我能够为祖国贡献力量，我一定会无惧任何艰难的挑战，奉献出自己的力量，让祖国更加繁荣昌盛。

结语：

本文想象合理。以时光穿梭机体验他人人生，内容充实。细节真实，如上政治课做数学作业，富翁公司上市和财务报表，儿女为财产的争吵，都是生活中真实的场景。每个故事无论叙述还是衔接，都顺畅自然。结尾用由现象到本质的思维形式，得出生活哲理：光鲜背后定有不为人知的不堪。作为青年人，不用羡慕别人的生活，自己先行动起来。追求家国情怀对人而言更有价值。

示例二

2049年，我们的共和国将迎来百年华诞。届时假如请你拍摄一幅或几幅照片来展现中华民族伟大复兴的辉煌成就，你将选择怎样的画面？

请展开想象，以“共和国，我为你拍照”为题，写一篇记叙文。

要求：想象合理，有叙述，有描写。可以写宏大的画面，也可以写小的场景，以小见大。

共和国，我为你拍照

北京市第二十二中学　高三学生

从远处传来阵阵音爆的轰鸣声，让我激动不已。“那架飞机是隐形的！是隐形的！”很快，人们的热情便因为那未知的战机而点燃。这一幕我不知道等了多久，盼了多久，终于在我的知天命之年，共和国百年华诞的今天，见证了这美妙的一刻。我拿着相机，拍下这一瞬间，送给我的祖国。

还记得年少的我，看到军事节目里讲中国自主研制的歼-20战斗机时，整个人都沸腾起来了。飞，是人类永恒的梦想；为祖国而奋斗，则是每个人应有的担当。为此，我学习了对口的专业。毕业后，我毅然地选择去国防研究院应聘，并幸运地成为一名后勤维修人员。

随着新中国发展得越来越快，研发高性能新型战斗机成了我们的主要工程，代号为“国运”。作为一名后勤人员，这一干就是20年啊。

“现在天空中飞翔的这一队战斗机方阵，是由我国独立自主研发的超级兵器国运战斗机组成。这是该型战机的第一次公开亮相。”国运渐渐显形，开启喷射口，在天空中留下那灿烂的中国红彩烟，顿时全场沸腾。紧按快门，拍下照片，献给共和国。

其实早在十年前，“国运”战机就已经研发完成。它浑身珠光灰色，机身布满反雷达装置，无论白天还是黑夜，都很难发现它的踪迹。战机上搭载着的两门全自动主机枪、四枚可以在爆炸瞬间让一切电子设备失灵的信息导弹，还有均匀分布在机身，全面提高机动性的全方位喷气加速口。

我还清楚地记着它第一次执行任务。那是从战乱的国外救回中国公民。飞行员回来说，他能在飞机中清楚地听见市民们大声呼喊着“感谢中国”。事后，中国战机瞬间占领了全球各大网络，外媒对这次救助反复报道。“生为中国人真好！”被救回国的中国公民说：是啊！中国强大起来了。这就是我们为共和国奉献一切的意义所在啊！

拿起相机，在“国运”飞过天安门正上方的一刹那，我按下快门。共和国，我为你拍照。

评语：

本文以“我”观看百年华诞隐形战机表演构思故事，由战机轰鸣的响声入题，倒叙“我”的职业选择，一名战斗机维修人员。在讲述战斗机的研发过程中，插叙隐形战机执行的任务，结尾以“拍下战机飞过天安门正上方的照片，献给共和国”扣题。

本文故事编写巧妙，想象力丰富。无论是塑造的人物形象“我”，还是设计的情节，以及对战机技术的描写，都有想象成分。全文灵活运用正叙、倒叙、插叙等叙述方法。维和部队拯救中国公民回国的情节彰显故事主题，突显了作者的家国情怀，表现出青年人的时代责任和历史使命。

第三节 抽象思维培养方法

抽象思维也叫逻辑思维，它是凭借概念进行的思维。抽象思维以分析、综合、抽象、概括等为基本的思维过程，以概念、判断和推理为基本的思维形式。抽象思维分为形式逻辑思维和辩证逻辑思维。形式逻辑思维是抽象思维的初级形态，具有确定性和抽象性，从事物的相对稳定性出发，反对事物的自相矛盾。辩证逻辑思维是抽象思维发展的高级形态，具有灵活性和具体性，从事物对立统一的辩证关系出发，强调思维反映事物的内在矛盾。

形式逻辑思维的基本形式分为抽象概念、抽象判断和抽象推理，辩证逻辑思维的基本形式分为具体概念、辩证判断和辩证推理。抽象推理又分归纳推理、演绎推理和类比推理。

在实际教学中，学生经常使用的是抽象推理中的归纳推理和类比推理。而从儿童青少年的思维发展来看，高中时期应该重视学生辩证思维的培养，使辩证思维成为他们认识和分析事物的一种主导思维。所以本节重点研究形式逻辑思维中的归纳推理、类比推理和辩证逻辑思维的培养方法。

一、归纳推理

（一）学生的问题

学生写的议论文《说“担当”》：担当是为了民族的独立与解放。“担当生前事，何记身后评。”千年前武则天的名言是另一位伟大女性的写照。宋庆龄从1913年开始追随孙中山，致力于中国的革命事业，谋求中华民族的独立与解放。在近70年的岁月里，经历了护法运动、国民大革命、抗日战争、解放战争，她始终坚贞不渝地坚持孙中山的革命主张，坚定地和中国人民在一起，为祖国的繁荣富强和人民的美满幸福殚精竭虑。宋庆龄担当起了中华民族复兴的伟大责任，她也因此被誉为20世纪最伟大的女性之一。

学生作文的问题：为了证明“担当，为了民族的独立与解放”这个论点，引用了一句名言，写一堆宋庆龄的例子，再写一句话提到论点，认为这就能证明观点。

议论文论据要证明论点，必须依靠推理来论证。使用例证法证明观点，依靠的是归纳推理。

（二）归纳推理概念

归纳推理就是能够从一些反映个别事实的判断出发，经过推理得出一个一般性的结论[9]。如司马迁《报任安书》中的“盖文王拘而演《周易》；仲尼厄而作《春秋》；屈原放逐，乃赋《离骚》；左丘失明，厥有《国语》；孙子膑脚，《兵法》修列；不韦迁蜀，世传《吕览》；韩非囚秦，《说难》《孤愤》”，举了七个人生不得志的人“大抵圣贤发愤之所为作也”的例子，证明“古者富贵而名摩灭，不可胜记，唯倜傥非常之人称焉”的观点。然后分析他们写作的共性原因是“此人皆意有所郁结，不得通其道，故述往事、思来者。乃如左丘无目，孙子断足，终不可用，退而论书策，以舒其愤，思垂空文以自见”。

（三）归纳推理能力培养方法

用归纳推理证明观点，要在案例的基础上找出案例的共性，再分析出其背后的原因，这种分析要全面客观。

1. 概括事例共性特征

如《家国情怀》，“从宋朝岳飞的‘壮志饥餐胡虏肉，笑谈渴饮匈奴血’，到辛弃疾‘把吴钩看了，栏杆拍遍，无人会，登临意’，再到陆游‘家祭无忘告乃翁’。这些古代名人深爱着自己的国家，才使自己在面对外敌时脱颖而出，才会有着复国的渴望。”这段话用归纳推理证明，家国情怀是人持续不竭的动力，三人的共性都是爱国，在此基础上才有复国的渴望。

2. 分析事例背后原因

表达观点类微写作题目：有人说，如今“人人面前都有麦克风，人人都是新闻发言人”。根据对“道听而途说，德之弃也”的理解，谈谈你对“自媒体时代人人都有话语权”这一现象的看法。要求：正确理解所选句子的意思，自圆其说，条理清楚。

示例

“道听而途说，德之弃也”，在路上听到传言就四处传播的人，是违背道德的。我认为在自媒体时代，每一个人都应该以理性的态度对待传言，其实质是要做一个有思考有思想的人。比如网络上对明星的谣言，人们没有理性思考，就跟从转发，结果网络上谣言四起，污染了网络环境。可见，没有经过思考的盲目跟风，害己害人。我们应该成为一个能明辨是非、具有道德的理性人。只有每一个人都这样做，才能让话语权在自媒体时代发挥它的意义与价值。

这篇微写作观点“在自媒体时代，每一个都应该以理性的态度对待传言”，用“道听而途说，德之弃也”的理解，对“自媒体时代人人都有话语权”这个现象做出的判断。然后解释观点，再举“网络谣言”为例，分析事例背后的原因，最后提出解决办法。

3. 全面客观分析事例

运用归纳推理，要对事物的全面情况和内在联系进行客观的具体分析。比如《说“苔花”》，“屈原在被流放时写下《离骚》；仲尼在不得志时周游列国，写下《春秋》；司马迁为继承父亲遗志，忍辱完成《史记》。他们都绽放在人生最艰难的时刻。假若没有面对逆境时足够坚强的内心，与对实现理想的顽强与坚持，或许屈原在放逐时就投河自尽，孔子自甘于每天静坐在学堂教书，许司马迁不会忍受宫刑之耻辱。而正是因为他们拥有像苔花一样想要绽放的永不懈怠的追求，才忍常人所不能忍，绽放出人生最美丽的花朵。他们对于绽放的顽强与坚持，让他们的人生更有意义，并因之永垂青史。所以人们在逆境时，应像苔花一样努力坚强地生活，终会绽放出属于自己的色彩。”这段话用了归纳推理，举了三个例子，然后概括出三个事例的共性“绽放在人生最艰难的时刻”。

4. 中心论点与分论点有内在的逻辑关系

可写关系类议论文。如议论文《传统与现实》，中心论点是“传统与现实相互促进、交相辉映”。分论点一“传统丰富了现实的精神内涵”，举了临津渡口在现代仍在使用和杭州西湖丰富的文化古迹给了现代人以精神慰藉等例子。分论点二“现实有利于对传统的保护与继承”，举了临津渡口与现代人生活的融合，使人们牢记盛唐与西域的文化；又举了故宫漆器组人员用电子技术保护文物等例子。结论是传统与现实融合，创造美好未来。中心论点概括了分论点，分论点都是从一方面谈对另一方面的影响，来论证中心论点。

二、类比推理

（一）概念

逻辑上的类比推理是由两个（或两类）对象有某些相同属性，从而推断出它们的其他属性也有可能相同的思维形式[10]。

（二）类比推理专题教学示例

1. 课堂解决核心问题

在《庖丁解牛》《种树郭橐驼传》《邹忌讽齐王纳谏》组成的“类比推理”专题教学课中，微课讲了类比推理知识，学生提出如下的问题：《庖丁解牛》中的解牛与养生有什么联系？《种树郭橐驼传》中的养树与治民有什么联系？

由学生提出的问题可知，虽然微课讲授了作者写文章时用到的思维知识，学生也知道《庖丁解牛》《种树郭橐驼传》用了类比思维推理，但他们并不能把具象化形象背后的道理悟透，这正是高中学生逻辑思维需要发展的地方。

由此教师设计的课堂讨论的问题是：《庖丁解牛》和《种树郭橐驼传》都在塑造形象时隐含了道理，都想到了可与之类比的事物，请结合文章具体内容，说说《庖丁解牛》中的解牛与养生有什么关系？《种树郭橐驼传》中种树与治民有什么关系？

2. 问题由学生解决

问题由学生自己解决，但教师可以把思考步骤外化，让学生按照教师列出的答题步骤去解决问题。思考步骤如下：

分别概括《庖丁解牛》《种树郭橐驼传》塑造的形象。

结合文章具体内容，分析解牛和种树过程中包含的道理。

由庖丁解牛的三个阶段特点，确定养生三个阶段的相比点；由种树的特点，确定治民的相比点。

概括出解牛与养生的道理，种树与治民的道理。

3. 学生讲解文章中运用的类比推理

学生解决问题后，由小组抢答。抢到发言权的学生先回答，答案如果有错误，或是别组的同学不认同，可以请其他组任意一人回答这个问题。这样既让学生关注课堂，又能让学生兴趣高涨。如果问题还没能解决，这时教师要找到学生发言中的问题，给学生搭出思考的台阶。

如对《庖丁解牛》进行类比推理，学生理解的发言：

《庖丁解牛》塑造了解牛高手庖丁的形象。庖丁把解牛这个技术当作道来钻研。第一阶段开始解牛时见的只是牛，这是找到规律；三年之后，解牛时见到的是牛的骨骼，这是熟悉规律；十九年后，运用规律，解牛时按照牛生理上的天然结构，劈开大空隙，顺着间空使刀，不曾触碰到经络相连和筋骨相连的地方。即使已经成为解牛的高手了，每到筋骨交结的地方，精神也高度集中。解完牛后，对自己的技术非常满足。把自然规律运用到养生，便要了解人体的各个器官。所以两者用了类比思维。

学生的这个答案，对庖丁解牛的过程说得清楚，但解牛怎么类比的养生，并没说清楚。这时，教师以追问的形式，给学生搭设思考的台阶，引导学生找到答案。

4. 教师搭台阶解决难点

教师连着问了三个问题：第一个问题，“始臣之解牛之时，所见无非牛者”对应养生的人，所见的是什么？“三年之后，未尝见全牛也”对应养生的人，见到的是什么？“方今之时，臣以神遇而不以目视，官知止而神欲行”对应养生的人，见到的是什么？第二个问题，解牛的三个阶段与养生的三个阶段有什么相似点？第三个问题，庖丁为什么能达到这个高度？

学生根据教师搭设的思考台阶回答：这个过程包括三个阶段，首先要喜爱这个技术，再全面了解牛，最后找到牛的生理结构。这与养生的三个阶段有相类似之处，养生要爱护身体，再全面了解人体的各个器官，最后按照人的生理结构生活。《庖丁解牛》这篇寓言，由庖丁解牛“依乎天理”，类比养生也具有同样的道理。

5. 布置作业

阅读《邹忌讽齐王纳谏》，说说邹忌是如何得出的道理。

三、辩证逻辑思维

抽象思维高级阶段认识加工的直接起点，就思维形式来说，是抽象的概念或范畴，也可以是抽象的判断。高级阶段的认识加工，主要是靠辩证的分析和综合的方法。辩证的分析综合着眼于事物整体与部分的关系，其作用在于能够深入事物的内部，分析从事物整体中抽象出来的不同属性之间的关系，并能通过综合的方法，将这些不同的属性复归为统一整体。辩证的分析和综合，是要以分析这些抽象的规定为起点，从中找出最本质的、能够作为各方面联系基础的东西。

（一）学生思维的问题

我以《梦游天姥吟留别》《春夜宴从弟桃花园序》《将进酒》三篇课文为基础，构成李白专题。学生在初读课文后提出问题：李白一生都想当官，但他在诗文中却为什么写“安能摧眉折腰事权贵，使我不得开心颜”?由此我设计课上解决的核心问题：探讨李白的“乐”。

在课堂讨论时，学生一致认为及时行乐是一种积极的生活态度。为什么学生的价值判断与我的价值观出现了如此大的悖离?

这不仅因为学生占有的李白资料少，只是就诗文论李白的行为，没有思考李白行为背后的原因，而且还因为学生没有站在李白生活的时间和空间下，辩证地思考李白的行为。也就是说，学生没有用时空观念和唯物史观去认识李白，而这是历史课程的核心素养。对历史人物的认识，需要学生用语文和历史两门课程的知识去解决，因此这两门课程有融合的必要。

（二）跨学科概念

1989年，美国学者舒梅克第一次提出跨学科教学的定义：跨越学科界限，把课程的各个方面组合在一起，建立有意义的联系，从而使学生在广阔的领域中学习的教学。跨学科的学习，把教与学看成一个不可分割的整体，并反映相互联系的真实世界[11]。

跨学科教学的关键在不同学科知识之间寻找联结点，建立起有意义的联系，并将这种联系作用于更广阔的学习领域。这就是要让知识呈网络状，需要学生多种能力的综合运用。

文史融合，就语文学科而言，是指在教学过程中以语文为中心，打破语文和历史的学科界限，融合历史知识，佐证文本阅读，有目的、有计划地进行教学设计和组织教学活动，综合运用知识和能力，对文本做出合理的评判。

每个人都是历史中的人，人的生活一定与所处的时代和事件交织在一起。对人的认识，一定要放在当时的时空背景下思考。只占有其一篇文章，对历史人物的理解就会失之片面。必须占有历史人物的大量资料，如其创作的文章、艺术品、历史记载等，才有可能获得对历史人物全面客观的认识。而语文课程中的文言文是古人在古代的时空背景下创作的，这就使文史融合有了必然性。

作品是人生经历的外化。以人物不同时期的作品为基础组织专题，是文史融合的选题之一。大部头的名著都是在一定的时空背景下创作的。尽管写作手法可能大相径庭，但都包含着作家对当时社会的观察和对人物的理解。作品的评价需要史料实证，以唯物史观评判。

（三）文史融合课苏轼专题教学案例

下面就以苏轼《方山子传》《文与可画筼筜谷偃竹记》《游沙湖》组成“以文读人　以史明人”的苏轼专题为例，对文史融合课培养学生辩证逻辑思维做说明。

以核心素养确定教学目标。学生对人的价值判定出现偏差，是因为学生没有在时空观念下分析人物，也没有用唯物史观全面客观地认识人物。应当从两个学科的核心素养，确定文史融合的教学目标。

2017年版《普通高中语文课程标准》核心素养包括四个层面：语言建构与运用、思维发展与提升、审美鉴赏与创造和文化传承与理解。

2017年版《普通高中历史课程标准》核心素养包括唯物史观、时空观念、史料实证、历史解释、家国情怀。

就苏轼来看，人生第一次低谷是“乌台诗案”。他在湖州知府的任上被捕，几近死亡，再出来做黄州团练副使。表面上看，因为看这个案件，苏轼在44岁的壮年被捕入狱，在狱中待了4个月又20天，官职被贬，不准擅离驻地，无权签署公文。而实际上，被这一事件影响最大的，是他的人生态度。这从他的诗文中可以表现出来。苏轼之所以成其为苏轼是因为他跟别人不一样。

如白居易、柳宗元、韩愈等名人都有过被贬的经历，随后作品的风格都发生了变化。苏轼的风格没有因这一事件而发生根本改变。虽然他的思想体系是由儒释道三家共同建构的，但由他在黄州的作品和历史记载来看，他享受贬谪生活仍以儒家思想为主导，对百姓和家国怀有仁爱之心。用现在的话说，就是他具有社会责任感和人文情怀。

比如，他在黄州听说当地有溺死初生婴儿的野蛮风俗，就立即给武昌太守写《上鄂州太守朱康叔书》，让太守以行政命令阻止，并成立救儿会，每年捐出十缗钱（相当于十两银子）。要知道，当时他的生活并不富裕。

由人物的行为分析人物的内心，需要因果思维方式。我们必须由表及里地逐渐深化，透过纷杂的表象看本质，运用唯物史观的立场、观点和方法，才能对人物有全面、客观的认识。这是辩证思维方式。

由此设计教学目标。知识目标为基于两个学科思维形式的知识。能力目标是用辩证的思维方式和唯物史观，分析人物形象和作者，对其形成全面、客观的认识。核心素养目标则为认同豁达的人生态度，学做有家国情怀的人。

教学操作。根据学生阅读后提出的问题，设计上课解决的核心问题：苏轼在《方山子传》中写“余闻光、黄间多异人”，在《游沙湖》中写“余以手为口，君以眼为耳，皆一时异人也”，在《文与可画筼筜谷偃竹记》中写文与可的画论和行为，你认为这些人都是“异人”吗？请结合文章内容具体分析，由此看出作者是什么样的人。给学生列出思考步骤：

第一步，对《方山子传》《文与可画筼筜谷偃竹记》《游沙湖》中塑造的形象作出判断。第二步，分别概括作者记叙的人和事件。第三步，无论你认为人物是不是“异人”，在时空观念下，从文中找具体事例分析。第四步，基于对人物形象是否“异人”的判断，利用资料包，结合作者人生经历，用辩证和从现象到本质的思维方式，分析苏轼成其为苏轼的根本原因。第五步，可以三篇文章一起写，也可以分着写。如果有可能，尽量多地占有材料，试着发现苏轼。

在实际操作过程中，学生在以文本为基础解读人物时，遇到思考的困难，对苏轼“异”的行为不能理解。我说了下面这段话引导学生思考：

《文与可画筼筜谷偃竹记》写于1079年7月7日，可以说体现了苏轼未被抓捕之前的精神状态。7月28日，李定等人奉旨查办乌台诗案，派皇甫遵前往湖州逮捕苏轼。8月18日，苏轼被押解到京城。以后，他在监狱待了4个月又20天，几近死亡。他由湖州知州被贬为黄州团练副使，不准擅离驻地，无权签署公文，这是他人生经历的第一次打击。他在黄州待了4年，《方山子传》写于1081年，《游沙湖》写于1082年，都属于被贬期间，再加上你们学过的《定风波》（1082年春）、《念奴娇·赤壁怀古》（1082年）、《赤壁赋》（1082年）、《记承天寺夜游》（1083年）。但你读他的文章，除了《念奴娇·赤壁怀古》中的一句“人生如梦，一尊还酹江月”让你觉得有点悲观消极，反而是“戏笑”居多。用林语堂的话讲，你会觉得这些作品带给你“醇甜的诙谐美”，带给人的是光辉温暖、亲切宽和。

由此引出历史老师，由其指导学生在史料实证和时空观念下解读苏轼的“异”。

历史老师提供了苏轼游迹图、书画作品、在苏州的生活趣事，并举出同样遭贬谪，从思想观念到写作风格都发生变化的白居易作对比，站在历史角度，用时空观念对苏轼做了全面解读。

当占有了苏轼的大量资料后，再回到这个专题中三篇课内文章，学生就能理解：诉诸文字上的诙谐美，是苏轼的豁达心胸或者豁达人生态度的外化，而豁达的人生态度又是苏轼思想的外化。苏轼的思想体系是由儒释道三者共同建构的，但从他在黄州的作品和历史材料的记载来看，苏轼享受贬谪生活，儒家思想仍占主导。而苏轼成为中国文人的榜样的根本原因，是他对百姓和家国的仁爱之心，也就是说他有社会责任感和人文情怀。

课前制作《评价历史人物》和《文与可画竹法》的微课，其中资料包涵盖苏轼的生平介绍、乌台诗案、苏轼贬官之后的情况、《宋史·苏轼传》、苏辙《东坡先生墓志铭》、钱穆评价苏轼、李敖评论苏轼、东坡食事、东坡故事、东坡成语、苏轼与王安石、苏轼书画作品、黄州寒食诗帖、枯木竹石图、潇湘竹石图等，以及白居易贬官后的情况。学生在课上研究问题时，就到资料包中查找相关资料。

高中时期，应当把对学生辩证思维的培养作为重点，使辩证思维能够成为学生认识事物和分析问题的一种主导思维。

四、关联思维

随着时代的发展，信息越来越丰富，很多内容都会产生关联，这是现代社会愈发显著的情况。关联思维是关联各种信息的思维形式。

（一）问题缘起

问题：阅读契诃夫《装在套子里的人》，用自己的话写出你对别里科夫这个形象的认识。

学生一：装在套子里的人，指的是希腊文教师别里科夫。第一段用别里科夫的穿着和习惯，得出了他躲避现实的结论。后来别里科夫正派的形象在一个例子面前立了起来。别里科夫是一个做事循规蹈矩的人。但当他决定与华连卡结婚后，看到不符合自己想法的华连卡和柯瓦连科时，心里乱得很。在和柯瓦连科争论时，他心慌意乱，于是放弃了华连卡，最后又戏剧性地死了。

学生二：读完《装在套子里的人》这篇课文，别里科夫给我留下了非常深刻的印象。首先是他的穿着，“即使在最晴朗的日子，也穿上雨鞋，带着雨伞，而且一定穿着暖和的棉大衣”。还有他的很多东西都放进各种套子里，可见他谨慎得过了头。其次是他那装在套子里的思想，只要政府规定着禁止什么，“他就觉得又清楚又明白：这种事是禁止的，好，这就行了”。最后是他的恋爱经历，套子思想导致爱情死亡。所以说，别里科夫是一个谨慎小心又被封闭在封建思想里的人。本文充分表现了在沙皇统治下被封建思想束缚着的痛苦平民。

学生的认识是其现阶段阅读能力的表现。学生一由人物的一个表现就做出了判断，对小说写的事也未能概括全面，其认知发展处于只能联系单一事件进行概括的阶段。

学生二能够看到别里科夫多个表现，如外在表现、思想表现和恋爱经历，并将这些内容连贯成一个整体，做出关联性判断“别里科夫是一个谨慎小心又被封闭在封建思想里的人”，但关联性的判断仍然停留在现有认识水平上。其认知发展处于根据几个有限、孤立的事件进行概括的阶段。

两个学生在分析人物形象上都呈现出思维简单、思维面过窄、不能准确把握形象、概括能力不强、未调动出所学帮助理解人物形象等问题。

（二）认知发展阶段分析

按照皮亚杰的发展阶段论，16岁以上的学生处于形式思运阶段，这一阶段的标志是进行纯抽象思维。学生“能够将各种法则联系在一起导出远远超出个人经验范围的结果。”[12]科学家就是这样利用某一理论推导可能的结论，然后设计实验来检验这些未经证实的假设。所以从认知发展规律上讲，16岁以上的学生应该发展的是演绎与归纳，从而对未经历的情景进行概括的能力。

同时，认知心理学家普遍认为，当人学习的时候，会从他原有的思维结构出发，解释所学的内容。“皮亚杰将这一过程描述为‘同化’，信息处理理论则称之为‘编码’（Biggs，1971）。但是在对比较复杂的材料进行同化或编码的同时，学习者的思维结构也将按照需要，透过‘顺应’或‘重组’的过程，进行修改或扩展。”[13]

学生的认知发展水平，也影响学生语文阅读能力的提高。面对阅读的文本展开分析，需要具体的思维操作指导。

基于任务群，以专题学习的操作形式，可以关联多篇文本内容，以此发展学生的阅读能力。

（三）案例

人教版高中语文必修二第三单元是中国古代山水游记单元，包括王羲之《兰亭集序》、苏轼《赤壁赋》、王安石《游褒禅山记》三篇课文。2017年版《普通高中语文课程标准》规定，古诗文背诵推荐篇目中有苏轼《石钟山记》和姚鼐《登泰山记》，以及陆游《过小孤山大孤山》。这些篇目可以涵盖中国古代山水游记的历史发展，以此组成中国古代山水游记专题。

这些文言文作品中，蕴涵了古人的思想，涉及“语言积累、梳理与探究”“文学阅读与写作”和“中华传统文经典研习”三个任务群。

在真实情境下设计任务，如高一年级要组织“游历山水 生命成长”为主题的游学活动。学习任务设计为做一份游学路线的企划书，其中包括具体的任务有游学的目的和路线、推荐的景点、为游学选出文化形象大使等。根据这次游学，创作一篇游记，真正实现用语文性的学习活动解决社会生活中的问题。

涉及的学习资源包括视听语言、艺术语言、文字语言等各种语言类型。因为是以学生自主、合作、探究的学习方式完成，所以教师要为学生解读文本内容提供必要的参考资料。学习资源要关注学生接受信息的各个渠道，包括视觉、听觉、思考等多个方面，如提供剪辑的兰亭、石钟山、褒禅山、泰山、赤壁五个景点1分钟视频等。

为了帮助学生更好地理解中国古代山水游记的内容，选择陆游《兰亭》、席慕蓉《夜读兰亭》、施华等《别解〈兰亭集序〉——王羲之一生经历与心事的诠解》、林语堂《苏东坡传·赤壁赋》、林语堂《苏东坡传·东坡居士》、余秋雨《苏东坡突围》、陈友冰《石钟山散考》、季羡林《游石钟山记》、汪明松《夏入褒禅山》、梁启超《王安石传》中第五章的《执政前之荆公》（上）、姚鼐《岁除日与子颖登日观观日出作歌》和李健吾《雨中登泰山》共十二篇文章或书籍的节选，供学生阅读。

基于信息技术支持的翻转课堂，学习方式是以小组合作、探究学习方式为主。在解决问题的过程中，学生需要先完成文本的学习。刚上高一学习古文，既要对古文语法做梳理，丰富语言积累，又要理解古人的思想。教学流程如下：

1. 语言积累阶段

在学习人教版高中语文必修一第二单元古代叙事散文的基础上，布置个人查找资料的作业，包括王羲之、苏轼、王安石、姚鼐的生平、代表作品、主要成就。教师做任务分工表，让学生把自己负责的任务都做成微课，上传到学习平台。学生参考同学做的微课，完成各课的预学案。参考预学案，师生合作，简单梳理山水游记的基本特点。

课上梳理出需要掌握的文言基础知识。

（1）完成五篇文章的表格填写，从文言、文章、文学、文化四方面梳理文本特征。

山水游记之《　　　》阅读笔记

班级__________　　学号__________　　姓名__________

文学文化知识	作者、时代、出处	
	文化知识	
文言知识	重点实词、虚词、重要句式	
篇章手法	结构	
山水游记特点		
我的评价与质疑		

（2）课上学生分小组交流表格中的内容，切磋质询。

2. 文本初读阶段

分小组自学，在阅读课上利用工具书及资料包，分工合作，交流讨论，集体完成五篇文言文的初读及翻译。小组内统一翻译，讨论重点字词句的理解方法。然后分小组展示翻译。

3. 交流指导阶段

教师适时点拨、指导、提问，组织讨论。

学生当堂梳理，逐渐明确五篇山水游记的章法、文学特色及文化内涵。参考如下：

山水游记内容

作　者	题　目	概括内容和抒发的情感或讲述的道理
王羲之		
苏轼		
王安石		
陆游		
姚鼐		

4. 教学设计

学习目标有三点：一是在语文学习任务中，梳理所学作品中的文言实词、虚词、特殊句式和文化常识。二是学习山水游记，引导学生阅读山水游记，感受作品的艺术形象，理解欣赏作品的语言表达，把握作品的内涵。三是在学习创作山水游记的过程中，开始思考生死、如何生活等哲学的基本问题，构建自己的精神世界。学习时长为10个课时。

下面是任务群导言："读万卷书，行万里路"是古代文人成长的必经之路。高中正是"读万卷书，行万里路"的最佳时期。有成就的人大多有游学的经历。孔子曾经周游列国，孟子也曾带领学生游历魏、齐、宋、鲁、滕、薛等国。司马迁22岁开始外出游历，"南游江、淮，上会稽，探禹穴，窥九疑，浮于沅、湘；北涉汶、泗，讲业齐、鲁之都，观孔子之遗风，乡射邹、峄；厄困鄱、薛、彭城，过梁、楚以归。" 这些游历为他写作《史记》奠定了坚实的基础。

李白一生游历过206个州县，登过80多座山，游览过60多条江河川溪和20多个湖潭。《独坐敬亭山》《山中问答》《早发白帝城》《客中作》……这些脍炙人口的千古名篇，都是他在游历中写成的。杜甫20岁结束书斋生活，开始了为时10年以上的“壮游”。在这长期的壮游中，杜甫接触到祖国无比丰富的文化遗产和壮丽河山，充实了生活，扩大了视野和心胸，为他的诗歌带来相当浓厚的浪漫主义色彩。“会当凌绝顶，一览众山小”，正流露了诗人对于事业的雄心壮志。李时珍、徐霞客、马可·波罗、达尔文、哥伦布等人，都是靠“行路”写出了宏伟巨著，或取得了重大发现。

高一年级要组织“游历山水 生命成长”为主题的游学活动，请做一份游学路线的企划书，包括以下任务。

任务一：根据推荐阅读篇目所写的地点，不考虑地理位置，设计一条游学路线，说明理由。

任务二：路线确定后，作为游学的设计者，要为同学推荐你认为最值得同学观赏的一处景观。请为这个景点写一段推介词。

任务三：柳宗元在《邕州马退山茅亭记》中写道：“夫美不自美，因人而彰。兰亭也，不遭右军，则清湍修竹，芜没于空山矣。是亭也，僻介闽岭，佳境罕到，不书所作，使盛迹郁堙，是贻林涧之愧也，故志之。”美不自美，因人而彰，道出的是人与自然关系的命题。

根据这次游学主题，请从这四位古人中选出一位游学形象大使，并说明理由。

任务四：游学结束，请为一处景点留言。

任务五：根据游学，任选一地，创作一篇山水游记。

5.教学实施

（1）微课讲授知识

教师根据山水游记的分类，做了《中国古代山水游记之舆地游记史》《中国古代山水游记之文学游记史》《中国古代山水游记之山水与文化》三个微课，发布在网上，帮助学生理解文本内容。

（2）问题的提出

各小组根据文本内容的学习，以组为单位提出的问题有：王羲之在《兰亭集序》中如何理解道家的生死观？苏轼的理由为什么可以说服客人不再悲伤？为什么要在夜游绝壁时有大段环境描写？姚鼐为什么在除夕难爬的时候攀登泰山？

《游褒禅山记》第三段作者通过对比“力足以至”而未能至和“尽吾志也而不能至”两种情况得出“可讥”“有悔”和“无讥”“无悔”两种结果，这两者矛盾吗？

老师根据同学们提的问题，归纳了以下五道题：兰亭的“修禊”集会触发作者思考生死问题，如何理解王羲之生死观？苏轼在赤壁下如何化解了人生困境？苏轼如何探访石钟山得名的原因，他探访的原因正确吗？王安石从游洞未果得出什么样的道理，这个道理对你的生活有什么启示？在一个冰天雪地泰山顶上，姚鼐为什么有如此大的兴致写出泰山日出的壮景？

（3）问题的解决

在翻转课堂上，教师根据学生的问题，提出课堂上要解决的核心问题，同时把解决核心问题的思考步骤分条列出，也就是让思维外化，并提出任务要求。具体要求是：用对联形式概括形象大使的内涵。四位文人中，至少选择两人进行比较。结合文本内容，写出古人借山川景物表达的思想感情。阅读提供的学习资源，最大限度地关联学习资源中涉及的作者内容，阐释你所选的形象大使的内涵。不少于300字。

教师把相关资料做成文件夹。学生使用平板电脑，根据学习需要，到文件夹查阅相关资料，关联内容，研究问题。再组织小组修改、展示并评价学习成果。最后教师再指导、点拨学生。

所有的这些活动，无论是学生选择的形象大使、创作的游记、利用网络平台教师提供细致的描述性反馈、提出可操作的建议、学生再修改所写的形象大使，还是课堂上组织学生交流评价学生写的形象大使、修改的游记，教师设计各种形式的言语活动，都应落实语文学科核心素养的四个方面。

6. 教学反思

落实学习任务群的教学，“一要具有‘任务’意识，善于将学习内容‘任务化’；二要增强‘整理’意识，用任务群的整体目标统摄不同的学习内容和学习活动；三是提高‘统筹’能力，恰当处理不同任务群之间的关系。”[8]

（1）任务与活动的区别

任务群的任务可以是语言活动，但任务比活动概念更广。活动可以不依赖文本，但语文学科文本学习是语言建构与运用的学习对象，也是最基本的方式。

（2）任务的设计要有内在的逻辑顺序

把任务放在一个大的框架中建构，语言的积累和梳理探究、文本内容的理解、写作手法的运用等语文学科本质的内容仍是语文学科的核心。需要采用情境的方式、基于问题解决的方式学习这些内容。

（3）教师是组织者、设计者和指导者

①教师的个性化指导占据主要的备课时间

无论是基于旧教材的任务群的设计，还是在任务完成的过程中，教师对学生的个性化指导，占据了备课的主要时间。

例如，在翻转课堂实施前，也就是学生在讲述之前，教师对每位同学写的形象大使稿和游记都做了批改，同时学生也多次修改，真正做到个性化辅导。

课堂上小组合作学习的设计，也是让所有学生都参与课堂学习中，能在原有的基础上有更多收获。讲解组的每位同学都要发言，点评组的同学则专门评价一位形象大使，每个人的发言都有侧重点，紧扣山水游记知识的内化与落实。

②教师设计各项学习任务的表现性评价表

2017年版《普通高中语文课程标准》在文学阅读与写作学习任务群中，提出“为学生提供等级量表等自评互评的工具”，在“评价建议”中提出“评价不仅要关注学生外在学习结果，更要关注内在的学习品质。注意通过评价引导学生学会学习，自觉提升语文学科核心素养”。比如设计了“山水游记写作表现性评价标准”，要求学生能根据具体的语境，组织表达内容，选择合适的表达方式，有效地运用口头语言和书面语言，实现沟通交流。“山水游记写作表现性评价标准”根据山水游记的分类设计，力求最好地体现山水游记知识。评价表的设计，既梳理了山水游记知识，也关注了作者的思想，同时还培养了学生形式逻辑思维中的比较思维，既帮助学生理解作品言志的目的，也起到了促进学生学习的作用。

山水游记写作表现性评价标准

评价项目		优	良	中	差
内容	再现型游记	准确、形象地再现山川风物的风貌。景物特点鲜明，表达作者真挚的情感	基本准确、形象地再现山川风物的风貌。景物特点比较鲜明	基本再现山川风物的风貌。景物特点不鲜明	不能再现山川风物特点
	表现性游记	略写山川风物外形，写出山川风物内在精神，表达作者思想，体现哲理	景物有特点，表达作者的思考，讲了些道理	景物特点不突出，有些道理，但说理不严密	没写出景物特点，说理混乱

续上表

评价项目		优	良	中	差
内容	文化型游记	准确、形象地再现自然山水的风貌，写出景物特点。能用古诗文表达自己看到景后的感受，引用当地、此景的逸闻轶事，体现出丰厚的文化积淀	恰当引用古诗文表达自己看到景后的感受，恰当引用当地、此景的逸闻轶事，显出文化积淀	能引用几句古诗文表达自己看到景后的感受	不能用古诗文表达自己看到景后的感受，没有引用当地、此景的逸闻轶事
语言		语言流畅	语言顺畅	语言通顺、偶有病句	语言病句多
结构		内在逻辑清晰	内在逻辑比较清晰	内在逻辑不清晰	内在逻辑混乱

（4）设计要达成立德树人目标

任务的设计以学生的成长为主题，较好地落实了语文学科立德树人的育人功能。学习过程中涉及认识生死问题和如何认真生活等哲学命题，关于这些命题的探讨在高中时期对学生人生观、世界观、价值观的形成起到了很好的引导作用。学生懂得要像《兰亭集序》所写的一样，活着的时候认真生活。要像王安石《游褒禅山记》所写的一样，在志力物三者关系中，立志是第一位的，只有目标明确，生活才有价值。有志有力有物，然后实现目标，自然很好；有志无力无物，或有力无物帮助，没实现目标，也不后悔。毕竟在实现志向的路上努力生活。有志就要学习，治学要严谨，要像苏轼《石钟山记》写的一样，以实证精神探寻真理。而人的一生不可能一帆风顺，遇到困难是生活常态，尤其处在人生困境时，要像苏轼《赤壁赋》一样，用自然山水化解心中的块垒，建构出强大的内心世界。

在解决问题的过程中，学生认识到游历山水能让我们获得审美愉悦，体会山水文化中表现出来的中华文化的核心思想和人文精神，以之化解我们心中的块垒，有了建构自己精神世界的意识。更重要的是，学生在创作山水游记的过程中，见到三峡大坝和武汉大学的北斗导航等，懂得这些大国重器需要青年人去建设，国家未来发展之重任理应由青年人来承担的道理，真正实现了语文学科立德树立的目标。

附：学生游记

博 物 赋

——参观湖北省博物馆、辛亥革命博物馆有感

北京市第二十二中学 高一2班学生

戊戌之冬，十月初六，与同窗悟史于湖北省博物馆、辛亥革命博物馆。驾清风，挟暖阳；伴闲云，畅幽情；览万物，悟真情。鼎之大，可盛日月；镇之精，鬼斧神工。闻曾侯乙编钟既鸣，恢宏志士之气；赏睡虎地秦墓竹简，叹古法之严明。此为华夏文化之盛，今视彼时，亦觉震撼。

而入辛亥馆，心绪由喜转悲。近世中国，签不平之约，割国之领土，干戈不息，乱国力衰。叛贼遁，官府败，鸦片蚀，人心惶。龟山苍苍，江水泱泱，烈士一死清廷亡。国家危难出者，英雄也。故胡石庵曰："促革命之动机，贡牺牲于祖国。"同盟会誓忠义，驱鞑虏，复中华；创日知会，求一进，续进步；清末推新，革官、兵、学制，励工商；武昌起义，痛失友，占武昌。为国复功者，多匹夫与有志之士，今中国之兴亦不离其功也。

寄愿于天地，敌前人之鸿鹄志。梁启超尝言："故今日之责任，不在他人，而全在我中华少年。"少年立于江海，则国强于江海；少年志于高山，则国志于高山。国力之盛，既可上九天揽月，又可下五洋捉鳖。余观国之功绩，心动，忍性，吾将励志于学问，国兴之重任吾当，华夏之美名余献。愿我中华大地与天不老，壮我青春之志与国无疆！

评语：

这是学生学习古代山水游记，参加北京市第二十二中学高一年级游学后创作的游记。本文以湖北省博物馆和辛亥革命博物馆为写作主体，选择两座博物馆中最打动自己的藏品抒发自己情感，既彰显了对中华优秀传统文化的喜爱之情，也表达了青年人铭记历史、立志求学、愿意为国奋斗的社会责任感。能用文言文创作，既增强了热爱祖国语言文字的感情，也提高了自己的语言能力。

第四节　批判性思维品质培养方法

一、批判性思维品质概念

思维品质是思维个体在思维活动中所表现出的智力特征，主要包括思维的深刻性、灵活性、独创性、批判性和敏捷性等[14]。思维的批判性是指对自己思维过程的一种自我反省、自我调节、自我修正的智力品质[15]。

二、批判性思维品质的培养方法

阅读文学作品，会自觉不自觉地以自己的观点加以审视，表现出肯定或否定、赞赏或厌恶、接受或反感等不同的道德评价或情感态度。从阅读角度来培养批判性思维品质，有如下七个要点。

1. 发现问题并提出问题

对阅读的作品发现问题并提出问题，是指发现文学作品中值得肯定或不足的地方。

2. 从感触深处思考

《祝福》一文中，学生对祥林嫂的人物形象提出疑问。祥林嫂死了丈夫来鲁镇做工，竟被婆婆卖掉嫁人，拼死抵抗也没改变命运。没几年，第二任丈夫又死，儿子阿毛被狼吃了，再来鲁镇做工，她确实挺可怜的。但她无数次地重复阿毛被狼吃的故事，别人厌烦她好像是正常的，这是否削弱作品的批判力量？作者还把阿毛被狼吃的故事写了两遍，是否可以删掉阿毛被狼吃的故事？问题很新颖，既对人物形象，也对作品写作手法提出问题。

3. 从不同角度思考

如《鸿门宴》，刘邦项羽是作品中的核心人物，少有人关注次要人物项伯。“楚左尹项伯者，项羽季父也”。学生提出问题：作为项羽的叔父，在项羽决定“旦日飨士卒，为击破沛公军”时，项伯却把军事秘密告知了刘邦的谋士张良，致使刘邦有充分的时间做出应对，那么项伯是个投机分子吗？这个问题很新颖，探究价值大。

4. 选最佳角度思考

如《荆轲刺秦王》，学生提出这样的问题：荆轲作为“外国使节”进秦廷，秦朝的“安保人员”会对荆轲和秦武阳做安全检查，礼品也一样会被检查，所以“图穷而匕首见”这种情况根本不可能出现，荆轲怎么能带着毒匕首进入秦廷？就《荆轲刺秦王》这篇文学作品来讲，荆轲作为刺客所具有的胆识和侠义精神是人物形象的核心，刺杀秦王是荆轲形象中最光辉的一面，就匕首提问不是最佳角度。

5. 对自己的观点做出合理的证明

在证明中，要做到有理有据，既有正确的理论依据，又要符合作品的实际。如在《鸿门宴》中，学生作出项伯是投机分子的判断，有如下依据：其一，投机分子指利用时机谋取私利的人。项伯是项羽的叔父，在大战之时，却为了报张良之恩而泄露军事秘密，这是把私利放在第一位的表现。其二，项伯是项羽叔父，却为了个人利益把家人出卖，这种吃里扒外的行为让人鄙弃。其三，《史记·项羽本纪》中记载，当项羽要杀刘邦父亲震慑刘邦时，项伯阻止项羽，说：“天下事未可知，且为天下者不顾家，虽杀之无益，只益祸耳。”其四，项伯在英布被刘邦派人游说叛变后，杀了英布的妻儿。“楚已使项伯收九江兵，尽杀布妻子”“淮南王至，上方踞床洗，召布入见，布大怒，悔来，欲自杀”，使本已后悔投降刘邦的英布跟定了刘邦。上述证据证明项伯就是一个投机分子。

6. 不断修正思考中的错误

题目：在《芍药盈筐满市香》中写到了一些“雅人雅事”，这里“雅”的含义是什么？请根据你的理解，从《红楼梦》《边城》《平凡的世界》三部作品中任选一部，结合具体情节再举一例。

学生答案示例：雅的含义指高雅的情趣。《边城》中爷爷几十年如一日撑渡船，坚决不肯收过渡人一分钱。过渡人给了他解暑的东西，爷爷收下后便搬出大水桶，将它们泡成水，与过渡人一同分享。爷爷虽然是个穷苦的摆渡人，但他心地善良慷慨无私，总是在方便他人，这也叫“雅人雅事”。

学生的问题：把善良等同于高雅情趣。跟着作品的内容跑，而不是从内容中做思想的提炼；思考时的问题不善于“转换”，思考习惯是“对号入座”。这就是学生思维要调整的地方。

7. 阅读整部作品，提高思想认识

整部作品因为涵盖内容丰富，从多方面反映了作者的思想认识。比如雨果的

《巴黎圣母院》，塑造了克洛德、卡西莫多、爱斯梅拉达等经典形象。尤其副主教克洛德，作为巴黎人的精神导师，照顾弟弟，抚养了弃婴卡西莫多，却在遇到爱斯梅拉达后变成了恶人。对作品的分析思考，能对自己的人生观、世界观产生影响。通过阅读整部作品，不断丰富自己的思想认识，对作品评价时的批判性思维品质才能得到发展。

三、写作示例

示例一

说家国情怀

家国情怀是人在成长过程中，长期受中华传统文化的熏陶，而产生对国家的认同感和归属感。家国情怀就是国家富强的关键。

家国情怀提高个人修养。从汉代霍去病“匈奴未灭，无以家为”，到辛弃疾“把吴钩看了，栏杆拍遍，无人会，登临意”，再到陆游“家祭无忘告乃翁”。这些英雄们深爱着自己的国家，把国家当作家，才使自己在抗击外敌时脱颖而出，才会有着复国的渴望。虽然他们最终未能成功实现夙愿，但我们可以设想一下，如果当时国家从上至下所有人都有着这一腔热血，怎么会被灭国呢?

家国情怀促进社会和谐。像东晋、南宋这种时代，上层的统治者们不是以兴盛国家为首要目的，而是各自为自己利益内斗，进而朝中志士被人陷害，民众心声无人在乎，最终导致国家不复存在，反而被其他有爱国情怀的人们取代。因为那些朝代的当政者没有对国家的热爱、对民族的热爱，所以根本不在乎国家存亡，也不在乎人民安康，只在乎自己利益，才会导致国家灭亡。现在的中国，正是因为从上到下都有爱国情怀，才有国家的稳定和强盛。

家国情怀促进科学发展。当人们拥有家国情怀后，自然而然地希望国家强盛，其中一个重要手段就是发展科技。近代中国被欺辱的时候，有左宗棠、曾国藩这种人才，想要通过培养科技人才来振兴中国。当新中国成立之时，又有邓稼先、钱学森这种人才，为中国发展先进科技，从而使中国在世界上有立足之地。因为始终秉持着对国家的热爱，对国家富强的渴望，他们才能克服外国的阻碍和艰难的科研条件，才使中国再度强盛起来。

故而家国情怀是国家富强的关键。只要每个国人心中有家国情怀，中国就会强盛。

评语：

本文谈对家国情怀的认识。先解释家国情怀，然后提出观点“家国情怀是使国家强盛的关键”；接着用三个方面论证，一是提高个人素养，二是社会和谐，三是科技发展；最后回扣论点“家国情怀是国家富强的关键”。再用假言推理收束全文：“只要每个国人心中有家国情怀，中国就会强盛。”全文使用联言推理来论证观点，层次清楚，道理阐述得明白。

示例二

“白日不到处，青春恰自来。苔花如米小，也学牡丹开。”这是清朝诗人袁枚的一首小诗。苔花终日生活在阳光难以照到的地方，但它仍坚强地绽放；苔花如米粒般渺小，但它却要像花中之王——牡丹那样盛开。

请以“说苔花”为题，写一篇议论文。

要求：观点明确，论据充分，论证合理。

说 苔 花

“白日不到处，青春恰自来。苔花如米小，也学牡丹开”，这是清朝诗人袁枚写的《苔》。袁枚清新脱俗，不同于寄情于菊花的陶渊明，也不像写下《爱莲说》的周敦颐，托物于不起眼的苔花来言志。就是这像米粒般渺小的苔花，拥有人最应该有的人生态度——对于绽放永不懈怠的追求。

苔花终日生活在阳光难以照到的地方，却仍坚强绽放，这正是身处逆境的人们所需要拥有的品质——顽强与坚持。屈原在被流放时写下《离骚》；仲尼在不得志时周游列国，写下《春秋》；司马迁为继承父亲遗志，忍辱宫刑完成《史记》。他们都绽放在人生最艰难时。假若没有面对逆境时足够坚强的内心，与对于实现理想的顽强与坚持，或许屈原在放逐时就投河自尽，或许孔子自甘于每天静坐在学堂教书，又或许司马迁不会忍受宫刑之耻辱……但正是因为他们拥有像苔花一样想要绽放的永不懈怠的追求，才忍常人所不能忍，绽放出人生最美丽的花朵。他们对于绽放的顽强与坚持，让他们的人生更有意义，因而永垂青史。所以人们在逆境时应像苔花一样努力坚强地生活，终会绽放出属于自己的色彩。

如米粒般渺小的苔花，却想拥有像牡丹一样绽放的志向，这不仅能让健全人绽放出最美丽的花朵，也能使自身有缺陷的人敢于正视不足，勇敢追求。刚过去的残冬奥会上，中国轮椅冰壶队史无前例地拿下中国残冬奥会历史上的第一枚金牌，实现了中国残奥代表团金牌零的突破。这些只能依靠轮椅度日的人，从没有因为失去站立的能力而感到自卑与软弱，而是正视自身缺陷与不足，积极训练与生活，将为国家争取荣耀视作努力的目标。金牌是他们最好的证明，即使拥有无法改变的自身缺陷，但却也能绽放出最美丽的花朵，代表国家站在最高领奖台上，让五星红旗伴随着国歌声冉冉升起。自身的不足，不能成为阻碍我们追求人生理想的理由与借口。只有为此感到自卑的人，才会选择像弱者一样狼狈地退缩。我们都应像苔花一样，正视自身处于"白日不到处"这一本就存在的缺陷与不足，勇敢展现出最美好的一面，绽放光彩。

当然，苔花在自身不利条件下拥有如牡丹一样的高远志向，并不是推崇人们盲目自信，而是要时刻以积极、乐观的态度面对人生，为最终得以盛开与绽放而努力。

我们常常会因为内心的浮躁喧嚣而忽略掉周围美好事物的存在，苔花便是其中之一。它虽终日生活在没有阳光的阴暗角落，但却仍坚强生长。即使如米粒般渺小，但却仍无法阻碍它拥有鸿鹄之志。连小小的苔花都如此深谙人世道理，我们又有什么理由不去追求绚烂绽放的人生呢？

评语：

由像米粒般渺小的苔花提出"人要有对于绽放永不懈怠的追求"的论点。然后先从苔花"白日不到处"入笔提出第一个分论点："苔花终日生活在阳光难以照到的地方，却仍坚强绽放，这正是身处逆境的人们所需要拥有的品质——顽强与坚持。"举屈原、孔子、司马迁的例子，围绕"白日不到处"，即人处于逆境来论述，内容充实。再用"如米粒般渺小的苔花，却拥有像牡丹一样绽放的志向，这不仅让健全人绽放出最美丽的花朵，也使自身有缺陷的人敢于正视不足，勇敢追求"的过渡句，自然过渡到论述第二个分论点："自身有缺陷的人敢于正视不足，勇敢追求"。举了残奥会夺金者的例子，论述他们像苔花一样，尽管自身存在缺陷，也要努力绽放。接着又用"当然"，让本文论述更加严密。尾段总结全文，用反问句收尾，由苔花到人世道理，立意自显。

全文论点鲜明，所举事例能围绕苔花的特点展开论述，论述层次清楚，说理明白，语言逻辑性强。

第五节 反　　思

一、再造性形象思维

形象思维中的再造性形象思维，以再造想象为核心要素，是阅读文学作品时必须具备的能力。如果没有再造想象，读者便不能在脑中构想出作品文字示意的画面。再造想象能力强，由文字示意构想出的画面会更贴近作家的表达，这是吸引学生阅读的重要能力。虽然形象思维的培养放在初中更加合适，但随着学生对逻辑思维中的概念和判断的掌握以及知识量的增多，尤其古典诗歌、文言文学习难度的加大，高中时期对于再造想象能力培养还要多下些功夫。

二、创造想象

形象思维中的创造性形象思维，以创造想象为核心要素，是想象作文必须具备的能力。想象作文从文体角度归类，属于记叙文。其六要素包括：时间、地点、人物、起因、经过和结果。记叙文是用亲身经历的事，说明道理、表达情感。创造想象是想象作文的核心，写没经历过的事。从这个角度讲，想象作文就是编故事，有文学创作的成分。在教学过程中，鼓励学生创作文学作品，如小说和诗歌。要给学生创作的空间，让学生多写，这是培养创造想象的方法。

三、抽象思维

概念、判断、推理是逻辑思维的思维形式。高中不讲授逻辑思维的知识，只能将其结合语文学科知识讲解，如概念在教词语时讲，判断在教复句时讲，推理知识在教写作时讲。语法知识在初中不是讲课重点，所以学生对复句知识往往比较陌生。高中又不会专门讲授语法知识，所以学生对逻辑思维形式的知识是匮乏的。

议论文三要素是论点、论据和论证。论点是以判断的形式呈现的，论据证明论点，必须要用推理，这就是论证。以上全部需要逻辑思维知识。这也可以从侧面说明高中生议论文写作能力不高的原因。

对于高中语文教学而言，这些问题都需要解决。

四、关联思维

关联思维，即可以从语文入手进行全学科教学。因为语文、数学等学科，面对的是世界的特殊性，所以我们做了特殊的学科标记。但世界是普遍联系的，解决问题的能力主要表现在能把现有各个学科的知识调动出来，并能合理关联在一起思考，在实际操作中也有价值，这还需要以后的教学来验证。

五、批判性思维品质

美国有位教育学家说：我发现在美国有好多孩子，他们满脑袋都是知识，但特别可怜的是他们不曾真正接受过教育。这说明批判性思维是需要培养的。

第一，批判性思维要对通常被接受的结论提出质疑，也就是在无疑处有疑；第二，批判性思维要用分析对质，做出解释及判断。批判性思维品质，建立在对文本的全面认识基础上。这一全面认识是又是以理解为基础，再提出自己的基本观点。同时，批判性思维要建立在逻辑的基础上，否则毫无意义。

六、思辨能力

维基百科里说："审辩式思维是一种判断命题是否为真或者部分为真的方式，是学习、掌握、使用特定技能的过程，是一种通过理性达到合理结论的过程。在这个过程中间包含基于原则、实践和常识之上的热情和创造。"

2017年版《普通高中语文课程标准》学习任务群六为"思辨性阅读与表达"，其学习目标和内容是"阅读古今中外论说名篇，把握作者的观点、态度和语言特点，理解作者阐述观点的方法和逻辑。阅读近期重要的时评，学习作者评说国内外大事或社会热点问题的立场、观点、方法。在阅读著名文本时，分析质疑，多元解读，培养思辨能力。"这里把思辨性阅读限定在议论文。形象思维也需要思辨，如对小说人物形象的认识，既是审美问题，也有思辨的问题。

七、小结

问题型思维教学的基本模式是做学情调查，诊断出学生思维中存在的问题，再把教材以专题教学和学习任务群的任务设置等方式重组，设计出符合学生学习认知规律的教学方案，促进学生形象思维和逻辑思维的发展。教师在课堂上组织学生以自主、合作、探究的方式解决问题。

思维能力的培养应当有一个连贯的培养顺序，要基于教材，从学生的学习问题发现学生思维逻辑的问题，再重组适合学生思维发展与提升的教材，以专题学习和任务群学习的方式，解决学生思维的问题，建构出问题型思维教学模式。

形象思维能力的培养应作为初中教学研究的重点，若到高中再研究，就错过了最佳发展期。

抽象逻辑思维的基本形式是概念、判断、推理。学生需要学习逻辑学的知识，但语文教材中没有相关内容。

语文教学中几乎每节课都有形式逻辑思维的训练，如结合课文让学生进行分析、综合、比较、分类、抽象、概括等练习，但学生的综合分析能力和概括能力并没有质的提高。这也是学生语文核心素养难有改观的重要原因。

注释：

[1-5] 中华人民共和国教育部．普通高中语文课程标准（2017年版）[M]．北京：人民教育出版社，2018：4-6

[6] 卫灿金.语文思维培育学[M]．北京：语文出版社，1997：27.

[7] 卫灿金.语文思维培育学[M]．北京：语文出版社，1997：158.

[8] 卫灿金.语文思维培育学[M]．北京：语文出版社，1997：27.

[9] 卫灿金.语文思维培育学[M]．北京：语文出版社，1997：231.

[10] 卫灿金.语文思维培育学[M]．北京：语文出版社，1997：234.

[11] 彭云、张倩韦：《课程整合中跨学科教学的探讨》，[J]．信息技术教育，2004：4

[12] 约翰 B.彼格斯，凯文 F. 科利斯．学习质量评价[M]．高凌飚，张洪岩，主译．北京：人民教育出版社，2010：21.

[13] 约翰 B.彼格斯，凯文 F.科利斯．学习质量评价[M]．高凌飚，张洪岩，主译. 北京：人民教育出版社，2010：19

[14] 卫灿金.语文思维培育学[M]．北京：语文出版社，1997：88.

[15] 卫灿金.语文思维培育学[M]．北京：语文出版社，1997：89.

参考书目：

［1］约翰 B.彼格斯，凯文 F.科利斯著. 学习质量评价［M］. 高凌飚，张洪岩，主译. 北京：人民教育出版社，2010.
［2］卫灿金.语文思维培育学［M］. 北京：语文出版社，1997.
［3］中华人民共和国教育部 . 普通高中语文课程标准（2017年版）［M］. 北京：人民教育出版社，2018.

第二章

读馨·读心·读新
——语文阅读教学的探索之路

北京市东直门中学　王鲁新

一本书在手，一盏灯在旁，墨香在鼻尖若有若无，温柔的光晕中，一边感受书页在指尖摩挲的真实，一边体味字里行间涌动的故事，庞大的世界不知不觉就走进阅读者的生活，甚至烙印在灵魂深处。沉醉阅读之美，“每有会意，便欣然忘食”，实在是阅读最美好的境界。

然而理想很丰满，现实却很骨感。实际上高中生的阅读时间被繁重的学业压力挤占得所剩无几，语文课堂的阅读空间也因各种试卷、练习、讲评的裹挟而变得支离破碎。在网络独步天下的时代，本可以独立而深刻的阅读，被一键“google”或者“baidu”取代，变得浅薄；本可以广阔而丰富的思考，被机械、快节奏的“跟帖”取代，止步于不假思索的“点赞”。于是语文课堂上，学生也随之不会读、不能读、不阅读。

作为一名爱阅读的语文老师，从教以来，我一直努力尝试在课堂上营造浓郁的阅读氛围，借助有效的阅读手段，从阅读文字之“馨”，到阅读作者之“心”，最终读出属于学生自己之“新”，让学生在感性认知和理性分析的基础上，完成从“阅读”到“悦读”的蜕变。一路走来，虽然经历过不少挫败，但更多是收获的喜悦和成长的启示。

第一节　读“馨”，鉴赏文学之美

阅读，首先要读出文字之“馨”，发现并鉴赏文学作品的美。这一过程，“不该只用眼与心，须于眼与心以外，加用口及耳才好。读，就是心、眼、口、耳并用的一种学习方法。”[1]（2017版）《普通高中语文课程标准》指出：“语文学科核心素养是学生在积极的语言实践活动中积累与建构起来，并在真实的语言运用情境中表现出来的语言能力及其品质；是学生在语文学习中获得的语言知识与语言能力，思维方法与思维品质，情感、态度与价值观的综合体现。”朗读，可以说是阅读教学中最直接表现学生的语言能力及品质的环节。课堂上，教师不要为了追求教学进度或增加课堂容量，就让朗读退化成视读、默读甚至不读。毕竟，让琅琅读书声激荡语文课堂，才是回归阅读最有效的方法之一。

一、“声”临其境，走进小说和戏剧

课堂上的朗诵，除了学生齐读，最常进行的就是分角色朗读。在这一过程中，教师要及时对学生的诵读进行相应的方法指导。比如，利用“标记”训练学生诵读的高低、强弱、缓急，利用“范读”规范学生的语音、语调。经过训练，“诵读中的语调、节奏、语速反复刺激学生，在其特定的精神元上留下‘声音印象’，这种内在映像遇到外界刺激，熟悉的语言流便自然而然地从记忆中溢出”。[2]正如唐彪在《读书作文谱》中所言：“文章读之极熟，则与我为化，不知是人之文，我之文也。”朗读能够让学生身临其境，贴近作品。

以阅读小说《边城》为例，里面的生活和当代学生的生活相距较远，里面的情节冲淡平和，里面的文字比较散文化，许多语言都需要仔细品味，这些都对学生深入阅读理解造成一定困扰。但小说主人公翠翠、傩送与学生年龄相仿，学生模仿起来既充满亲切感，又能较好地还原故事场景，更好地走进边城生活，感受边城故事，体味沈从文的语言内涵。

比如小说里记叙翠翠和傩送初遇的场景：

码头上已无别的人，那人（傩送）问：

“是谁人？”

"我是翠翠。"

朗读时，可以引导学生联想我们今天路遇陌生人，绝对不会脱口而出自己姓名的情况，可见十三四岁的翠翠回答得毫无心机，边城的民风多么淳朴，进而从这种人物性格来把握语气。

再比如：

（翠翠）本来从不骂人，这时正因为等祖父太久了，心中焦急得很，听人要她上去，以为欺侮了她，就轻轻地说：

"你个悖时砍脑壳的！"

"骂"并不难理解，但如何轻轻骂出这句话就很值得推敲。教师可以引导学生朗诵时体会翠翠的心理：她从不骂人，现在恼了虽骂出口，但一定面带羞涩。朗读时不妨把人物的表情也加上。

又如：

（傩送）便带笑说："怎么，你那么小小的还会骂人！"

可以引导学生体会到此刻被翠翠责骂的傩送并不生气，所以是"带笑说"。若读的时候把笑意也读出，就会更好地诠释人物此刻的心理。

通过这样的朗读指导，学生更真切地感受到翠翠和二老傩送之间那份初见的心动，那在灯火阑珊处的美丽误会，并借助这样的朗诵，"声"临其境，感受《边城》里的美好爱情。

在朗诵祖父和翠翠的对话时，可以指导学生进行摹声练习，从而在模仿岁数较大的祖父时，突出人物形象特点，增强表达的生动性和艺术性。比如：

（祖父）"顺顺真是个好人，大方得很。大老也很好。这一家人都好！"

再比如：

（祖父）"……你记不记得去年天保大老送你那只鸭子？早上大老同一群人上川东去，过渡时还问你。……"

学生在朗诵时，可在语调更低沉、语速更缓慢的基础上，努力读出一种祖父对大老的欣赏，对终于找到可以托付翠翠的孙女婿的喜悦，以及对翠翠喜欢傩送的少女心事的毫不知情。这样，读的学生津津有味、模仿得惟妙惟肖，听的学生也饶有兴致、不时会心一笑，大家都强烈地感受到爷爷对翠翠浓浓的关爱和祖孙间虽无法消解隔阂但却愈发温暖的亲情。

这样“声”临其境地读小说，让学生走进人物的内心世界，拉近与小说的距离。一边品读文字之美，一边品味文字背后的情，品味字里行间散发出的“馨香”。学生也可在这样的朗诵过程中进行积极的再造想象，提升自身创造力。

朗读有利于创设和谐的课堂氛围，实现科学性与形象性的融合。在阅读戏剧作品时，随着台词的朗诵，人物形象跃然而出，场景活灵活现，戏剧情节和故事起伏逐渐立体，让人身临其境，有利于学生挖掘出戏剧文本的潜台词。

以阅读戏剧《雷雨》为例，教师可以带领学生开展台词朗读训练，力求在朗诵中把作者的思想感情内化为学生自己情感，独到地挖掘和开拓作品，从而创造性地进入“角色”。《雷雨》（第二幕）中的矛盾冲突复杂而激烈，周朴园和侍萍意外相见，最终情断义绝；周朴园和鲁大海父子相见，却势不两立；周萍和鲁大海明明是兄弟，却大打出手；侍萍和周萍母子相见，却对面不相识……人物众多，关系复杂，矛盾交织，入戏的钥匙就是人物的语言。

阅读中可依旧以朗诵为线，并引入接力读来分配角色。由于先天条件和后天训练的差异，学生的朗读水平必然存在差异，教师要利用这种差异因材施教，让学生彼此激励，取长补短，利用“共同语言”和差异造成的“场效应”，更好地入戏。

第一次朗读，通过不同学生分角色的接力读，选出最贴合话剧人物的“周朴园”“侍萍”“鲁大海”“周萍”“周冲”甚至“仆人”的人选。第二次朗读，由扮演这些角色的学生加入一些基本动作和神态。第三次朗读，则在教室中开辟出舞台，让学生一边读，一边演，进行戏剧彩排。

接力读的过程中，教师要针对不同学生对同一角色的朗读给予指导。例如周朴园这一角色，在面对侍萍身份时的几次发问，情感态度很不一样，可以一句句指导学生体会。比如：

第一次，周朴园看到侍萍关好窗门，忽然觉得她很奇怪：

“你站一站。”

“你——你贵姓？”

三十年不见，周朴园早已认不出站在自己面前的侍萍那经受岁月摧残后的苍老面容，但却对关窗的动作似曾相识。应该说此时的周朴园对侍萍是存留着一些美好的温情的，读的时候要注意拖音。拖音，就是音节延长，实质是音节的最末尾音素的延长，也称“拖腔”。此时的“你”在拖音中，要表现出一种舒缓、沉思、委婉的语气。

第二次，周朴园听到侍萍如此了解三十年前的丑闻，抬起头来：

“你姓什么？”

表情慌张，生怕眼前这个陌生女子和侍萍有什么关系，因而在处理语速时要快一些。

第三次，周朴园听说侍萍没死，小孩也没死时，忽然立起：

“你是谁？”

表现出一种恐惧，一种对眼前人的警惕，因而语速要加快，音调要加强，充满着敌意。

直到最后，侍萍承认自己的身份时，周朴园不觉地望望柜上的相片，又望向侍萍，半晌，忽然严厉地问：

“你来干什么？”
“谁指使你来的？”
“三十年的工夫你还是找到这儿来了。”

周朴园的晚年家庭生活并不尽如人意，他难免怀念过去和侍萍一起的快乐时光。但他怀念的是那个年轻貌美、知书达理、贤惠体贴的梅小姐，是那个已经死去、不会对现在的自己造成威胁的恋人。一旦梅小姐变成鲁妈，活生生地站在自己眼前时，幻想破灭，现实的利害关系占据上风，他便立刻脱口而出冷酷无情的质问。因而此前温情脉脉的语气便荡然无存，彻底狰狞起来。

这样“声”临其境地朗读戏剧，引导学生们揣摩出戏剧语言背后的潜台词，对人物心理活动的变化更加明了，使阅读更游刃有余。接下来走上舞台和不同角色直面对手戏，更是让他们大呼过瘾。后来，2014届的学生们还将语文课上阅读的《雷雨》，搬上了东城区艺术节的舞台，收获了巨大的成功。

二、“声”临其境，挖掘诗歌内涵

读，可以充分发挥学生阅读的自主性和创造性，“见仁”“见智”，展现出学生对文学作品的个性化解读和体会。不同形式的读，在不同生活体验和审美情趣的作用下，碰撞出思维的火花。

以阅读现当代诗歌为例，沉淀在每个人心中的诗歌，或叩问心扉，或记录成长，或只是朗朗上口……如何从浩如烟海的作品中，选取典型诗歌作品给学生阅读？既不让学习内容过多，增加学生的学习负担，又可以让教师驾驭并指导，且让学生有意愿研究朗读。

在专题阅读前，我结合对2012届学生展开的“你最喜欢的现当代诗歌”调查结果，兼顾学生的阅读兴趣和诗人、诗作的影响力，选取了30首现当代诗歌，组织学生用个性化“诵读”的方式分享给大家。在这30首诗歌里，有些耳熟能详，早已成为一个时代的集体记忆，像卞之琳的《断章》、艾青的《我爱这土地》、穆旦的《赞美》、北岛的《回答》、食指的《相信未来》《命运》、梁小斌的《中国，我的钥匙丢了》、顾城的《一代人》、舒婷的《致橡树》、三毛的《说给自己听》；有些深受学生喜爱，几乎所有长到十六七岁的少男少女们都会反复咀嚼品味，像泰戈尔的《世界上最远的距离》、林徽因的《你是人间四月天——一句爱的赞颂》、余光中的《乡愁》、海子的《面朝大海，春暖花开》、席慕蓉的《一颗开花的树》。叶芝的《当你老了》（袁可嘉译）和仓央嘉措的《班扎古鲁白玛的沉默》是学生们集中推荐出来的诗作。

因为学生参与了阅读内容的“研发”，所以“诵读”前的准备工作非常充分。比如找出叶芝英文版诗作《WHEN YOU ARE OLD》朗诵，仿写了不同内容题材的《班扎古鲁白玛的沉默》分享。一首首诗极具时代感，饱含生活气息。

禁——酒后驾车警示语

2012届学生

你喝，或是不喝
酒精就在那里　不浓不淡

你逃　或是不逃
死伤就在那里　不呼不吸
你躲　或是不躲
命运就在那里　不卑不亢
惊恐过活　凄惨入狱
早知现在
“喝”必当初

学　　习

2012届学生

你学　或者不学
时间就在那里　不增不减
你背　或者不背
知识就在那里　不转不移
你做　或者不做
作业就在那里　不离不弃
自主学习
或者　让知识住进你的脑海里
默然　心静
自主　学习

父　　亲

2012届学生

你骂　或者不骂我
错就在那里　不换不变
你打　或者不打我
分就在那里　不升不降
你训　或者不训我

我就在那里　不屈不惧
你教　或者不教我
你的圭臬就在我心里　不卑不亢
请你理解我的心
或者　让我读懂你的爱
释然　凝望
白发　慈祥

食堂偶感

2012届学生

你听　或者不听铃声
铃声就在哪里　不早不晚
你去　或者不去食堂
食堂就在哪里　不偏不倚
你吃　或者不吃饭
饭就在那里　不好不坏
你气　或者不气我
我的人就在队伍里　不紧不慢
来我的后面
或者　让我站到你的前面
插队　刷卡
端盘　走人

篮　　球

2012届学生

你传　或者不传
队友就在那里　不慌不忙
你投　或者不投

篮筐就在那里　不升不降
你突　或者不突
对手就在那里　不进不退
你运　或者不运
篮球就在那里　不滚不爬
来我的主场
或者　让我远赴客场
默然　淡定
果断　出手

朗诵的形式多种多样，有独诵，也有合诵；有的如泣如诉，有的慷慨激昂；有的读出画面，有的引发幽思。学生在朗读中寻找意象、感受意境、共鸣情感，一方面直面诗歌之美，一方面也探究诗歌中更丰富的内涵。

以阅读《面朝大海，春暖花开》为例，这篇诗作广为流传，与其具有纯粹的“吟唱”性质密不可分，加上语言朴实，意思明晰，采用配乐诗朗诵的形式不失为一种最佳的“解读”方式。学生初次朗诵时，选取的都是欢快的背景音乐，认为诗句中体现的是诗人对日常生活和整个世界充满着热爱与眷恋，然而从诗人的真实灵魂状态看，本诗还隐含着欢快、幸福之外的另一种声音：漠然、沉痛。这种漠然、沉痛的声音构成了作品的真正基调，与外在基调形成内在冲突。

发现学生阅读诗歌的误区后，我启发学生品读潜藏在诗歌背后的复杂感情：本诗表现出诗人哪些情感？诗人选择了哪些事物来表达自己的情感？为什么选择这些事物？学生很快找出典型意象：能表现宽广胸怀、离情别绪、忧戚感怀多种复杂情感的“大海”；代表近处现实物质生活的马、柴、粮食、蔬菜；象征远方理想的房子；对于诗人而言，同幸福一样短暂、瞬时、有力但又遥远的闪电。

在此基础上我继续启发学生：如果这首诗歌真的像大家朗诵得那么快乐、幸福的话，为什么两个月后诗人就卧轨自杀了？为什么是从“明天”起做一个幸福的人？为什么要给“每一条河每一座山”取名字？“我”在祝福“你”的同时，为什么“我只愿”？

海子15岁就上大学，一直沉浸在玄想的精神世界里，生活中屡屡受挫。诗人渴望美好，但生活并不幸福，一切只有寄望于明天。这首诗写于1989年1月13日，即他自杀的两个月前，诗人可能感觉自己世俗生活幸福可望不可即，产生悲凉之感。“从明天开始：劈柴，周游世界，关心粮食和蔬菜，有一所面朝大海的房子”，这既是诗人对世俗生活的想象，也是他构想的童话世界。这首诗中出现“尘世”“愿你在尘世获得幸福”，难道海子不是生活在尘世吗？在对幸福的想象中，包含着海子无法获得幸福的那种绝望感。这首诗以如此朴素本真的语言和清新自然的情调，于渴望中隐含忧伤。对于普通人很容易获得的尘世幸福，对于海子来说，只能寄望于明天。“我有一所房子，面朝大海，春暖花开”，这一带有“隐遁”色彩的意象，其实流露出诗人内心深处受到伤害，对“尘世”产生冷漠与厌倦心态。

这样循序渐进地品读海子，学生们真切体会到诗歌的内涵，并正视海子的死。海子的死与其说是一次告别，一次结束，不如说是一次重新开始：以一颗博大的爱心接触新鲜事物，从庸常的意识里唤醒自我。

第二节　读“心”，理解作品之魂

阅读贵有心得，不能只把文字当文字读，也不能只从文字去学文学，还要深入了解文章内涵，就像韩愈所说，“手披目视，口咏其言，心惟其义。”读是手段，悟才是目的。读文字，是要透过文字体会作者丰富的情感，生发深邃的思维，拨动“心”弦。所以，语文课堂上的阅读，纯粹“素读”是不够的，还要出乎“读”入乎“悟”，让学生在体悟中受到启发；出乎“读”入乎“问”，在不断追问中，深化对文意的理解。

一、精读，品味文之“蕴”

在课堂上，教师要善于从阅读文本中精心选出值得揣摩品味的语句和内容，让学生推敲传神的字眼，品评优美的文句，剖析独到的表现手法，咀嚼富有个性的语言，领悟蕴藉深刻的潜台词，进而把握其中的主旨，此为精读。

以阅读《想北平》一文为例，课堂上教师可以引导学生思考：“爱北平，才会想北平。老舍爱北平，却表达不出来，连用了四个‘说不出来’，这是怎样一种情怀？”学生在这一问题的驱动下，精读文本，细细品味言语背后的情感：

“怎样爱？我说不出。在我想做一件讨她老人家喜欢的事情的时候，我独自微微地笑着；在我想到她的健康而不放心的时候，我欲落泪。言语是不够表现我的心情的，只有独自微笑或落泪才足以把内心揭露在外面一些来。”

这爱是一种心甘情愿、无怨无悔地付出与感恩，一切言语在这爱的面前，都显得是那么无力。

“我所爱的北平不是枝枝节节的一些什么，而是整个儿与我的心灵相黏合的一段历史……每一小的事件中有个我，我的每一思念中有个北平，这只有说不出而已。”

每一小的事件，每一思念，是时时刻刻的惦念与牵挂，是你中有我、我中有你，让抽象的“黏合”具体化。

“我将永远道不出我的爱……这不但辜负了北平，也对不住我自己，因为我的最初的知识与印象都得自北平，它是在我的血里，我的性格与脾气里有许多地方是这古城所赐给的。我不能爱上海与天津，因为我心中有个北平。可是我说不出来！”

诗人可以把爱像杜鹃般真切地啼鸣、讴歌而出，作者不能，因为这爱太刻骨铭心。“最初”的，第一次生命、第一次情感、第一次的成长、第一次的跌倒……这些知识与印象都得自北平。上海和天津固然好，但北平却无可替代。心灵的空间就那么大，全部被北平占据，容不了其他。

在这样的含英咀华中，学生感受到了老舍不断强调“说不出来”，却异常浓厚的爱。在此基础上，引导学生继续关注：“到底北平有哪些画面让老舍魂牵梦绕？这些画面写的是北平的哪个方面？又各有什么特点？”

学生从画面、特点、方面等几个角度有的放矢地阅读。下表清晰呈现出学生精读后的所得。

老舍感恩北平，因为北平赐给老舍的，是精神上的滋养。老舍对北平的想念，不仅因为时空的距离，而且更是内心对闲适、自然的需要。此时的老舍离家千里，与北平那种理想的生活状态有距离的阻隔，再加上北平正面临日本侵略，处境危急。在这种情况下，明明是爱得深沉，却表达得那么平实。这就是老舍，他不是用慷慨激昂的语句去抒写自己对祖国、对北平强烈的爱，而是娓娓道来，在平淡不经意处，让人共鸣，引人落泪。

学生精读所得

	画　　面	特　　点	方面	共同点
第 4 段	长着红酸枣的老城墙，水中的小蝌蚪或苇叶上的嫩蜻蜓；喝着温和的香片茶	热闹中有宁谧 不热闹会孤独 不宁谧会嘈杂 安适，自然	北平的气氛	闲适，自然
第 5 段	地方既不挤得慌，又不太僻静；最小的胡同里的房子也有院子与树；最空旷的地方也离买卖街与住宅区不远；每一个城楼，每一个牌楼，都可以从老远就看见；还可以看见北山与西山呢！	人文中有自然 空闲，自然	北平的格局	
第 6、7 段	花多菜多果子多：一院子花，到底可爱呀；墙上墙根的花草是多么省钱省事足以招来蝴蝶呀；蔬菜还带着雨时溅起的泥点；果子还带着白霜儿…… 采菊东篱下，悠然见西（北）山	贫贱中有清新 清新、自然	北平的韵味	

在两大问题的驱动下，学生的精读更为有效，不但触到这种最质朴也最真挚的感情，甚至将这一情感延伸到自己的写作中。课后，受到这篇散文的触动，学生们又阅读了我推荐的老舍散文集《一些印象》，写下自己的感悟，深入理解了文之“蕴”：

在《一些印象》里，老舍用一种近乎诗歌的语言，把一个遥远的如梦如幻的古城，由远及近地整个儿推到我的面前来。老舍这个济南印象，不仅酷似一幅清新淡雅的水墨画，而且颇像一幅浓墨重彩的现代油画。语言质朴、干净、清爽，措辞虽不华美，却在平淡中流露真情。老舍对济南的爱，浓烈到浸染在他笔下的每一个字中。文章平凡的表象下，蕴藏着作者说不尽道不完的炽热情感。（2012届学生）

《一些印象》的语言并没有多么高的激情，却也不是那么平淡。恰到好处的朴素语言却给文章铺上了华丽的金粉，闪闪发亮：“上帝把夏天的艺术赐给瑞士，把春天赐给西湖，秋和冬全部赐给济南。”济南的山水经过老舍的描述，变得“五颜六色”，即使没有到过济南，也能闻到济南秋天那清新的泥香、树香，也能看到那多彩的山景，也能感到那诗一样温柔的风，小火炉般温暖的阳光。真挚的感情，诗意的语言，是那个与北平不同的济南。（2012届学生）

读罢老舍的散文集《一些印象》，被那淳朴的语言所触动。用生活化的语言将一事一景娓娓道来，没有华丽辞藻的堆砌，也没有前铺后陈的渲染，却也生趣盎然，脍炙人口。看似轻松的创作背后，一定隐藏着老舍的精心雕琢。淳朴的语言并非没有修饰，而是在反复推敲后加入了精简的修饰语，描写得恰到好处。正因如此，老舍的散文才能处处透出流畅和干脆，简洁又不失精准，诙谐的同时流露出深邃的感情。这就是老舍的语言，亲切而让人回味。（2012届学生）

《一些印象》是一本很平实的散文集。老舍的散文给人感觉四平八稳，没有什么大起大落，但是却像细润的春雨一点点渗入人的心里。像“凄凉”“萧条”这些词语，尽管不觉得多有文采，但却让我感觉很真实，三笔两笔就能让景致跃然纸上。待到读完时，细细回味，能感觉出与第一次品读时不一样的东西。（2012届学生）

从散文单篇阅读到散文专题阅读，精读都是与作者情感共鸣、挖掘文章深度的重要手段之一。以史铁生散文专题阅读第三课时的一节精读课《合欢树》为例，学生先用两节课自读《秋天的怀念》《我与地坛（节选）》《我的梦想》等史铁生的散文，走近史铁生；然后用一节课对《合欢树》进行精读，了解史铁生走上文学创作之路的缘起，以及他在母亲影响下走出身体残缺带来的人生困境；最后用两节课，结合《史铁生是别人眼中的我》《史铁生：爱是人类唯一的救赎（节选）》等对话史铁生的文章，写出个性化的感受并交流分享。

在精读课上，学生围绕两大问题阅读。问题一：题为《合欢树》，但文章开篇大半篇幅都是在写儿子和母亲的故事，这样的题目是否偏颇？问题二：作者用淡雅的文字娓娓道出对母亲的怀念，请结合拓展阅读材料中史铁生对母亲的回忆文字，谈谈你对其中母爱的认识和体会。

在第一个问题上，学生精读了母亲和儿子之间点滴故事，精读了那些描写合欢树成长的语句，感受到在儿子从不理解母亲到理解母亲过程中，母亲的形象也在变化，更对在众多树中选中合欢树有了较为深刻的理解。

在学生看来，合欢树象征母爱，是希望树。合欢树由母亲种植，看到它，就像看到了母亲，寄托了母亲对儿子的希望，见证了母亲对儿子的无私付出。合欢树象征儿子，是生命树。合欢树从弱不禁风，到在母爱的浇灌下生机勃勃。合欢树象征母子亲情，是理解树。合欢树的成长见证了母爱渐趋无私与深沉，也见证了儿子对母爱的理解不断深化。合欢象征母欢、子欢、合家欢，表现了母亲和儿子共同抗争命运的全过程。合欢树寄托了儿子对母亲无尽的思念，传达出作者内心深处无法与母亲共享成功的欢乐、无法回报母亲为自己而辛勤操劳的愧疚。

在上述思考的基础上，教师可以引导学生进一步关注树成长和人成长的相似性：树在生命旅程中必然要经历风霜雨雪，和人从出生到衰老经历沉浮荣辱相似；树的被遗忘、遗弃，与人要忍受孤独、寂寞相似；树的顽强（像胡杨树，千年不死，死后千年不倒）与人在困境中求生存相似。掩卷时，我看到每个学生的眼睛里都多了一抹不一样的色彩，一种叫作成长的东西悄然滋生。

而在第二个问题上，学生抒写出自己真切的阅读感受。

学生一：母亲对史铁生的爱是激励，是关心，是支持，是鼓励，是体谅，是开导。她在儿子作文比赛得第一时，扫兴地“卖弄”自己的成绩。在所有人都放弃儿子的双腿时，她说再试一回。在发现儿子写小说时，不辞辛劳地为儿子找寻所有对写作有帮助的方法。在儿子独自离家时，她忍住冲动，默默地目送。还有在儿子心情苦闷时，带儿子出门散心。儿子的幸与不幸都被无限放大在母亲身上显现。这就是母爱的伟大之处。每一步都在设身处地地为儿子着想，直到去世。作为儿子，只能在母亲去世后咀嚼回味之前的点滴过往，发出阵阵叹息。

学生二：母亲在自己承受很大痛苦的同时还安慰儿子，鼓励儿子，不表现出异样情绪，对儿子表现出的暴怒、无常给予最大的关怀。原先的母亲把精力放在自己感兴趣的地方，但自从儿子需要她的帮助之后，她果断不去留恋之前的享受，转而给予儿子全身心的帮助。

学生三：《我与地坛》里写有时候作者一整天都待在地坛，母亲对此非常理解，觉得这样会让儿子心情好些。而且，儿子晚归时，母亲又会踏遍整个公园去寻找他，找到后又默默离开，体现出母亲对儿子的理解、母爱的无私。

学生四：史铁生获得的母爱与别的母爱没有太大不同，但比一般的母爱更加深刻。《秋天的怀念》里，母亲央求儿子到北海走走，无意中说到“走”“踩”时，即刻想到词汇的敏感后收回话语，可见母亲无时无刻不为儿子着想。

学生五：母爱是平淡却深沉的。文章中写作者被烫伤后，想到了死的痛快，之后反思这是自私而不为母亲着想，只顾到自己的痛苦，而不知道这种痛苦在母亲身上是加倍的。而母亲从不抱怨，昼夜守护。这样深沉的母爱才是令作者最感叹和懊悔的。这样深沉的母爱也最打动人。

可见全天下的母爱都是一样的。史铁生之所以能完成自我的救赎，母爱功不可没。他的文字关注残疾人，更关注人的“残疾”。《合欢树》里的他，在母亲的影响下，找到未来的出路，走出了身体残缺带来的人生困境。《我与地坛》里的他，在荒芜却不衰败的地坛中，思考生存与死亡的问题，坚定活下去的信念。《我的梦想》里的他，从追梦到梦碎再到设计最美的梦，揭示灵魂健全的重要性……整个专题阅读结束后，学生的理解也更为透彻。

在与文本的对话中，学生的感悟是多样的，既有诵读后的顿悟、渐悟，也有师生交流、讨论后的领悟、感悟。不同的学生，由于自身不同的生活经验、知识积累、文化背景、审美情趣、个性特点，对文本的体悟也是多元的。在交流各自体悟的过程中，思想的碰撞往往还迸发出生命的哲理智慧。

《论语》作为一本文化著作，蕴含了孔子及其弟子对人生和人世的丰富见解。孔子以自己积极入世的态度、悲天悯人的情怀和对健全人格的追求，春风化雨地影响着一代又一代中国人，《论语》也随之成为天下读书人高山仰止的所在。以阅读《论语·先进》的《子路、曾皙、冉有、公西华侍坐》一文为例，我让学生精读“孔子评志”，进而交流讨论“你最欣赏孔子这四个弟子中的谁”。学生在读懂文本基础上，通过讨论，丰富了认知，有了较为深刻的思考。

喜欢子路的学生说：“我不欣赏公西华的过度自谦，也不欣赏冉有的适可而止，甚至不敢苟同曾皙的无恃、无为、无功，因为我的心中充满了对子路的敬佩。孔子的评价没错，子路是锋芒毕露的，但这正彰显出一个有志青年的血气方刚。倘若一个人在二三十岁时便显出不惑时的深思熟虑，那不也是一种生命的缺失吗？没有青年时代年少轻狂带来的经验、教训，中年时的老练沉稳也将是无根之木。遗憾的是，在我们这个古老而沉稳的民族里，这份自信和勇敢或多或少被妖魔化，常常受到强烈的批判……但对我而言，子路是我一生的激励。我出生于传统的中国家庭，受儒家思想熏陶十六载，胸中自有壮志，虽然是前路漫漫兮修远，但前进的道路并不孤独，因为2500多年前还有一个子路与我同行！”

喜欢曾皙的学生说：“他不像子路那样不谦让，也没有公西华那般妄自菲薄，他的言行举止处处彰显着他的从容不迫与大气。语言句句恳切，且直指百姓内心，不是以一个政治家的高姿态来俯视社会，而是用一种平等的眼光设身处地为百姓着想。他所描绘的太平盛世，让人心向往之。”

喜欢冉有的学生说：“他没有子路的壮志，没有公西华的谦逊，也没有曾皙的逍遥。但一句‘方六七十，如五六十’，足见他心思细密；一句‘可使足民’，足见他的以民为本；一句‘如其礼乐，以俟君子’足见他的自知之明。民生问题是关乎国家根本的问题，2500多年前的冉有已经超越时空，为我们当今社会找到了提高综合国力的关键。”

学生成为学习和发展的主体，自主阅读、自行发现、自我建构，透过文字看文蕴，这个过程也成为“师生人生中一段重要的生命经历，是他们生命的有意义的构成部分”[3]。

在精读课文的基础上，我组织学生以学习小组的形式，进行《论语》的整本书阅读，随时交流阅读感受，并在课堂上分享个性化的阅读体验。大家的分享细致入微、颇显见地，或侃侃而谈，或娓娓道来，或积极发问，或机智答辩，让这部千年前的著作，让书中各具才华的孔门弟子，穿越千年历史，来到我们身边，丰富着我们的精神世界。

二、批读，共鸣文之“情”

《红楼梦》作为四大名著之一，堪称中国最具文学成就的古典小说及章回小说。阅读这样一部博大精深的著作，在对话文本，共鸣情感，完成整本书阅读的同时，应有所斩获。

我尝试将旁批法和评点法引入阅读过程。中国文人自古就有在阅读时进行旁批的习惯，可谓不动笔墨不读书。那书册空白处的寥寥数语，或记录当时阅读的零星感悟，或记录读者瞬间迸发的奇思妙想，圈圈点点，心有所感，笔墨追录，以三言两语传生动神采。在这点缀的“只言片语”中，除了可以收集到不少经典语录，更是真实保留阅读的第一现场。

以批读节选的《林黛玉进贾府》为例，教师可以带领学生欣赏《脂砚斋评点红楼梦》中“三春出场”的片段，从抓关键词语、找重点句式、分析典型细节入手，学习品评人物性格的批注、评点方法。

不一时，只见三个奶嬷嬷并五六个丫鬟，簇拥着三个姊妹来了。【一个“簇拥”，借黛玉之眼把嫡亲三位孙女的场面生动表现。】第一个肌肤微丰，合中身材，腮凝新荔，鼻腻鹅脂，温柔沉默，观之可亲。【迎春形象，惟妙惟肖】第二个削肩细腰，长挑身材，鸭蛋脸面，俊眼修眉，顾盼神飞，文采精华，见之忘俗。【探春写照，同写女子，“削”字出神。】第三个身量未足，形容尚小。【三个有详有略，不必一一展开，句式富于变化。】其钗环裙袄，三人皆是一样的妆饰。【一样的妆饰却不一样的形容，曹先生功力可见一斑】

脂砚斋从三春的肖像入手，大处下笔，同时兼顾细节。比如对“削”的分析，他就力图捕捉三春各自的性格特征，语句精炼，并不细碎零散。

“纸上得来终觉浅，绝知此事要躬行”。接着学生们照此展开批注、评点、分享，针对节选作品中“宝黛初会”的内容，捕捉宝玉、黛玉的性格特征，在书侧空白处批注、评点。

学生一：我想评点“宝黛初会”时似曾相识的感觉。“黛玉一见，便吃一大惊，心下想道：好生奇怪，倒像在哪里见过一般，何等眼熟到如此”，而宝玉看罢，因笑道：“这个妹妹我曾见过的。”一个心下想道，一个因笑道，可以看出不同的性格：黛玉内向，小心谨慎；宝玉外向，性格直率。

这就抓住了宝黛见面的细节，比较分析两人的性格特征。这种似曾相识可谓“心有灵犀一点通”。

学生二：我想评点黛玉回答宝玉问话的语言。宝玉问她“妹妹可曾读书？”黛玉道：“不曾读，只上了一年学，些须认得几个字。”而前文贾母问道的时候黛玉说的却是“只刚念了《四书》。”从前后不同的回答中，可见黛玉步步留心，时时在意的性格特征。因为当她问贾母姐妹们都读什么书时，贾母说：“读的是什么书，不过是认得两个字，不是睁眼的瞎子罢了！”由此可见，贾母并不重视女子读书，黛玉觉得自己话说得大了，所以后面改口。

这是抓住关键词语，对应前文捕捉到林黛玉的性格特征。

学生三：我想评点一下人物的外貌描写。黛玉的外貌描写得生动，把黛玉淡而不俗、清丽高雅的精神气质写活了。这么美的女子自然暗合了“自古红颜多薄命”的古语，暗示了她的悲剧命运。而贾宝玉的外貌描写，则从衣着、头饰、外貌、神情入手，将一个生在豪门望族之家、眉清目秀的贵公子活灵活现地刻画出来。不仅如此，还借《西江月》，在肖像之外写出了世人眼里的宝玉，突出了宝玉的叛逆性格。“潦倒不通世务，愚顽怕读文章”都是世俗对宝玉的评断，是正话反说。

这样的评点批阅，已经注意到重要句子对人物形象的体现了。

最后可以建议学生为《红楼梦》中的主要人物建立个性档案，从外号昵称、座右铭、人物独白等角度进行。

在2018届学生批阅完《红楼梦》前八十回后，学生们还以学习小组为单位，进行了人物“专题”小报和人物“类型”小报的制作和展示。在人物专题小报中，学生分别对贾宝玉、林黛玉、薛宝钗、史湘云、王熙凤、晴雯6人的判词、性格、命运、经历进行介绍和评价。在此基础上，我引导学生对《红楼梦》中纷繁的人物进行分类，从小姐组、公子组、夫人组、老爷组、媳妇组、丫鬟组等入手，对第一份小报中未涉及的人物和情节进行补充。

在人物专题小报制作和展示中，学生走近了集万千宠爱于一身的贾宝玉、多愁善感的林黛玉、泼辣能干的王熙凤、豪爽坦荡的史湘云、风流灵巧的晴雯。在人物类型小报的制作和展示中，学生更为全面地了解了《红楼梦》中人物的性格、经历以及内心世界。整个过程，大家有分工，有讨论；有人大处统筹，有人挖掘细节。大量资料的查阅，部分场景的反复阅读，都让学生们获益匪浅。看着学生们绘制的一张张红楼小报，听着娓娓道来的红楼人物故事，眼睛被怡红院的门匾、海棠花的烂漫、凤姐传神的肖像惊艳，耳朵亦被人物的悲欢离合唤醒。

在交流中，有的组从丫鬟们姓名的内涵入手，别出心裁地介绍了红楼梦中的几位丫鬟，增加了大家对《红楼梦》中次要人物的阅读兴趣。例如，薛宝钗的丫鬟莺儿意为黄金莺，《冬夜即事》中提到“松影一庭唯见鹤，梨花满地不闻莺”，梨花就是指雪花，“雪”即为“薛”，预示薛宝钗将来的命运势必孤凄。林黛玉的丫鬟叫紫鹃，是一种杜鹃，所谓“杜鹃啼血”，暗示了林黛玉的悲惨结局。

伴随着这样的阅读体验，学生顺利完成了整本书的阅读，并在后来高三涉及《红楼梦》的微写作中游刃有余。比如：

2017年西城区高三期末考试微写作：《红楼梦》《呐喊》《边城》《红岩》

《平凡的世界》《老人与海》塑造了许多个性鲜明、情感丰富的人物形象。请从这六部作品中选择一个人物形象，以“______，我看到了你灼热的心”为题，写一段抒情文字或一首小诗。要求在横线上填写人物名字，结合书中的具体内容。学生写道：

黛玉，我看到了你灼热的心

2018届学生

我曾见你怡红院外痴望的倩影，情坚如磐石，不可与世移。那是对爱的赞颂，是你灼热的心。我曾见你月影下对香菱的真挚教诲，字字珠玑，细致入微。那是对友谊的珍惜，是诗心诗魂，是你灼热的心。我曾见你芒种时节园中葬花，欲洁来复还洁去，追寻远方香丘。那是玉壶冰心，那是高洁逸致，是对世俗的坚定舍弃。那是我曾见过的，你灼热的心。

黛玉灼热的心是“对爱的赞颂”，是“对友谊的珍惜”，是“玉壶冰心的高洁”，更是“对世俗的舍弃”。学生将黛玉灼热的心，落在了具体的内容细节上，情感饱满动人。

2017年西城区二模微写作：不同的人对春天的感受也有不同，《红楼梦》《呐喊》《边城》《红岩》《平凡的世界》《老人与海》中的人们对春天各自会有怎样的感受呢？请以这些作品中的某个人物的身份，写一首诗或一段抒情文字，表达其对春天的感受。要求明确所选人物是谁，所写内容符合所选人物的特点，不超过180字。学生写道：

残烟漫絮，流云浮影，又是一年伤春景。落红满阶，宫墙新柳，却少了燕语莺声。犹记那年春，我凤冠霞帔远嫁至此，千里东风叹，辗转光阴腾。谁解“奴去也，莫牵连”之痛！忆起海棠诗社盛极，相偎研诗，可知此后旧笔尽繁锋？忆起抄检大观园时，秉烛而待，可知此后寒夜挑孤灯？忆起执掌家中之事，慧领清芳，可知此后空殿凄弦声？问江上行帆，可否载我回到桑梓，再放一回风筝？（2018届学生）

这是学生借远嫁异乡的探春之口，抒写她眼中的哀伤之春。抒情在回忆的春光中流淌，有春的叹息——出嫁，有春的烂漫——诗社，更有探春“从此分两地，各自保平安”的《分骨肉》之痛。短短172字却使人共鸣。

2017年北京高考试卷微写作：请从《红楼梦》中的林黛玉、薛宝钗、史湘云、香菱之中选择一人，用一种花来比喻她，并简要陈述这样比喻的理由。要求：依据原著，自圆其说。

我心目中的林黛玉是一株亭亭玉立的水芙蓉。她的前世绛珠仙草是靠神瑛侍者用雨露滋养而成长的，在文中林黛玉也用泪水来偿还恩情，可见她与水的密切关系。同时在第六十三回的寿怡红群芳开夜宴中，她选的花便是水芙蓉。她们的生长环境也极其相似，芙蓉花开在深秋，萧瑟透骨，而黛玉在幼年就成为孤女，无家可归，同样的凄凄惨惨戚戚。而她也常表示自己安然接受前途的坎坷与伤心事，恰与花签“莫怨东风当自嗟”相称。（2018届学生）

用莲花比喻林黛玉十分恰当。莲花是高洁、脱俗品质的象征，正所谓“出淤泥而不染，濯清涟而不妖”。林黛玉身处的时代主流价值取向一致认为，读书考取功名才是读书人应走的“正道”，因此每个人都为宝玉的“不思进取”焦虑，而只有她能理解宝玉的追求和人生观，这正是她的“脱俗”之处。而林黛玉的为人也善良单纯，不像宝钗等人有心机城府，她从来都以真诚的心待人接物。从她葬花的痴心到对爱情的纯洁追求，无不体现出她高洁的人物形象，正像莲花一样出淤泥而不染。（2018届学生）

我要用牡丹比喻薛宝钗。牡丹是美丽端庄、沉静大方的，正如薛宝钗。她的稳重、识大体、头脑不简单，就像这花繁多厚重的花瓣，层层叠叠。同样，牡丹人见人爱，最符合大众的口味，薛宝钗在贾府不正是这样吗?全家从老到少，从尊到卑，都对她的品行和处事方式赞不绝口。这样的受欢迎程度，与牡丹相差无几。可见，美丽端庄、人见人爱的宝钗用牡丹比喻再合适不过。（2018届学生）

我想用梅花来比喻史湘云。湘云自小父母双亡，由两个叔父抚养，却不得善待，不仅做不得主，甚至还要半夜做针线活，这正像寒冬中的梅花在艰难的条件下求生。同时，她开朗豪爽，不羁世俗，会躺在石椅上睡觉，不在乎别人的眼光，这也正像梅花，独自傲立风雪。由此看来，用梅花来比喻史湘云是很恰当

的。（2018届学生）

香菱是个宛如梅花的女子。她有着梅之色。“冰雪林中着此身，不同桃李混芳尘。”香菱生得袅娜纤巧，虽没有其他小姐的雍容华贵，却有着独一份的温文尔雅，好似开在隆冬的梅花，暗香独来。她有着梅之神。香菱坎坷的一生令人叹惋，但她并没有自怨自艾。她仍然以笑示人，甚至学诗，加入海棠诗社。这正如梅花一样即使经历风雪，也仍然开得傲人。由此可见，将香菱比作梅花再恰当不过。（2018届学生）

阅读，从读别人的文字开始，渐渐读到内心深处。这种“深入深出”的过程，也是共鸣的过程。学生和文字的对话，也是和自己的心对话，在其中渐渐构建出自己的精神家园。

第三节 读“新”，体现个性化创造

《普通高中语文课程标准》（2017版）指出：“普通高中语文课程应适应社会对人才的多样化需求和学生对语文教育的不同期待，精选学习内容，变革学习方式，确保全体学生都获得必备的语文素养；帮助学生认识自己语文学习的已有基础、发展需要和方向，激发学习兴趣和潜能，在跨文化、跨媒介的语文实践中开阔视野，在更宽广的选择空间发展各自的语文特长和个性。”

在阅读课堂上，我坚持尝试精选阅读材料，变革阅读方式，激发学生阅读兴趣，打开学生视野。正如歌德说的那样，“生活就像旅行，思想是导游者，没有导游者，一切都会停止。”没有思想，生活就会停滞。读“新”，就是要在阅读中读出个性和创造力，折射出烙印着强烈时代感的思想和生命力。

一、以“问”促思，读出个性化

思维的水平决定语言的水平：思维缜密，则语言逻辑性强；思维混乱，则语言不知所云；思路清晰，则语言层次分明；思路不畅，则语言艰涩生硬。思维的深度决定语言的容量，思维的新意决定语言的新颖。[4]思想如果不能正确地反映事物，认知就跟不上；思想如果不能跳脱出传统认知的束缚，认知就只能原地不动。中国语文教育名家于漪老师认为，当前学生思维能力的不足，主要体现在对事物的认识往往只停留在表层现象，看问题容易机械片面。所以在阅读中突破这种思维的束缚和认知的僵化至关重要，而解决的关键之一，就是大胆质疑，不断追问。

以阅读《史记·信陵君窃符救赵》为例，此篇是司马迁的得意之文，信陵君亦是太史公心中的得意之人。但在阅读过程中，学生对“侯嬴之死”产生的浓厚兴趣，甚至超过了对信陵君这个主人公的兴趣。而信陵君和侯嬴的关系，的确是解读信陵君的关键。于是在阅读过程中，我根据学生兴趣，将课堂问题调整为“侯嬴为何而死？究竟有没有死的必要”。这个问题让大家众说纷纭，莫衷一是，出现很大的分歧。有的认为侯嬴根本没有死的必要，他要信陵君捶杀晋鄙是为了解救更多百姓免受涂炭。从这个意义上说，侯嬴是博爱的，是不需要为晋鄙的死负责的。有的认为侯嬴即使在捶杀晋鄙之事上有过错，但错不致死。毕竟，以小部分人的牺牲来换取大多数人的幸福，是不违背道义精神的。还有的认为侯嬴的死是一种对生命的亵渎。身体发肤受之父母，怎么能轻易做出伤害自己的事情呢？人要自爱，才能爱人。还有人意识到侯嬴之死背后的信仰问题。他们认为，像侯嬴这样“大隐隐于市”的士更应该有自己的信仰，就是“士为知己者死”。以侯嬴对信陵君仁爱之心的了解，信陵君未必真能忍心捶杀晋鄙，所以侯嬴用自刭来以死敦促信陵君。侯嬴之死恰恰彰显出他对信陵君的负责，愿为知己者死的忠心、诚信。

一“问”激起千层浪，我只在其中做适时的点拨。“在中国历史上，有人珍惜生的权利，往往置之死地而后生，体现出生命的顽强。也有人在生的机会面前却选择了死，像田光、孟胜与八百弟子、田横与五百壮士、谭嗣同……他们并非轻贱生命，而是愿意以死来追求一种更高的东西。不论结局如何，这都是人生的选择，我们要尊重生命的个性选择。”

阅读的路上，总有无穷无尽的未知等待我们去探索。一路走来，学生终将明白，问题比答案更重要。追问是为了更好的思考，思考是为了更深刻的洞察，洞察是为了不断的突破。

二、比较阅读，读出复杂性

在古诗文阅读中，学生与诗文对话的过程，就是品味诗文语言、领悟诗文意境、感受作者形象的过程。学生在阅读中可以独立找出意象、体味诗文意境，但往往会把诗人和作者形象脸谱化、标签化、浅表化。因此，教师需要精选出合适的阅读材料，引导学生在比较阅读中提升在语言建构与运用、思维发展与提升、审美鉴赏与创造、文化传承与理解方面的语文核心素养。

以比较阅读陶渊明的诗文作品为例。陶渊明的诗歌《归园田居》语言平实，学生解读起来不难，但是陶渊明归隐后心境的复杂性，学生却难以独立把握。于是我带领学生比较阅读《归去来兮辞并序》与《归园田居》，借助更丰富的“景语”把握复杂的“情语”，充分感受陶渊明归隐后的真实心境。

学生初读诗文时，更多是被陶渊明发自肺腑地对田园生活的热爱打动，但几番比较下来又有了新的发现：这位隐士归隐后，总在不断强调田园生活的美好，还时不时冒出“抚孤松而盘桓”“怀良辰以孤往”等悲伤的言语，甚至明明身在田园，却要“暧暧远人村”。通过对这些蛛丝马迹的寻找、挖掘、品味，学生逐渐感受到陶渊明心灵深处那隐藏而不易觉察的无奈与不甘。

有学生这样评价陶渊明：他是古代洁身自好的知识分子中一座不可逾越的高峰。面对黑暗的官场，他愤然辞官归隐，开辟了一条属于自己的田园之路，留下了“聊乘化以归尽，乐夫天命复奚疑”的乐观态度。也许放弃多年的梦想会痛苦，会挣扎，会彷徨，但陶渊明宁愿忍受这份痛苦，也不愿违背自己做人的准则而失节。他用自身的经历告诉后世的知识分子，也告诉了我们，如果环境与你的理想有出入，你可以选择另一种环境，何必委曲求全？新的环境，新的天地。

还有学生结合当今社会有感而发：在物质重于一切的世风下，安贫乐道是一剂清醒药。我们未必要变成陶渊明，但是他向我们指明了人生的另一条路——喧嚣的世界无法培养一个心灵丰富的人，虽然我们身体不能置之于世外，但精神也需要一定时间一定程度上脱离红尘与自己对话。

其中有一篇学生的文章，更是站在陶渊明的视角，散文化解读《归园田居》，写下自己共鸣的情感，让人印象深刻。

不忘初心，方怡然归终

2018 届学生

眼前终究是清亮了，心里终究是宁静了，一切终究是顺心了，我便能坦荡荡而怡然于本性了。

——题记

南野的蒿草齐腰，一眼望不到边际。我便拿起陌生的锄头，一锄一锄砍荒草，还有与尘世纠缠的繁杂。漾起的尘土与清晨的露水，还有汗水，让我狼狈。它浊化的是外表，但却消解着我内心的浮躁。我是依恋旧林的羁鸟，我是思念故渊的池鱼。我还是不能耐得如此禁锢，我要摒弃一切追求我内心所想。

一锄一锄，载着红日和晚霞，载着明月与星辰，我还是开辟了南野的荒地。搭一座茅屋，敞着门坐下，泡一碗苦茶。皱着眉咂一口，看着荒地那头十几户人家忙忙碌碌地劳作。时时还能嗅到炊烟的干柴气息，与草和泥土的清香混杂起来。我终究是笑逐颜开，返璞归真了。

我的住所也令我心仪。虽无雕梁画栋之堂皇宏丽，却有榆树柳树的绿荫罩于屋后，桃花李花竞艳于堂前。虽无丝竹之声的优柔缠绵，却有黄犬雄鸡的叫吠回响在清晨，蟋蟀蝉儿的鸣唱在傍晚。虽无宫廷美女的婀娜舞姿，却有垂髫小儿嬉戏在田间，姑娘少妇行走在河畔。即使没有一切荣华富贵，但我终究还是陶醉于这破屋原野间。

我本是误入了尘网中，自然才是我真正的归属。三十年世俗的浸渍也定会在这山丘田地中淡却。我不会耽于仕途的陈陈相因，我敢于追逐我的初心，我的想往。

任凭时间在这虚室里穿梭，我既不忘初心，便方得怡然于此而归终无憾哉！

东晋社会黑暗，政治动荡，天下纷乱，哪里可以找到《桃花源记》描述的那样一方净土？《归园田居》《归去来兮辞并序》中的田园，也是被陶渊明用诗文高度纯化、美化的，寄托的是陶渊明的人生理想。在比较阅读中，学生们最终触碰到一个复杂的陶渊明，一个在归隐中把生活诗化，在“守拙”中诗意盎然，把寻常、普通的农村生活写出永恒的美好的五柳先生。

同样，在文言文阅读中，比较阅读也有独到之处。下面就以《邹忌讽齐王纳谏》《烛之武退秦师》两篇文章的比较阅读为例，谈谈如何读出“新意”。

邹忌现身说法，成功劝谏齐威王广开言路，以一人之言兴邦；烛之武夜缒秦营与秦穆公一席长谈，成功让郑国化险为夷，凭三寸之舌退师。那么，是什么让邹忌、烛之武进谏成功？他们的语言中最打动你的又是什么？学生们或背诵、或朗读文中自己最欣赏的邹忌、烛之武的进谏语言，讨论他们的语言特点，进而总结出得体的进谏语言的共性。

学生一：邹忌讽谏前，看出了齐威王“受蒙蔽”很厉害，自己的进谏绝不是一时兴起，而是有明确政治目的，具有极强的针对性。在进谏时，他揣摩齐威王心理，先夸齐国的强大，暗含对威王治国有方的夸赞，使威王听着顺耳。然后把所有错误归结于“私己者”“畏己者”“有求于王者”，给王极大颜面改正错误，可谓是将语言功效演绎到极致。烛之武的进谏则施之于礼，欲扬先抑，以“郑既知亡矣”一句先使秦伯虚荣心得到极大满足进而劝谏。在劝谏中既为秦伯着想，又顾及了秦伯的威严，在委婉曲折中晓以利害，给予秦伯小惠，最终打动对方，使秦伯“说”。

学生二：没有人希望对方一开口就是向自己开火，邹忌很明白这一点，所以他从自己的家庭小事开始不露痕迹地引入正题。在对话中，他不断揣摩齐威王心理，同时绘制一幅心理肖像，一切建议都吻合这个肖像特点，最终进谏水到渠成。而烛之武则非常明确自己对话秦穆公的目的，就是让秦晋失和。只要达到这个目标，烛之武把自己变小示弱又有何不可呢？当郑国成为秦国手中一枚有利的棋子时，秦国也不会那么急于把魔掌伸向郑国了。

学生三：烛之武与邹忌都拥有非凡智慧的辩才。邹忌进谏的对象是自己的君主，自然投其所好。齐威王爱听故事不爱直谏，邹忌就在所讲的故事中蕴含进谏的问题，最终使威王心甘情愿地采纳了他的进谏。他的进谏讲究方法，从而事半功倍。烛之武进谏的对象则是别国的君主，而且还是正在侵犯本国的敌人，语言自然要滴水不漏。因此烛之武换位思考，揣摩透秦穆公的心理，首先陈述利害，在不激怒秦穆公的情况下，为本国争取了最大的利益，怎一个“高”字了得。

学生四：进谏不是一件容易的事，而要解决的又是“王之蔽甚矣”的问题，这就更难。邹忌却含蓄委婉、深入浅出地讲故事，最终使齐王纳谏，并取得成果。郑国大夫烛之武抓住秦晋之间的矛盾，分化了敌人阵营，使郑国转危为安。不论是邹忌还是烛之武，都能投王所好，齐王爱听故事就给他讲故事，秦伯爱占便宜就让他占小便宜，最终完成进谏的目的。可见，看对象来说话十分必要。

学生五：与别人交流时，需要掌握一些技巧。让别人接受自己的意见，更需要一些具有针对性的手段。邹忌劝齐王就投其所好，用生活中的趣闻来劝谏，让王一开始就不排斥自己的话。烛之武劝秦王退兵，又在更高境界。一句“郑既知亡矣”开场，让秦穆公放松了戒备。然后完全不顾郑国，而是站在秦国立场换位思考，最终让秦王“说”，不能不说是一次出神入化的进谏。

学生六：邹忌善曲谏，烛之武善离间、利诱，他们的成功都源自对听者心理的研究和揣摩后的对症下药。邹忌要向王阐述的观点其实是王的不足，必定会让王没面子，所以与其直接批评，不如用齐威王喜欢听的趣闻来曲谏。邹忌选择了好的方法，也就稳操胜券。烛之武面对的问题比邹忌更棘手，但是烛之武一上来的那句“郑既知亡矣”，无疑是在向秦称臣，给秦伯一种安全感和信赖感，最终一步步让秦伯信服自己的话。

最后学生以完成表格的形式小结，比较出语言得体的要素：邹忌和烛之武都在特定的场合，与特定的人物对话时，合乎了场合的要求，合乎了听话人与说话人相互关系的要求。可见，语言的得体离不开：①明确目的，就是说话人知道要“说什么”，“怎么说”；②看准对象，就是说话人说话时要注意称谓和语气等；③分清场合，就是在说话时注意时间、地点、氛围；④准确用词，不至于词不达意。具体分析见下表。

要　素	邹　忌	烛之武
明确目的，有的放矢	让王广开言路	让秦晋联盟瓦解，秦军单方撤退
看准对象，讲究分寸	王臣与王对话，点到为止	郑臣与秦王对话示弱，换位思考
分清场合，巧妙用语	朝堂之上“莫不”	秦营之中
准确用词，句式恰当	“蔽”——受蒙蔽 宫妇左右私王，朝廷之臣畏王，四境之内有求于王	郑“既”知亡矣 敢以烦执事

三、文化参与，读“活动”的文字

《普通高中语文课程标准》（2017版）在当代文化参与这一学习任务群中，提出要“引导学生关注和参与当代文化生活，学习剖析、评价文化现象，积极参与中国特色社会主义先进文化的传播和交流，增强文化自信。”在阅读乡土文学作品时，我尝试带领学生读“活动”的文字，展开阅读实践活动。所谓“活动”的文字，可以是阅读乡土文学时参观的乡土景观，也可以是鉴赏语文课堂上以不同形态呈现的文字内容。

乡，是故乡；土，是脚下的泥土。它离我们并不远。中国现代乡土文学开始于鲁迅。1926年，文学史家张定璜称鲁迅先生的创作为“乡土小说”，于是创立了“乡土文学”这个名词。

鲁迅笔下的乡土是一个半殖民地半封建的乡土社会，他塑造出来的人物是“哀其不幸，怒其不争”的乡土群像。受其影响，王鲁彦、彭家煌、台静农等文学研究会乡土作家群“以道自任”，用知识分子的眼光俯视苦难的农村，用启蒙的眼光对待大众，创作的多是对闭塞愚昧农村的揭露和批判类作品，简称“恶土类”。

而沈从文等作家在接触了现代文明之后，退回到书房，着意建造具有理想色彩的“希腊小庙”，用理想化的书写方式，回避了乡下人生活的许多方面，与现实拉开了一定距离。与此一脉相承的乡土文学作家和作品蔚为大观，如废名的黄梅故乡、师陀的河南果园城世界、萧乾的北京城根的篱下世界、汪曾祺的故土高邮、莫言的山东高密等。他们对乡土细致入微的刻画、刻骨铭心的怀恋，以及对乡土那田园牧歌的传统生存形态的描述和向往，在很大程度上影响了中国乡土文学的美学品格和人们针对乡土文学的审美习惯，简称“桃源类”。

面对这两类乡土文学作品，教师在阅读的选材上，应将目光更多投注于桃源类作品，借对乡土文学温馨的怀念，唤起学生的阅读兴趣，从而抗衡乡土文学日渐被网络文学蚕食，乡土文化日渐被工业化、城市化侵蚀的命运。毕竟，乡土文学是一个人的生命之“乡”、灵魂之“土”，“乡土”就像我们的生父生母。

基于乡土文学作品基层性、地域性、抒情性、时代性的特点，专题以费孝通先生《乡土中国》一书中《乡土本色》一文为阅读的理论起点，组织学生阅读反映对北京深切眷恋的《想北平》（老舍）、饱含湘西独特风情的《边城》（沈从文）、呈现呼兰城公众生活和环境的《呼兰河传》（萧红）、突出西北粗犷地域人文的《秦腔》（贾平凹）、展现改革开放之初台儿庄农村生活的《哦，香雪》（铁凝）等作品。

阅读时，学生一方面在课堂上直接阅读表现某一地域特征的文学作品，另一方面对个别乡土景观实地考察，进而切实地上升到对我国乡土大观的思考，从而弥补由于地域阻隔造成的人文地理和民俗学上的欠缺，拓宽对本民族历史的感性认知视野，帮助学生尽力保留正在消逝的本土气息和地域经验的背影，在渴望精神发展和心灵成长的速度跟上科技发明的脚步的同时，也能放慢脚步回望从前，屏住呼吸回望心灵，寻找乡土的本色，完成心理上的一次回归。

结合北京学生所处地域最突出的文化特点，我带领学生走向真切的乡土——北京四合院，参观成贤街松堂私人民俗博物馆，进行阅读"活动"的文字的实践活动。学生在教师的引领下，明确专题实践目的，根据撰写的开题报告（例子如下），对典型的四合院展开实地考察，一边认真聆听馆长关于北京古老院落的往事回顾，一边细致观察立体的院落风貌，从而收获书本阅读所没有的直观体验和丰富感受。

<table>
<tr><td>题目</td><td colspan="3">《四合院中的文化研究》</td></tr>
<tr><td>课题组长</td><td>危文瀚</td><td>课题成员</td><td>王朝阳、叶桐、滕啸凡、刘澍、黄嘉男、扈豪杰、王瀚等</td></tr>
<tr><td>选择课题的原因</td><td colspan="3">随着城市的改造，我们祖辈世代居住的无以计数的明清民居被拆除了，那些近千年来活跃着祖辈生活习俗和思想文化的独特建筑不断地被当作城市垃圾而遭到清除。今天，它们又再次登上大雅之堂。研究它们，有利于我们自身知识的丰富和对本土建筑文化的保护、传承。</td></tr>
<tr><td>完成课题的条件</td><td colspan="3">1. 北京成贤街松堂私人民俗博物馆
2. 馆长的讲解和指导</td></tr>
<tr><td>活动达到的目的</td><td colspan="3">通过实地考察北京松堂民俗博物馆中呈现的典型四合院，以模型的形式复原传统四合院的建筑构造，进而发掘其文化内涵，了解其深刻影响和意义，从而更好地对乡土文化形成完善的感性认知，对传统文化更好地继承、发展。</td></tr>
<tr><td>展示的成果</td><td colspan="3">1. 在班级以幻灯片的形式直观地呈现研究报告
2. 依据四合院的相关建筑图片，做出传统四合院的复原模型，并对学生进行细致讲解。
3. 呈现小组研究小论文（摘选部分如下）</td></tr>
<tr><td>表达形式</td><td colspan="3">1. 研究过程中摄制的记录短片
2. 实地考察时摄制的照片
3. 书面感悟</td></tr>
</table>

学生们在阅读这“活动”的文字四合院时，感慨万千。

有的谈收获：我认为这些“活动”的文字实践参观，对我们90后的学生来讲是很有帮助的。首先，通过乡土文学作品，我们可以了解那段时间、那个地点的状况，可以了解那时的风土人情、风俗习惯，也可以看到那里人们淳朴的样子。而经过“乡土之旅”的实践，我们还可以不断反思：在城市化进程越来越快的今天，工业文明与城市文化对我们的乡土的冲击，让我们很难再见到作家笔下那些曾经的情景、曾经的风俗。当我踏入四合院这样的乡土环境时，那种要毅然决然守护我们这片乡土文化的责任感油然而生。

有的谈反思：在周围充斥着各种言情小说、科幻小说、悬疑小说的今天，你是否已经忘记了乡土文学？忘记了它们代表着什么，又意味着什么？起码，开始我是无知的。但是完成了乡土文学专项阅读，特别是参与了“乡土之旅”实践活动后，我有了一些更为感性的触动。乡土文学是扎根于中国大地的文学体裁，它反映的是“从前”与“曾经”，它赞美的是纯净与淳朴，它蕴含的是中华儿女的落叶之情，它惋惜的是那些曾烙印于我们血液中的美德的遗失。走进乡土，我发现它没有喧嚣，只是静静地伫立在那里，流淌感性的语言，记录着现实的状态，或自由，或狂放，或理性，或感伤，无须外人评说，只是如此沉默地延续中华文化的一点“根”罢了。

有的感慨：现在，当我完成这段“乡土之旅”后，我终于明白了乡土绝不等同于农村。乡土是一种文化，一种中华独有的文化。即使是西方文化涌入我们的生活，乡土文学依然用它特有的方式警醒我们、告诫我们，要保护自己的文化，不要全盘西化。它寄托着乡土之上的人们的一种情怀、一种眷怀、一种对文化的挽留。我也要在未来，承担书写乡土文学的责任，写下我的乡土文学作品，将中华的复兴、文化的永存都附着于乡土文化，完成它们的诉说。

有的喟叹：在如今这个外国文化冲击的时代，也许我们被领到了一个更加广阔的平台，也许灯红酒绿、物欲横流的世界让我们昂着头麻木行走，也许我们再也想不起儿时母亲呼唤的乳名，还有姥姥劳作时的背影。但，当我们慢慢沉淀下来，当岁月的车轮碾过一回又一回，当我们学会低头望着脚下，我们会看到这世上最朴实却是最长久的存在。那会是一段泛着土黄的回忆，夹杂着黄泥的墙、乌黑的瓦和不停叫的知了。伴随着，我的一辈子，我的乡土。也许我会离开你去追寻我的梦，但请你记住，在我心底的最深处，你永远是静静流淌过的那条小溪，记载着我儿时这些那些数不清的梦。

在这次实践之后，学生还走进798，自发地进行了一场极富现代气息的乡土文化阅读，感受北京扑面而来的充满时代感的乡土文化。

阅读课上，我还尝试让学生“阅读”流行歌词，感受中国古典文化魅力。比如王力宏的《在梅边》：在梅边落花似雪纷纷绵绵谁人怜/在柳边风吹悬念生生死死遂人愿/千年的等待滋味酸酸楚楚两人怨/牡丹亭上我眷恋日日年年未停歇，学生一边感受歌词意境之美，一边追忆汤显祖的《牡丹亭》。

再比如，动力火车的《当》：当山峰没有棱角的时候/当河水不再流/当时间停住日夜不分/当天地万物化为虚有/我还是不能和你分手/不能和你分手/你的温柔是我今生最大的守候，化用了乐府《上邪》“上邪/我欲与君相知/长命无绝衰/山无棱/水为竭/冬雷震震/夏雨雪/天地合/乃敢与君绝”。学生在阅读中，被诗歌中女主人公磐石般坚定的信念和火焰般炽热的激情震撼，折服于这忠贞的爱情誓言之中。

周杰伦的《东风破》更是把诗人陆游和原配唐婉的爱情悲剧化进了绵长的歌词：一盏离愁孤单伫立在窗口/我在门后假装你人还没走/旧地如重游月圆更寂寞/夜半清醒的烛火不忍苛责我/一壶漂泊浪迹天涯难入喉/你走之后酒暖回忆思念瘦/水向东流时间怎么偷/花开就一次成熟我却错过。学生们突然就明白了《钗头凤》中那“错、错、错”和“莫、莫、莫”，寄寓着诗人怎样的沉痛。

这种通过阅读歌词启迪学生解读诗歌的方法，也适用于现当代诗歌，比如水木年华的《一生有你》就化用了叶芝的诗歌《当你老了》：等到老去那一天/你是否还在我身边/看那些誓言谎言/随往事慢慢飘散/多少人曾爱慕你年轻时的容颜/可知谁愿承受岁月无情的变迁/多少人曾在你生命中来了又还/可知一生有你我都陪在你身边。

阅读歌词，学生充分感受到中华传统文化的精神，并不断内化成我们这个时代的精神内涵和审美追求，而当我们用现代观念审视古代经典文化时，其实就是在取其精华。以下摘录部分学生阅读歌词后，积极创作出的极具古典韵味、生活气息的歌词：

念 卿

改编自《大鱼》

往世今生岁月如尘土飞扬/月光洒落宫阙残垣旁/花开花落不过一瞬间沧桑/谁还在无悔地吟唱/易水潇潇/风中断鸿声凉寒/悲彻满座似雪的衣冠/征衣风尘/风云化云烟飘散/谁拭血在利刃深渊

凭栏处悲切/谈笑间尽灭/壮心留怎像那似水流年/天苍苍似野/野茫茫连天/难忘却青丝已成雪/铁甲掠黄沙/羽箭悬轻骑间/趁热血莫再系马红墙边/白骨落可怜/孑然身入残简/千万事淹没笑谈间

大雪纷飞/落下冰冷和荒凉/满院空枝/谁缀上惆怅/残夜中想与你守月圆思念/你的身影不断浮现/眉眼间唯你/千万事往矣/幽梦中你话语不断沉淀/轻轻地呢喃/在心中留恋/愿时间停留在指间/散黄沙祭奠/冥冥中谁在怨/痴人念转过了佛塔三千/桃花下可在/何时能续前缘/愿待你战捷后归还

钗 头 凤

萧瑟的秋风紧/吹乱了你声音/马车在风沙中伴凄凉古道慢行/是谁写的诗句/是谁画的碧绿/你悄悄努力让清泪不沾红锦衣/记得那年春雨/礼部会试失利/回家乡游沈园低首信步看风景/鬼斧神工壮丽/在繁华中起立/你含着泪凝眸留恋那青衫背影/还来不及/仔仔细细/写下你的诗句/描述我如何爱你/你却微笑着离我而去

冷风透扰人清幽执笔粉壁把酒/池塘中水榭上眉头轻蹙敛红袖/伴士程浅斟慢饮我心碎你落泪/更添愁佳人何来锁眉头/冷风透扰人清幽白杨依旧昂头/你是否内心中铭记那一次回眸/次年春你回首不想浮华容颜瘦/而我心碎你流泪你轻吟/钗头凤

锦 鲤 抄

改编自《霁夜茶》

暗香疏影/流水浮动了花英/几滴青墨涟漪/荷香四溢/点点萤火缀夏夜/梦中人影依稀/懒牵挂/一笔一画/拂袖罢/渐暮久置笔添蜡/霁夜茶

惊蛰唤醒/秋霜在纸上沉积/好个凉意寒心/雪中笑意/为君避寒而破冰/躲去水底恋意/纷乱世/难得长情/不忍离/灼火影菡萏容颜/梦虚妄世喧嚣落尽余蝉鸣/诀别中不知难悔情/轮回后只为再相遇/别恋花/妙笔再难绘昔日景/惟愿停时间在那天/你我相顾隔深火海/顷刻又褪色

童　　年

溪水边的石道上/春风在悄悄吹着朝阳/凉亭边的木桥下/只有鱼儿自在荡漾/教学楼排列的教室/已经陆陆续续放出光芒/迎接着晨读/迎接着上课/迎接学习的高中

古诗文里面什么都有/糊里糊涂看不透作者/自然选择和相对论/到底如何成就了先哲/试卷上的反应图像/怎么也搞不清吸热放热/手中的作业/迷失的自我/感受高中的曲折

讲题后给你微笑脸/哪怕我刚才只懂了一点点/教室墙排列的照片/记录了我们一个个瞬间/一分耕耘一分收获/遇到困难哪怕顺其自然/一滴又一滴/一点又一点/感受高中的温暖

没有人知道为什么/加速之后一定要偏转/没有人能够告诉我/为什么要注意时间观念/多少的日子里总是/说着只有我们懂的语言/就这么吐槽/就这么调侃/永不受制于时间

窗外边飞翔的春燕/画着一条条的抛物线/想起了祖国大好河山/我们去过四川还有江南/什么时候我们手里/捧着自己理想大学志愿/美满的盛宴/怎么会不散/至少没有了遗憾/未来的时间/当年的笑脸/会在记忆中出现

《普通高中语文课程标准》（2017版）指出：“通过改革，让学生多经历、体验各类启示性、陶冶性的语文学习活动，逐渐实现多方面要素的综合与内化，养成现代社会所需要的思想品质、精神面貌和行为方式。”阅读“活动”的文字，通过文化参与，学生增强了文化自信，培养了审美趣味，提升了对民族文化的认同感和自豪感。

“语文不是学出来的，语文在很大程度上是熏陶出来的。唯有熏陶，才能进入学生的记忆深处，进入学生的灵魂深处，成为其生命中的一个要素。”[5]在语文阅读教学中，学生作为阅读主体，必将经历“独上西楼”的孤独、“衣带渐宽终不悔”的坚持、“蓦然回首”的发现。而教师在阅读教学中，则是推动者，是倾听者，更是观察者。在学生阅读遇到困惑时给予帮助、松懈时给予鼓励、收获时给予肯定。

在这阅读教学之路上，我将继续在每个学生心里播下一颗颗阅读的种子，用心浇灌，悉心温养，在经历从“阅读”到“悦读”的过程中，期待他们成长为一棵棵参天大树。

注释：

[1] 夏丏尊 叶圣陶. 文心 [M]. 北京：生活·读书·新知三联书店，2008：121.
[2] 施茂枝. 多维视野下的语文教育 [M]. 福州：福建教育出版社，2007：27.
[3] 叶澜. 让课堂焕发出生命的活力——论中小学教学改革的深化 [J]. 教育研究 . 1997：5.
[4] 覃可霖. 试论写作活动中语言与思维的关系. [J]. 广西社会科学，2003:（9）：102.
[5] 王崧舟 . 诗意语文——王崧舟语文教育七讲 [M]. 上海：华东师范大学出版社, 2008：7.

第三章

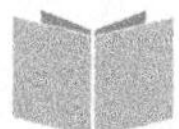

“会读沙龙”

——行走在路上的“阅读思考”

北京市第二十七中学　田　姝

《普通高中语文课程标准》（2017年版）提到，应“根据经济社会发展新变化、科学技术进步新成果，及时更新教学内容和话语体系”[1]。由此我在想，作为一名语文教师，更新自己，为自己的“话语体系”不断升级，才能在专业发展道路上越走越远。之前从未想过自己的“话语体系”是什么，但无论是阅读还是写作，都一直在不断探索求新。尤其是新课标出台前，自己就已经在“整本书阅读”方面做过一些大胆尝试。现在想来，与新课标很多地方有契合，真是感到无比幸运。一是为我没有耽误学生而庆幸，再是为自己曾经的尝试没有走偏而庆幸。虽然这期间有过偏差和不成熟，但我坚信，只要始终行走在探索的路上，无论过去、当下还是未来，必将有所收获。

这些收获来自我曾经的尝试——“会读沙龙”阅读，现在想来，是我自己设计的“整本书阅读任务群”的前身。新课标中“语文学科素养”和“语文学习任务群”二者的结合点就是“以语文学科素养为纲，以学生的语文实践为主线设计‘语文学习任务群’”[2]。我做过的《呐喊》《红岩》《诗经》三次“会读沙龙”阅读，都是在回归语文本身的实践性和综合性上的尝试。

特别是“语文学习任务群”中“任务”这个关键词，是语文学习从知识文本向语言实践活动转化的重要标志。下面是我曾经做过的三次“会读沙龙”的展示，既展现了我在学生主体实践方面所做的努力，也在一步步见证着我自己在阅读教学路上的思考与成长。

第一节　千尺丝纶直下垂，一波才动万波随
——“会读沙龙”的诞生

一、困惑和想法

2016年的4月23日是第二十一个世界阅读日。作为一名语文老师，面对这个日子，总是有很多的思考与无奈，其中有对国民阅读量的担忧，2015年我国人均纸质图书阅读量仅有4.58本，甚至比不上经济水平与我们相差很远的泰国，也有对高考改革后试题带给教学工作的冲击感。在2017年的高考中，学生要迎接至少12本名著考核的挑战。实际情况是，大部分学生对这些名著要么只听过书名，要么知道点零星片段，读完整本书的是少之又少。所以，无论大环境，还是小环境，都告诉我们一个不争的事实——书，是一定要读的。

具体怎么读?这个问题似乎已经变成所有语文老师的梦魇。什么时间读？哪儿读？用什么方式读？结论是，读书很重要，成绩也很重要，哪个都不能丢，一旦处理不好，读书与成绩的小船可是会说翻就翻的！

皮亚杰认知发展理论中提到，11岁至成人属于“形式运算阶段”[3]。这一阶段儿童的思维已超越了对具体的可感知事物的依赖，使形式从内容中解脱出来，进入形式运算阶段（又称命题运算阶段）。这种能力一直持续到成年时期。本阶段中个体推理能力得到提高，能从多种维度对抽象的性质进行思维。他们的思维是以命题形式进行的，并能发现命题之间的关系；能够进行假设性思维，采用逻辑推理、归纳或演绎的方式来解决问题；能理解符号的意义、隐喻和直喻，能做一定的概括。

传统阅读教学以课本为主体，学生总是跟着教师步子走，缺乏主见。教师怎样分析，学生就怎样理解，教师的观点即学生赏析文本的观点。长此以往，学生缺乏对文本的独立认知方法，无法形成自我认知客观事物的“图式”（皮亚杰适应理论体系的一个核心概念）。

皮亚杰用四个基本概念阐述他的适应理论，即图式、同化、顺应和平衡。图式，是认知结构的起点和核心，具有对客体信息进行整理、归类、改造和创造的

功能，以便使主体可以有效地适应环境。因此，图式的形成和变化是认知发展的实质。同化，是指个体对刺激输入的过滤或改变的过程。也就是说，个体在感受到刺激时，把它们纳入头脑中原有的图式之内，通过同化，加强并丰富原有的认知结构，使图式得到质的变化。顺应，是指有机体调节内部结构，以适应特定刺激情境的过程，是与同化伴随而行的。当个体遇到不能用原有图式来同化新的刺激时，便要对原有图式加以修改或重建，以适应环境。平衡，是指个体通过自我调节，使认知发展从一个平衡状态向另外一个较高平衡状态过渡的过程。[4]皮亚杰的认知发展理论，正好可以解决传统阅读方式带来的弊端。

鉴于过往经验，我做了这样的尝试。第一个就是将每周五的连堂课变成课堂阅读课，不说不讲，就是让学生自己静静阅读，两节课80分钟，达到阅读效果的最大化。问题不是没有，阅读课一开始，学生们纷纷拿出了各自的阅读工具，kindle、手机、纸质书一应俱全。对此，我什么都没说，让他们自己去醒悟，去体会。慢慢地，一些用手机看书的学生，都悄悄换成了纸质书，哗哗哗的翻书声成了教室里唯一的旋律。

刚开始实行的头两周，有的学生极其不适应。没有舒适的让人一读书就睡的床，没有诱人的零食，没有微信聊天，安安静静80分钟，对一些同学来说就是煎熬。但渐渐地，那些从不读书，也读不进去书的学生，被我断掉一切后路之后，也都乖乖地拿起了书，一开始还东张西望的头低下去了，一开始零星的窃窃私语没有了，大家翻书的样子也成了一道最亮丽的风景。

为了巩固学生们的阅读成果，我还给大家准备了三套精美的书签，有的书签背面还盖上了“学然后知不足”的印章。在学生们欣赏精美书签与书籍融合的那一刻，书签的意义就不仅只是一种对学生们读书的奖励，更是一种传递着爱书、爱阅读的情怀。就这样，在课堂阅读课“启明灯”的作用下，课下阅读自然也水到渠成，没有强迫与应付，课上课下结合了起来。在六周的时间里，我们读完了鲁迅《呐喊》的全部14篇小说和长达600页的《红岩》。

二、用行动检验成果

书是读完了，怎样检验读的成果呢？我决定尝试一种新的方式，就是开展“会读”沙龙系列阅读活动。

什么叫“会读”，它是新儒家学派代表人物、北京大学高等人文研究院院长杜维明推广的学习模式。“会读”这个词是从日本来的，本来是汉学传统中非常重要的学习机制。“会”即集会、聚会，会读成功与否，是我们能不能坐在一起，通过讨论质疑方式，创造一个共同的文本。我把我的阅读实践分成五个部分来完成，即自主阅读（强调独立完成）—提问设疑—合作探究—理论积累（名家点评进行积累）—思维提升（撰写论文完成提升）。“会读”沙龙就是训练学生提问设疑和合作探究的能力。以往的做法，就是在阅读后直接写一篇读书笔记即可，但往往起不到实际效果。关键在于发动学生真正思考，最好的方法就是自己设疑，提出问题，大家一起讨论。这样原属于自己的文本，就在讨论时变成了大家共同的文本，深度和广度都可以无限延伸。

三、会读沙龙系列阅读活动的特点

会读沙龙系列阅读是一种共情式的学习方法，它具有以下特点：

（一）改变“教师包办阅读”的定式，但要有整体目标和规划，重视师生协商

前者阅读任务的参与对象主要是单一主体，任务意识并不强，多数还是教师经验的灌输。后者整本书共读的对象则是“双主体”和“多主体”，强调分享式阅读，能够更好地保护学生的学习主动性。教师的参与并非强制性，而是一种分享。师生间的沟通交流，建立在平等对话的基础之上，教师更多做的是确定大的阅读目标，让整本书真正实现其课程意义与教育价值，避免阅读的漫无边际。

（二）整合内容

教师在整合自身阅读经验、学生初读阶段的情况、参考评论性著作的基础之上进一步设计更具体的阅读任务。

以《呐喊》《红岩》沙龙为例，讨论什么问题也就是确定阅读任务，是沙龙的灵魂和关键。问题从哪里来，有没有讨论的价值，决定了这次沙龙的质量。如果我把已经准备好的问题直接给学生，相当于变相给学生发了一张考试的卷子，只是换了个形式，没有任何意义。古语有云，“学起于思，思起于疑”，自己找问题，自己确定讨论话题和兴趣点，变被动为主动，不是更能激发兴趣锻炼能力吗？下面呈现的是我们沙龙之前确定问题的过程。

《呐喊》“会读沙龙”选题过程

1. 投票确定讨论篇目：从十四篇里选出了四篇，《狂人日记》《明天》《鸭的喜剧》《端午节》

2. 对讨论篇目提问：（原始记录，未做任何修改）

《狂人日记》：

①狂人是真疯了吗？
②为什么前面用文言，而正文用白话写？
③是什么导致这个狂人变狂的？
④为什么人人都想吃人？
⑤没有吃过人的孩子如何去救？
⑥文中除谴责当时中国人的封建腐朽之外，还有什么弦外之音？
⑦……

《明天》

①单四嫂子不断等待明天，可明天也没有希望，为什么还要盼呢？
②为什么文章多次提到鲁镇还有些古风，古风是什么？
③单四嫂子可怜之处在哪里？
④安排蓝皮阿五有何用意？
⑤“现在的事是单四嫂子没想到的”，是什么事？
⑥……

《端午节》

①为什么方玄绰在生活是第一要务的时代，不先考虑最重要的事，却自称清高？
②为什么本篇只字未提端午节，却以端午节为题？
③“差不多”是一种什么态度？
④方玄绰在空中画了个半圆，有什么特别的含义？
⑤为什么一直要看《尝试集》？
⑥以“都一样”到“差不多”做了怎样的转变？
⑦……

《鸭的喜剧》

①蝌蚪和鸭分别意味着什么？
②“嚷嚷”与“寂寞”只是自然之音吗？有没有别的含义？
③为什么院中有荷花池，作者还说鸭在沙漠上？

④俄罗斯盲诗人暗喻着什么？

⑤如果是喜剧，喜在哪里？

⑥……

3. 问题汇总，组长选题，确定沙龙最后的讨论题

《端午节》

①为何题目与内容毫无关系？

②为什么一直要看《尝试集》？

③方玄绰在空中画个半圆有什么特别含义？

④“差不多”是一种什么态度？

《狂人日记》

①“吃人”暗指什么？为什么人人都想吃人？

②最后一句“没吃过人的孩子，或者还有？救救孩子”表达了作者怎样的期许？

③“狂人”是真的疯了吗？

④文中除谴责当时中国人的封建腐朽外，还有什么弦外之音？

《明天》

①为什么安排红鼻子老拱和蓝皮阿五这两个人物？

②为什么提到“鲁镇还有些古风”？

③单四嫂子可怜在哪里？

④为什么叫“明天”？

《鸭的喜剧》

①“鸭”和“蝌蚪”的含义？

②俄罗斯盲诗人暗喻着什么？

③为什么叫《鸭的喜剧》不叫《科斗的悲剧》？

④“鸭的喜剧”“喜”在哪儿？

接下来我做《红岩》的会读沙龙时，在学生提问题前做了一些改进，增加了拓展

思考题，除了关注作品本身，还引导学生更多关注名著本身在今天的意义和价值。

（三）要有匹配的整套任务设计

除了前期问题，沙龙结束之后，还要给予学生一定量的评价式阅读指导，开阔学生视野，鼓励他们自选角度，发表自己的看法。下面是《呐喊》会读沙龙之后，给学生提供的一些角度和选题，以及相应的一些鉴赏性文章。

1. 与相关作品比较：
《都柏林人》和《呐喊》《彷徨》比较研究
《呐喊》和《彷徨》的环境描写
《呐喊》与西方近代小说人物形象之比较
《呐喊》与西方文学小说文体特性比较
解读《哭屋》的寂寞情结——与鲁迅的《呐喊》《彷徨》比较
鲁迅创作和民俗事象——散文集《朝花夕拾》与小说集《呐喊》《彷徨》中民俗事象的比较研究

2. 与内容相关的：
被欺凌与被侮辱的——果戈理的《狂人日记》与鲁迅《阿Q正传》之比较
全面揭示旧中国病态国民性的一出讽刺“戏剧”——浅论鲁迅小说《阿Q正传》
精神失根所引发的惶惑与找寻——解读鲁迅小说《白光》
鲁迅短篇小说《白光》试析
浅谈鲁迅小说《白光》的情节提炼
生存的绝望与抗争——鲁迅《白光》中的“光”的描写及其人生意蕴
明天的希望在哪里？——鲁迅名作《明天》解读
一个失子寡母的无望“明天”——重读鲁迅的《明天》
……

阅读沙龙后，学生纷纷交上了自己的小论文。

由《自序》看《呐喊》

2015级 高二（1）班学生

我以为没有什么比鲁迅先生自己撰写的《自序》更能体现《呐喊》其书了，而从这短短的《自序》中，我们也大概可以粗略地看到先生其人：

"——假如一间铁屋子，是绝无窗户而万难破毁的，里面有许多熟睡的人们，不久都要闷死了，然而是从昏睡入死灭，并不感到就死的悲哀。现在你大嚷起来，惊起了较为清醒的几个人，使这不幸的少数者来受无可挽救的临终的苦楚，你倒以为对得起他们吗？然而几个人既然起来，你不能说绝没有毁坏这铁屋的希望。"

这是一段相当经典的，对于"希望"二字的论述。类似的句子在《呐喊》中可以找到踪迹，比如《故乡》中结尾的那段："希望是本无所谓有，无所谓无的。这正如地上的路；其实地上本没有路，走的人多了，也便成了路。"

《呐喊》结集成册时，已经是1922年了，而全书最早的《狂人日记》也发表于1918年5月，这已经是众所周知的五四运动前夕了。提起五四运动，或是前前后后若干个政治上的、文化上的运动，总是有种"热血难凉"的感觉。毕竟那时，饱经磨难的中华民族发出了最后的怒吼，而这亦是刚刚睁开眼的东方巨龙的第一声嘶鸣。

然而读先生之文，并非如此。当代世界出版社出版的《鲁迅文集》，孙郁形容"置身于冷风之中"，而我以为不如说是"浸在寒冷的海水中将要溺死"。《呐喊》中的中国人，健忘、混沌、麻木、愚昧，在一个病态的环境中，或是一步步地被他人逼至绝境、把自己逼下悬崖，或是在自私、无知、懦弱下演出一场场荒唐闹剧。先生的写的是人心的丑陋，是命运的悲哀，于是就连人力车夫的一件善举也变得如此伟大了。

这样的《呐喊》，和青年学生们的呐喊，是大不同的。后者固然是我们今天的青年人该大力提倡的勇敢者，然而前者却直指一些事实的内核本质。甚至，先生近乎尖刻的语言，真真如同预言一般，让百年前的那个落后、几近灭亡的中国的国人，和今天这个高速复兴的中国的国人的面孔重叠起来。今天，依旧有那"扶不扶"的问题，依旧有那白日做梦似的痴的"精神胜利者"，依旧有那如闰土般被贫穷和困顿压迫得丧失了人的尊严的人，依旧有那“我弱我有理”的杨二嫂……

于是有人骂鲁迅先生，骂得理直气壮，振振有词，说什么“心理完全病态、人格卑污”——语出某位苏女士。诚然，先生是“从来不惮以最大的恶意来揣测中国人的”，先生决不说“中庸”之话。他的文章，即使是歌颂，便也带上了血色的拷问之声。大概正是这般“不惮”才引起了某些只把眼光盯在自己所处的社会阶层里的人吧？而此类不愿正视病态和黑暗的人，我以为才是真的卑劣。

先生的呐喊，绝非一味地冷嘲热讽、摇头离去，与隐士那个个的清高模样截然不同。他说“真的猛士，敢于直面惨淡的人生，敢于正视淋漓的鲜血”，他又说“这是怎样的哀痛与幸福啊！”是的，这是哀痛，因为他不漠然，因为他热切，但又因他锐利，又因他清醒，于是他看见的是满目的惨淡与淋漓——不单是当时社会的乱象，更是被他亲手揭露出的人性。这也是幸福，因为他面对着、直视着、抗争着，呐喊着——直到这铁屋破碎的那一天。我想，虽然沉睡了许久的人看到铁屋外的茫茫天地，会彷徨、迷惘，不知所措和走错路，但终究是赤条条地醒了的。

先生的小说是那样冷峻，而杂文中间或会多一些幽默的讽刺，而《野草》中又透露出他自己的寥寥和忧虑。《自序》中说“有谁从小康人家而坠入困顿的么，我以为在这途路中，大概可以看见世人的真面目”。每次读到这里，我便总是想起韩非。有这么一个说法，当今中国的所有思想流派，都可以在先秦诸子那里找到前身或者一点影子。鲁迅先生和韩非子大概有一点是相同的，那就是绝不对人性报以最大信任，且又没有因这样的不信任而如老子一般飘然出关。韩非子没有信任人性，而信任了国家机器，后来历史发展证明了一个社会必然需要强制性的法律来保障；而鲁迅先生则给出了一个更概括而更含糊的答案——呐喊起来，试试看；用可怖的血色，刺痛麻木的人，使其恍然惊醒。这也是当时的环境实在太恶劣，且悲哀的缘故了。

《呐喊》终究是喊醒了很多人的，这效果一直持续到现在。这些醒了的人，看着还睡着的人，也许继续叫醒他们，或是让他们的“睡相”不那么丑陋。他们俯仰天地，也许会发现眼前又有了新的屋子，而继续地打碎它们。这些人，也许仍会踌躇，一小部分可能会走错了路，但终究，屋子里总会有笔直地站立、振臂呐喊的人。

正常人与疯子

——读鲁迅《狂人日记》的一点感想

2015级 高二（1）班学生

“天才与疯子只有一线之隔”。

而时代的“先行者们”往往是疯子与天才的合体。为什么这么说呢?因为在一个时代中正常人也就是大多数人，可是那些能看到新的时代的“预见者”是绝对不会与他们“同流合污”的。他们寻找自己的路，创造自己的信仰。刚开始“庸人”们也许只是劝劝，说些“别妄想了”“老老实实过日子”等，并不做过多的劝阻。再后来“庸人们”也就不管那些“先行者”了，只当他们是“疯子”或是“失了魂”“着了道”等（这些“标签”要根据不同的年代而定）。而先行者们是不会在意这些嘲讽的称呼，他们依旧创造着自己的路，创造自己的信仰，直到他们的存在被权威感知并视之为威胁，他们的身份就从疯子转换到“反贼”，于是这世界上便出现了各种起义和各种运动云云。然后要么是旧政权被打败推倒，要么是新政权被扼杀在摇篮里。当然如果是旧政权获胜，那么天下依旧过以前一样的“太平日子”；如果新政权获胜，那么人们也就轰然醒悟，欢呼雀跃，迎接新政权，然后给自己穿件“外套”接着过日子。然后又过了一段时间，又有一群先行者重复着上一代先行者的所作所为，然后历史的车轮继续滚转。

不难想象，在一个时代中的疯子，如果在适当的环境下成长，那么他们也就能创造一个新的时代。再结合鲁迅的《狂人日记》，主人公以“吃人”二字来揭示封建礼教的黑暗与迂腐，满嘴某某要吃他，就连看到路边的小孩和野狗都要“抖三抖”，我想这是暗示着作者身为一个“先行者”对周围的社会环境感到不安，为自己身边依旧愚昧的人感到痛苦。尤其是作者写道“前几天，狼子村的佃户来告荒，对我大哥说，他们村里的一个大恶人，给大家打死了；几个人便挖出他的心肝来，用油煎炒了吃，可以壮壮胆子。我插了一句嘴，佃户和大哥便都看我几眼。今天才晓得他们的眼光，全同外面的那伙人一模一样”，更是证明了这一点。

在我看来，处于那个坐稳了的奴隶时代与想做奴隶而不得的时代交织时，每个人都很迷茫。老一代的庸人觉得自己是奴隶理所应当，又看不懂新一辈怎么想；新一辈以为自己发现了统治阶级的丑恶，又看不懂老一辈人为何忍耐。于是在几番互相交流后，老一辈人会加入新的时代（不论是强迫或是自愿或是真的觉醒了），新一辈人有些就又自我放弃，回到了老一辈的行列里。再然后会出现一个有趣的现象：两拨人在呐喊中走向彷徨，从彷徨中走向呐喊，又从呐喊中走向彷徨。最后新的纪元终于得到建立。

回首看来，是谁发起了这场变革？谁是这个新生纪元的父亲？不是充满奴性的奴隶！而是那些疯子，那些着了道的、失了魂的疯子！

所以请善待你周围与你不相同的人，善待那些“丑小鸭”，因为他们很有可能是带你离开无知的人！

四、收获与思考

两次沙龙活动，如果说收获的话，我想先说说对学生的感受。活动中我发现了学生的很多亮点：

①问题绝对真实且带有自己的想法。比如：“为什么书上的特务被描写的都这么傻？是不是作者故意丑化？”“会不会标签感过重，当时的生活果然如此激昂嘛，可以写诗骂敌人？”“为什么叫《鸭的喜剧》不叫《科斗的悲剧》？”当这些问题被提出来，与“教科书”式的提问完全不同，代表了当代中学生的情感世界、审美角度、价值取向和道德评价。这些提问来自学生，也贴近他们的生活，在沙龙讨论中进行得非常激烈而持久。

②读书细致认真。学生们用他们自己的方式，画出了各种复杂的人物关系图，如果没有充裕的时间阅读，是很难做到的。

③发言大胆犀利。多年后，也许学生忘记了自己的发言和讨论的内容，但这样一种学习的方式和感受，会留在学生的心里。

同时，这也促使我产生了以下几点思考：

①学科发展角度：我想到了阅读课的使命与缺失。阅读课和语文课到底有什么区别，传统语文教学重在鉴赏性阅读，而缺失批判性阅读，缺少对文本进行研判和独立思考的能力的培养，这是值得深思的一个角度。

②学生发展角度：这次沙龙活动让我看到了学生从被动学习向主动学习发展的无限潜力。当抱怨学生为什么不能接受我们的时候，换个方式，给他们充分展示的空间，你可能会得到另一种收获。

③教育功能角度：讲授《红岩》的时候，学生提出了甫志高为什么叛变的问

题，我就把话题引到了中国学生的核心素养。九大素养中提到的社会责任和国家认同，尤其是国家认同，刚好帮助学生解决了今天阅读《红岩》的意义，语文课也就水到渠成地完成了价值观的教育。

这两次的沙龙活动在高二举行，对学生的影响很大。高三学生吴景宜毕业后，对沙龙还记忆犹新，写了如下感悟。

沙龙有感

2015级　高三（1）班学生

有的同学将书页翻得飞快，一条一条向组员指出文本中支持自己的句子，显得颇为自得和自信；有的同学紧锁眉头，努力抓住脑海中一闪而过的灵光；还有的同学倾耳聆听老师的点拨，似有所悟，又似陷入更深的思绪中。老师们也都参与其中，和同学们热烈地讨论着……

这便是我们的一节特殊的语文课——读书沙龙。

不提阅读著作时的种种思考，不提前期师生的精心准备，我单单提读书沙龙中的气氛之热烈与内心之激荡。

读书是一个人的精神盛宴，我们的目光从字句之间滑过，而内心被或美妙或精辟的文字滋养，生出些许体味。然而，高中生的课业压力增大，很少有时间坐在一起探讨一本书，进行深层次的思维交流。然而，读书沙龙给了我们这个机会。

不论我们是否将疑惑尽数解开，此次沙龙活动却在我们的高中生活中显得弥足珍贵。思维只有在碰撞中才能得到提升，而经过老师引导的交流，无疑使我们思考问题的角度更切中要害，也更加具有深度。

平日的我们，大多掩藏住那份尖锐的思考，谈着娱乐和生活的琐事。然而在读书沙龙中，我们尽情表达，无所顾忌地传达自己的观点和情感。回首看去，我们批判旧社会、国民劣根性时的言辞或许稚嫩，却着实有了一双黑白分辨的眼睛和一颗能严肃思考的头脑。而这样思考着、交流着的我们——我们青年人，或许是让鲁迅先生欣慰的吧。

令我回味良久的并不仅仅是一场读书沙龙带来的思考，更多的则是由当时那种气氛和环境带来的感动。

所谓语文，不仅仅是学习一种语言。或者说我们传承了数千年的汉语上面所承载的，不单纯是用于日常交流的音节和字句，而是包含了太多太多的内容：我们民族的历史、风貌、性格……汉语，是传承了中华民族之脊梁的存在。

于是，语文课堂就在立德树人的教育上显得尤为重要了——而这也是令我这个学生骄傲的部分。我们不仅有读书沙龙这样的活动，而且在每周固定的阅读写作课上，还被允许使用多媒体设备查阅资料——我想，老师应当是想要告诉我们，在这个信息时代，网络可不仅仅是我们日常消遣的东西，从无数个自媒体中获取有效信息，是一个新时代的青年人应该有的素质。

九州泱泱，不是每一个高中学生都会有参与读书沙龙的机会，更不是每一个学生都会被引导使用网络来广开视野、扩充知识面。我曾听说有的寄宿学校执行无网络化的严格程度，不禁暗暗庆幸：我的老师懂得“堵不如疏”。

语文学科不像数理化那样的理科，界限比较明确清晰，而我也相信，这样开放、多元的课堂，对我们的成长益处甚多。

“千尺丝纶直下垂，一波才动万波随”，在寻求阅读之法的道路上会有种种曲折与艰辛，我怀着一颗探索之心迈出了第一步，更会坚定走下去。

第二节　胜日寻芳泗水滨，无边光景一时新
——新背景下的探索

2017年北京、天津、山东、海南成了第二批高考综合改革试点省市，使2017级高中学生处于新高考、新课程方案、新课标、旧教材所谓“三新一旧”的过渡期，对所有高一的老师来说，也要面临课程、教学、考试如何衔接等诸多问题。

在《北京市参加教育部高中过渡期“课程实施方案”和“学科教学指导意见”研制工作方案》中，对语文学科提出“立德树人、语文素养、教与学方式、教育质量、学生成长和终身发展”的具体要求。

其中，语文核心素养作为纲领，指导和明确了新的教学目标和学生发展目标。什么是语文核心素养，语文素养是学生在积极的语言实践活动中积累与构建起来，并在真实的语言运用情境中表现出来的语言能力及其品质；是学生在语文学习中获得的语言知识与语言能力，思维方法和思维品质，情感、态度与价值观的综合体现。语文学科核心素养是指语文素养的核心要素和关键内容，主要包括“语言建构与运用”“思维发展与提升”“审美鉴赏与创造”“文化传承与理

解”四个方面。

一、“新”专题解决“老”问题

作为高一语文老师，面对如此新颖而又庞杂的任务群，我一开始的反应是比较迷茫的。但经过认真学习，我发现如果理清核心素养中的“语言、思维、审美、文化”四个基本要求，并找出利于学生接受、又能涵盖四项要求的任务群，就可以化繁为简，集中锻炼学生四个方面的能力。这样一来，我认为非采用整本书阅读研讨任务群不可。经过考虑，我决定采取深圳吴泓老师的做法，把《诗经》专题作为高一专题学习的入门课进行实践。这不仅让我有了全新的教学体验，使学生有更多机会自主学习，并参与探讨，还取得了一些阶段性的成果。

首先我做了一个时间上的计划，大概用一个月到一个半月的时间，完成《诗经》专题，并让学生准备了三本书，即周振甫《诗经译注》、刘冬颖《〈诗经〉爱情往事》和李颜垒《最美不过〈诗经〉》，作为学习拓展的参考书。然后为学生准备了五个阶段性学案，进行递进式学习。

学案一：走近《诗经》，为什么读《诗经》

学案二：自主阅读经典篇目，按爱情诗、战争诗、农事诗分类

学案三：对四首爱情诗歌进行提问质疑

学案四：补充《诗经》相关知识，对四首诗歌拓展阅读（18800字阅读量），提出思考问题

学案五：拓展阅读七首爱情诗歌，补充阅读（5600字阅读量），提出思考问题

（一）学案一

这一次沙龙的前期准备，较之前两次更加充分。

学案一通过阅读相应的文章，让学生对《诗经》有一个初步的了解。为此，我在学案后面设计了这样的问题：

作业：

1. 认真阅读《诗经译注》（周振甫）“引言”，完成下面问题：

①《诗经》是我国第一部___，___时代成为《诗》，孔子称为___，___时代尊称《诗》为《经》，有《诗经》的称呼。

②《诗》是谁编的？司马迁和朱熹的观点各是什么？

③三家《诗》与《毛诗》的区别？

2. 阅读《读懂你从未彻底读懂的〈诗经〉》完成下面问题：

①什么是“《诗经》六义”？

②本文中提到的“十五国风”中的“国”和“风”分别有哪些理解？

③“赋比兴”的作用分别是什么？

④运用你所了解的地理历史知识，画出“十五国风”草图，标出“十五国”分别对应今天的哪些地域，并简单说说地域与文化的关系。

⑤请结合两节课内容，用不少于200字，谈谈你对学习《诗经》的初步体会。

学生体会：

学生甲：虽然在中考之前接触过《诗经》的一些篇目，但对于《诗经》这本书却是一无所知。通过这次对《诗经》的初步了解，我看到《诗经》是反映人类日常生活的著作，是我国第一部诗歌总集，其中有讲述平民的生活，但大部分为爱情诗篇。我最熟悉的就是《蒹葭》了，刚开始以为这是浪漫的爱情诗，但翻译后却又觉得那么美的诗句却读出了凄凉的感觉，从开头到结尾没有顺利过，从而注定了悲剧的结尾。现在才刚刚接触，还有很多理解不到位的地方。《诗经》虽然诗句很美，但它背后的意思却不一定简单。

学生乙：《诗经》是对我心灵的感性与理性的教育，体现在做人、爱情等多方面。《诗经》为诗，是告诉我们去审美，也看诗世界，用心去感受世间万物和人生百态。为经，是让我们去领悟真理，提升自己的文学素养，从而升华内心境界。诗三百，是中国最早的文学，离我们却不遥远。时至今日，我们一不留神就会说出一个半个《诗经》中的名词名句。当今人们生活节奏越来越快，忘却的却是文化的根基，而《诗经》会让我们从内而外得到升华。

《诗经》历史悠久绵长，内容广阔丰富，史诗、讽刺诗、叙事诗、恋歌（爱情诗）、战歌（战争诗）、颂歌、节令歌以及劳动歌谣（农事诗）样样都有，305首全学，既不可能，也无必要。

（二）学案二

在学案二中，我挑选了《诗经》最具有代表性的，无论是言语文字的传承，还是文化思想的含量，均堪称精品的23首来进行赏析，并对以下诗篇进行分类，简要说明分类理由。

（三）学案三

有了前面两个学案的铺垫，才进入学案三的提问环节。“鼓励学生深度参与问题探究，其目的不仅在于获得知识，更重要的是获得运用知识解决问题的经验。唯有如此，学科素养才能得到真正发展。在这里，赋予学生设问权是深度探究的起点，而赋予学生表达权是问题探究的保障，二者不容忽视，不可偏废。专题教学的出现和兴起，为保障学生的这两种权利提供了可能。阅读一篇文本，教师不再预设问题和答案，而是拿出充足时间，鼓励和指导学生提出自己真正感兴趣的问题。之后教师将这些来自学生的问题作为教学起点，和学生一起修正、筛选，逐步引导他们向具有语文学科研究价值的问题聚焦。”

学生的问题五花八门。

第一次提问如下：

1.学生甲

（1）《关雎》提问

①“左右流之”中“流”字是什么意思？

②整首诗只是在说男子对女子的爱慕之情吗？

③“芼”怎么读？

（2）《木瓜》提问

①文章这么写用意为何？

②“琚”字怎么读？

③文章中都用了哪些写作手法？

2.学生乙

（1）《关雎》提问

①关雎是一种什么样子的鸟？作者为什么开头要用它做引子？

②为什么作者看到喜爱的女子时，要用钟鼓和琴瑟这些东西来讨得她的欢心？要知道，古代并不是很富裕，为什么不用一些物质类的东西来讨她喜欢？

③为什么文中有那么多的“之”？

（2）《木瓜》提问

①别人投了‘我’一些瓜果，我就回报以玉佩等，是因为‘我’十分有钱，

还是作为一种比喻？

②“投”这个字是否和如今的“投”是一个意思？（如今的意思差不多就是扔、砸）

③古代有潘安投瓜、左思投侃的故事，那有人给“我”投瓜是因为“我”的地位很高，还是因为面容姣好？

可以看到，这时候学生的提问是随性而又无序的。此时我联想到之前的两个沙龙，鼓励学生大胆提问已经做到了，但怎样提问题、提什么样的问题还需要有序规划。

《布鲁姆教育目标分类学》（修订版）一书提到有效教学必须回答如下三个问题：

第一，你把学生带到哪里（教学目标）？

第二，你怎样把学生带到那里（教学过程与方法）？

第三，如何确信你已经把学生带到那里（学习结果评估）？

要让学生提出有质量的问题，还要重新审视布鲁姆教育目标分类学见下图中认知过程几个维度：

①记忆：是指认识并记忆。这一层次所涉及的，是具体知识或抽象知识的辨认，用一种非常接近于学生当初遇到的某种观念和现象时的形式，回想起这种观念或现象。

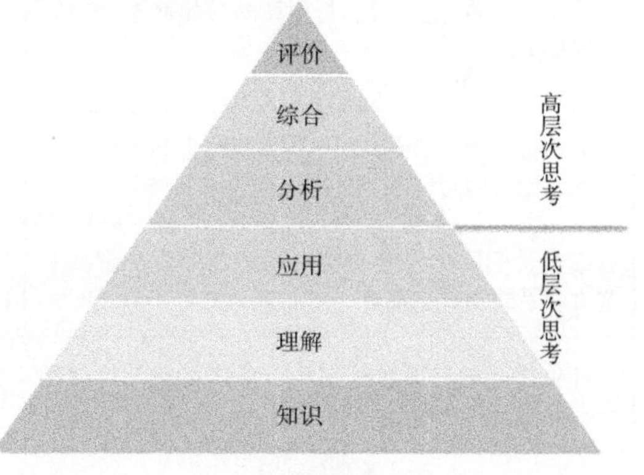

布鲁姆教育目标分类

②理解：是指对事物的领会，但不要求深刻的领会，而是初步的，可能是肤浅的。其包括“转化”、解释、推断等。

③应用：是指对所学习的概念、法则、原理的运用。它要求在没有说明问题解决模式的情况下，学会正确地把抽象概念运用于适当的情况。这里所说的应用，是初步的直接应用，而不是通过分析，全面综合地运用知识。

④分析：是指把材料分解成它的组成部分，从而使各概念间的相互关系更加明确，材料的组织结构更为清晰，详细地阐明基础理论和基本原理。

⑤评价：是以分析为基础，全面加工已分解的各要素，并再次把它们按要求，重新地组合成整体，以便综合地、创造性地解决问题。它涉及具有特色的表达，制定合理的计划和可实施的步骤，根据基本材料，推出某种规律等活动。它强调特性与首创性，是高层次的要求。

⑥创造：这是认知领域里教育目标的最高层次。这个层次的要求，不是凭借直观的感受或观察的现象作出评判，而是理性深刻地对事物本质的价值，作出有说服力的判断，它综合内在与外在的资料和信息，作出符合客观事实的推断。

布鲁姆教育目标分类对设计问题的启发，要求我们必须按照从简单逐渐到复杂，并按学习目标的要求，分层次提出问题。

认知性问题：它是对知识的回忆和确认	如："人民陪审员的工作职责是什么？""当汽车向右拐的时候，坐在汽车上你会向哪边倒？"
理解性问题：它主要考查学生对概念和规律的理解，让学生进行知识的总结、比较和证明某个观点	如"检察院和法院的区别和联系是什么？""你能用自己的语言来说清楚什么是惯性吗？"
应用性问题：它主要是指对所学习的概念、法则、原理的运用	如"用法律条款解释为什么应该执行'疑罪从无'的原则？"用惯性来解释为什么汽车开动时，人会往后倒？"
分析性问题：它主要让学生透彻地分析和理解，并能利用这些知识来对自己的观点进行辩护	如"为什么会发生类似佘祥林那样的冤假错案？""为什么说光电效应说明光具有粒子性？"
综合性问题：它能使学生系统地分析和解决某些有联系的知识点集合	如"什么情况下法律会不公平？""如果物体间没有摩擦力，世界将会怎样？"
评价性问题：理性深刻地对事物本质的价值作出有说服力的判断	如"佘祥林冤假错案被曝光是好事还是坏事，为什么？""爱因斯坦相对论的科学价值是什么？"

在这六种类型的问题中，前三类是属于初级层次的认知问题，一般有直接的、明确的、无歧义的答案；而后三类问题属于高级认知问题，通常没有唯一的正确答案，从不同的角度有不同的回答。在问题设计中，提倡课堂教学不能仅仅局限于初级认知的问题。在适当的时候，高级认知问题更能够激发学生的思维，从而培养学生的思维能力、观念和自我评价体系。

于是我在他们提完后做了一个梳理，大致将他们的提问进行归类，最后给出提问的四个维度——音义疏通、行文结构（表现手法）、人物形象、思想内涵，整个过程由浅入深。这样学生在第二次提问时，就有了比较明确的方向，停留在字音字形层面的提问明显减少。

第二次提问：

1.学生甲

（1）《桃夭》提问

①桃花的花语是“爱情的奴隶”……那么这首诗看似是歌颂爱情，实际上却是在为这个少女惋惜？

②本文选自《周南》，周南在今湖北一带，属亚热带季风性气候，降水丰富，可是桃花并不适宜在降水很多的地方生长……那作者是如何在那里看到桃花的？是因为当年的气候和如今的不一样，因为那不是桃花，还是因为作者不是在周南地区写的这首诗？（还是因为桃花就是喜欢雨水……或者湖北降水量少）

③这个故事只是讲述了女主刚刚嫁到男主家里时候的情景，那么过几年会不会也像《氓》中的女主一样被抛弃？

（2）《氓》提问

①文中说的“女不可说也”是指哪一方面？是物质层面（比如女子太贫穷，离开丈夫无家可归），还精神层面（比如女子还爱着丈夫），身体层面？（比如丈夫拿着菜刀不让女子走），还是其他原因？（比如舍不得孩子）……

②为什么兄弟在不知道女主现况如何的情况下会讥笑女主？还是不是亲兄弟了？

③“匪我愆期，子无良媒。将子无怒，秋以为期。”为什么说女主拖延时间是因为男主没有好的媒婆？后面说将子无怒……为什么男主要怒啊？

2.学生乙

（1）《桃夭》提问

①桃花在古代与嫁娶有什么关联？

②“桃之夭夭”与“逃之夭夭”有何关联，前者是如何演变成后者的？

③以桃花比少女，那么“灼灼其华”等又比喻了什么？

（2）《氓》提问

①“于嗟女兮，无与士耽。”是否想传达男子比女子要薄情的意思？

②古代男女对爱情的观念是什么？与现在比有什么不同和相同之处？

③为何以《氓》为诗名，氓是男主人公的名字吗？

……

（四）学案四

在学案四中为学生进行赏析补充。

投木报琼：《诗经》时代的抛绣球

进入到恋爱之中的男女，他们内心对恋人的爱意无穷无尽，压抑不住。他们需要借助一定的媒介把自己的情感宣泄出来。把对恋人的爱表达出来。这种宣泄，这种表达，不做作，无杂念。

还是《诗经》，从“野有蔓草”的时代走来，为我们送来了质朴的情歌，带来了新的成语：投桃报李、投木报琼，将我们带回了那个情意绵绵的氛围。

“投桃报李”，出自《诗经·大雅·抑》：“投我以桃，报之以李。”对于此成语，人们是耳熟能详，出口便来，其字面意思是他送给我桃，我以李子给予回赠，泛指相互赠答，友好往来。《抑》是带有警诫性质的诗篇，涉及日常生活习惯、言谈之法、立身之本等方面，被称为“千古箴铭之祖”（吴闿生《诗义会通》）。“投我以桃，报之以李”，便是《抑》提出的修明德行的其中一条法则。这是为人处世、待人接物的重要原则，同时也是在“礼仪三百，威仪三千”的周代产生的人生规矩，是尊礼行礼的重要表现，是对等原则的重要体现。因此“投桃报李”还与“礼尚往来”（意思是在礼节上注重有来有往，借指用对方对待自己的态度和方式去对待对方。出自《礼记·曲礼上》：“太上贵德，其次务施报，礼尚往来，往而不来，非礼也；来而不往，亦非礼也。”）有着相似之义，是发自内心的尊礼之举。

“投桃报李”的人生原则适应于生活的方方面面，各个领域都会用到。爱情世界亦需要有表情达意的媒介，也需要有增进感情的礼仪。《诗经·卫风·木瓜》将“投桃报李”的原则具体化到爱情世界中，全诗如下：

投我以木瓜，报之以琼琚。匪报也，永以为好也！
投我以木桃，报之以琼瑶。匪报也，永以为好也！
投我以木李，报之以琼玖。匪报也，永以为好也！

女孩子送给少年瓜、桃、李，少年回赠给女孩的礼物是琼琚、琼瑶、琼玖。瓜、桃、李与琼琚、琼瑶、琼玖，分别是男女表情达意的媒介。单从媒介的商品价值来看，瓜、桃、李就如同一个寒酸的低廉品，琼琚、琼瑶、琼玖则是“高大上”的奢华之物，二者并不符合“投桃报李”的对等原则，男子回赠的礼物要更加昂贵。但是这看似相差悬殊的礼物，在男子看来则是对等的，符合的是情感上的对等原则。男子看重的不是礼物的经济价值，而是其情感价值。这是两人珍重恋情永远结好的信物，亦是两人情感升华的体现。在男子看来，即便是用别人看来奢华的礼物来送给自己心爱的女子，都不能完全表达自己的情感，都不能回报女子对他的深情厚爱（言人有赠我以微物，我当报之以重宝，而犹未足以为报也，但欲其长以为好而不忘耳。——朱熹《诗集传》）。随着诗歌的一唱三叹，一对恋人的情感也日益加深，中国成语世界中也因此多了新的一员——投木报琼，用以指男女相爱互赠礼品，后来亦被用来指报答他人对自己的深情厚谊。

“投木报琼”，展现了古代恋人赠送定情礼物的另一原则：重情。只要心中有爱，恋人们关注的不是什么“香车宝马”，不是什么“钻石恒久远”，不是什么“人民币××斤”。在他们心中，对方的“情”才是最为珍贵的礼物，正如南北朝的陆凯所言：“江南无所有，聊赠一枝春。”一枝花足以达情，一份情足以魂牵梦绕。只要心中有情，所有的礼物都会打上“爱的色彩”，怎么看怎么喜欢。这种喜欢不是因为礼物的美好，而是因为那是所爱佳人送来的礼物、送来的情思。在《诗经·邶风·静女》中，恋人送给了男子一根茅草，便让男子高兴无比，拿着那根茅草反复把玩。茅草虽小，茅草虽平凡，但是男子似乎从茅草上嗅到了女子寻找最美茅草时的细腻与情意，仿佛从茅草上看到了密密麻麻的“爱”字。这是女子对他的肯定，怎能不开心呢（静女其娈，贻我彤管。彤管有炜，说怿女美。自牧归荑，洵美且异。匪女之为美，美人之贻。——《诗经·邶风·静女》）？

另外，“投木报琼”式的表情达意，是古代民俗的传承与遗留。古代的中国，女子最初主要以采摘业为主，后来以农业为主。每到瓜果成熟的夏秋时节，人们为了庆祝丰收，庆祝获得“舌尖上的美味”，都会举行一次“水果宴会”。在宴会安排上，男与女各自排成一列，相对而坐。女孩子只要有相中的对象，就可以将手中的水果抛给心慕的男子，被水果砸中的男子就需要将身上佩戴的玉佩送给女子，作为定情信物。二人就此便约定为婚姻之好（古俗于夏季果熟之时，会人民于林中，士女分曹而聚，女各以果实投其所悦之士，中焉者或以佩玉相报，几约为夫妻焉。——闻一多《诗经新义》）。女子以水果作为定情物，是与女子的劳作对象有关，至少在先秦时期女子的礼物一般都与此有关（女贽不过榛栗枣修，以告虔也。——《左传·庄公二十四年》）。男子以玉器作为定情物，亦与男子的身份有关，在“文质彬彬”的礼仪时代，玉与君子之风联系在一起，没有特别的事情，君子必须要佩玉（古之君子必佩玉，君子无故，玉不离身。——《礼记·玉藻》），因此玉器便成为男子赠送礼物的首选。这是足以与自己的生命相贯通的信物（男贽大者玉帛，小者禽鸟，以章物也。——《左传·庄公二十四年》）。这种“投木报琼”的定情方式，在“美男子”潘岳那里收获了足以开一间水果店的水果，在普通百姓那里演变成了“抛绣球招亲”，道具由扔到身上或许会有痛感的水果变成了喜庆无比、软绵绵的轻柔型绣球，唯独爱情亘古未变。

——节选自王立群《智解成语3》

之后结合四首爱情诗对学生进行思维拓展，也为即将到来沙龙做准备，问题如下：

①说说你如何看待《关雎》中君子的行为？

②说说读完《木瓜》后给你带来哪些启示？

③请说说《桃夭》中的女子“美”在哪里？“宜家”思想对于今天社会发展的意义？

④你如何看待《氓》中男女主人公各自的优缺点？如花美眷，真的不敌似水流年吗？

（五）学案五

学案五鼓励学生结合实际生活进行拓展，加强学生的参与感。问题如下：

①阅读以上几首诗歌，简单概括说出男女主人公的特点（可以都用动词、含有动词的词组、形容词完成概括，但不能2个括号都用形容词）。

②阅读北京版P36《致橡树》，说说这里的“我”有怎样的爱情观？

③如果是你做选择，你愿意做上面所有作品中的哪一类女子或男子？（举例说明）

二、焕发生机的“沙龙”

准备条件成熟后，同学们期待已久的《诗经》会读沙龙如期而至，下面是整个沙龙的全过程。

教学过程					
教学阶段	教师活动	学生活动	设置意图	技术应用	时间安排
创设情境	组织学生就位	一、学生吟唱《关雎》（电：领唱后放音乐）	带入情境	PPT	3'
温故知新		二、开场对话 男：欢迎大家来参加高一（2）班“感受其芬芳，接收其哺养”《诗经》会读沙龙。 女：聆听着悠扬的《关雎》，我们仿佛走进了两千多年前那个遥远神秘而又令人向往的时代。 男：哎，赵梓萱，我想问问你，在老师开《诗经》专题之前，你对《诗经》了解多少？ 女：初中学过《蒹葭》，我还会背呢，“蒹葭苍苍，白露为霜，所谓伊人，在水一方”，还有，我还知道诗经六义，“风雅颂赋比兴”，还不错吧，不过，仅此而已。 男：其实我也比你好不了多少，而且我比你想的还多呢！ 女：多什么？ 男：嘘！小声点！咱们学那么多爱情诗，什么“窈窕淑女，君子好逑”“寤寐思服，辗转反侧”“投我以木瓜，报之以琼瑶”，让我妈听见多不好！ 女：你的思想需要转变转变了，现在很多家长和老师对我们这个阶段的孩子，一接触到爱情话题就谈虎色变，如临大敌。我倒觉得，在今天这样一个信息发达的时代，与其让我们从电视剧、网络、手机里看那些作秀的爱情，还不如欣赏中国文学史上那些经典的爱情诗，尤其是《诗经》，它是我国第一部诗歌总集，它收录的305首诗歌，反映了两千多年前周王朝不同地区的丰富的民俗画卷。《诗经》中所吟诵的爱情，既充满了真诚，又时刻注意到礼仪规范，这些对我们年轻人树立正确的爱情观是有非常重的帮助的。 男：太好了，有你这一个解释，我可以放心大胆地学习了，回去我妈再问我，我也给她普及普及《诗经》中的经典篇目。对了，说回来，在学习过程中，老师让我们大胆质疑和提问，看看同学们都提了什么问题？ 三、提问质疑展示 （电：PPT展示）	展示自主阅读阶段学生的提问质疑	PPT	6'

续上表

教学过程					
教学阶段	教师活动	学生活动	设置意图	技术应用	时间安排
新课讲解		四、对话： 男：哇！同学们的问题真是五花八门，还有好多是我没想到的。 女：是啊，三人行必有我师嘛。 男：不过，提问题可是有学问的，老师把我们的问题一汇总，我们才知道原来提的问题都太随意了，其实大部分的问题都是来自这四个维度，即音义疏通、表现手法和行文结构、人物形象、主旨和思想内涵，以后再提问，我们应该多关注人物和主旨内涵啊。 （电：PPT 展示）	为学生梳理正确提问的四个维度	PPT	1'
实践操作	教师到各组听取同学观点，适时点拨	女：是的，在大家提问之后，老师为我们补充了大量阅读材料，有的甚至都达到了一万字以上，其中有不少是针对我们提的问题展开的，帮助我们解决了很多困惑。（电：PPT 展示） 除了让大家自由提问，老师还在每篇鉴赏文章后面布置了思考作业，（电：PPT 展示）既可以使同学们更深入理解文章内涵，拓宽同学们的视野，还可以提升我们的思维能力，今天我们就把这些问题拿出来一起探讨，希望能够和同学们碰撞出思想的火花。 男：等等！还没说完，在我们接触的这些诗中，涌现了好多性格鲜活的人物形象，这些男女主人公一定想知道他们在同学们的心目中是什么样的，先给大家几个人物参考（电：PPT 展示），那就请大家就按照上课前抽签的结果去找自己的组长吧。（电：PPT 展示） 五、分组讨论环节 组长带领本组同学就四个问题分组讨论。 讨论思考： ①说说你如何看待《关雎》中君子的行为？ ②读完《木瓜》，请你说说男女主人公“投瓜报玉”“投瓜报琼”是否对等，给你带来哪些启示？ ③请说说《桃夭》中的女子“美”在哪里？“宜家”思想对于今天社会发展的意义？ ④你如何看待《氓》中男女主人公各自的优缺点？如花美眷，真的不敌似水流年吗？	提出要解决的重点难点 “会读”——会集并讨论，敢于表达，观点交流碰撞	PPT	10'

续上表

教学过程					
教学阶段	教师活动	学生活动	设置意图	技术应用	时间安排
实践操作	教师到各组听取同学观点，适时点拨	请结合你目前读过的作品进行选择并阐释 A. 我要做一个（　　　）的女子 B. 我不要做一个（　　　）的女子 C. 我要做一个（　　　）的男子 D. 我不要做一个（　　　）的男子	“会读”——会集并讨论，敢于表达，观点交流碰撞	PPT	10'
分享交流	教师根据学生发言中生成的问题，进行提问点拨	六、对话 男：你说大家讨论得怎么样了？ 女：非常期待听到大家讨论结果，那我们就请四位组长代表各自的小组来发言吧！ 学生甲： 请说说《桃夭》中的女子美在哪儿？“宜家”思想对于今天社会发展有什么意义？ 回答：我觉得古代的美女要美于内外兼修，在外，为佳人，诗中用桃花来比喻女子，表现出女子在少女时期的美貌与青春的活力，看出古代少女的魅力。其二为内在之美，这要比外在的相貌更为可贵。要懂得持家之道，丈夫在外劳作，女子应在内做到秀外慧中，相夫教子，孝顺长辈。这样才可以相爱的人执子之手，与子偕老。我觉得这就是古代美女的“美”之所在。宜家思想，不仅在古代重要，在当今社会更为可贵。正所谓宜国才能宜市，宜市才能宜家。千万个宜家才组成一个和谐的社会，一个强大的国家。什么是宜家？我认为，宜家就是在家中与亲人和睦，对长辈孝顺，让人在一个舒适的环境下生活，安心过日子。而这，正反映出当今社会迫切需要的和睦，才能一统组建一个强大的祖国，宜家，宜小家，正是在为宜大国作出了一份最为重要的贡献。这就是我对于宜家思想的总结。谢谢大家。	展示合作探究的成果	PPT	18'

续上表

教学过程					
教学阶段	教师活动	学生活动	设置意图	技术应用	时间安排
分享交流	教师根据学生发言中生成的问题，进行提问点拨	学生乙： 读完《木瓜》，请你说说男女主人公“投瓜报玉”“偷瓜报琼”是否对等，给你带来哪些启示？ 我认为男女主人公是对等的。虽然男子的“琼”“玉”比较昂贵，女子的木瓜比较低廉。但是在《执子之手》这本书有说到，在当时的社会，女子只能种田，所以对于女子来说，木瓜是她们最珍贵的东西。而男子可以去外打工，而他们可以用自己挣得钱来给女子买一些好东西送给她。 我们现在的社会有点物质化，人们会认为你送我的东西贵，你就是我的好朋友，但其实不然。哪怕你给他送的是一个微不足道的东西，但是你自己亲手做的，也能表达你的心意，哪怕你在他需要精神上的帮助时，你帮他一把也是情意。这才是《木瓜》这篇文章所想表达的。所以通过这篇文章，我真的感受到了《诗经》的纯真。 “我想做一个《蒹葭》中的女子” 我的理解是男子与女子分隔两岸，女子不畏辛苦去找男子，让我感受到《诗经》中的爱情不会畏惧任何困难。 学生丙： 你如何看待《氓》中男女主人公各自的优缺点？如花美眷，真的不敌似水流年吗？ 答：先来说说《氓》中男主人公的优缺点吧。在刚开始，描写道“匪来贸丝，来即我谋”，其实不难看出男子在开始时还是很用心地在设计、追求女子，所以也可以说在开始时，男子的优点是痴情吧。那再来说说缺点。后来，从女子的描写中，我们可以看出，男子对家庭开始有些三心二意了。但这里需要大家注意，当时三心二意的大概意思是：注意力不全在家庭上。而不是大家口中所言“男子在外有了别的新欢”。所以这时候开始，家里的各种事物劳作，都需要女子来操劳，所以我们可以说在结婚后的男子，没有责任心，对家庭不负责，没有承担起家庭的担子。而女子，在刚开始时因为懵懵懂懂，便接受了男子的爱意，而没有识破男子的真实面目，所以女子的缺点是太过于纯洁，而这一点也是致使她婚后生活不幸福的原因吧。但在婚后，不管男子做得多过分，女子都选择了忍受，劳心劳力为这个家庭，倾尽了几乎是自己的所有。而在最后，女子终于识清了男子的真面目，所以决绝选择离开。那么女子的优点便可以说善良，勤劳以及坚强。	展示合作探究的成果	PPT	18′

续上表

教学过程					
教学阶段	教师活动	学生活动	设置意图	技术应用	时间安排
分享交流	教师根据学生发言中生成的问题，进行提问点拨	而后面的这个问题，我们组出现了分歧。第一个，是认为如花美眷敌得过似水流年。而前提是，这个家庭中的男人负责认真，懂得对妻子好，挑得起重担，能使妻子过的上幸福生活。而第二个，便是认为如花美眷敌不过似水流年。在结婚后，爱情转变为亲情，所以男子会对女子不再那么上心，以至于家庭变得不和睦，导致女子的劳心劳力，而这时候，女子当然就会衰老的很快吧。 学生丁： 说说你如何看待《关雎》中的君子行为。 首先，大家一提关雎，第一个想到的是什么呢，不用说，一定是这句耳熟能详的关关雎鸠，在河之洲，窈窕淑女，君子好逑。那咱们通过这句话来看下君子的行为，首先，关关是什么？雎鸠又是什么？其实用今天的话来说，这是一种爱情鸟，这种鸟的特点是终生不离不弃，古人也把它叫作贞鸟，而男子听到了鸟儿的一声声和鸣，就引起了无限情思，想到了那位？“窈窕淑女”可见男子痴情的地步。那么，窈窕淑女是什么样的？窈窕指的是外貌，而淑是心灵上的美，那么，我们可知道男子是把内外之美都兼顾的女子当作理想结婚对象，这一点就可以看出男子并不是以貌取人，他是真心诚意的，并且他一开始就是抱着结婚目的，并不是享于一时的邂逅，这也是男子负责任的表现。后句中“寤寐求之”“寤寐思服”等诗句，都可以看出男子日日思念着女子，可是他并没有做出像《摽有梅》中男子想念女子而翻墙这类攀墙折柳的事情，从中可以看出男子是平和有分寸的人。最后一点，参差荇菜，这是借荇菜的难采比成淑女的难求，也从中可以看出君子的坚持对这份感情的执着。 “我不要做一个（　）的男子” 《氓》女主人公从恋爱结婚到被遗弃的生活经历和怨恨感情。氓婚前信誓旦旦，婚后“二三其德，至于暴矣”让女主人公算是受尽了屈辱，开始“匪我愆期，子无良媒”氓没有准备就来求婚，可见他急急躁躁。更重要的是，婚后妻子日夜操劳，可他却对虐待妻子，始乱终弃。《将仲子》男子急躁，竟提出翻墙前来相会，可见他的鲁莽。	展示合作探究的成果	PPT	18'
效果评价	教师点拨	学生发言			

续上表

教学过程					
教学阶段	教师活动	学生活动	设置意图	技术应用	时间安排
		七、发言 男：谢谢四位组长的展示，下面请田老师为我们这次活动做一个总结。 八、老师总结 （电：PPT 展示）			
归纳总结	回顾《诗经》讨论内容，升华学习《诗经》的意义	总结： 谢谢同学们的精彩分享，说到《诗经》，我的脑海中首先会浮现出这样一幅画面，一位两千多年前西周采诗官，摇着木制的铃铛穿过村庄，沿着弯曲的河流踽踽而行……诗经就这样在他们的努力下汇集并流传千年。如何理解它成为经典？读《关雎》，当《关雎》中君子因思念淑女已经“辗转反侧”却还坚持一定要“琴瑟友之”的时候，我想这不正是感情漩涡中“理智与情感”的较量；读《木瓜》，当《木瓜》中男子接过心仪女孩递过来的廉价水果，他的潜台词一定想说“爱你没商量”；读《桃夭》，当《桃夭》中的美丽新娘憧憬着“宜其室家”的美好未来，全天下都感受到了四个字“我爱我家”；读《氓》，即使是《氓》中的弃妇，也喊出了“活出自我”的大胆表达。历经千年的《诗经》正在和现代的我们进行亲密的握手，《诗经》离我们还远吗？ 就在今天，我们重读经典，其实是开启了一场探寻中国人精神故乡的旅程，在接下来的学习中，除了爱情诗，我们还会接触到战争诗、农事诗。很多人都会问这样的问题，在这个如此焦虑的时代，古老的《诗经》除了文学意义，还能给我们带来什么？不妨坐下仔细想想，《诗经》诞生于人类的童年，孔子说读《关雎》“乐而不淫，哀而不伤”。在这里，我们一定能找到纯真的自己，这才是《诗经》历久弥新的原因吧。另外，同学们今天坐在这里讨论跟诗经有关的问题，可能永远也不会有固定的答案和结果，而且讨论也远远没有结束。但有一点是肯定的，在我们在感受《诗经》的芬芳，接受《诗经》的哺养的同时。至少学会了一样东西，那就是思考，思考人生，思考自我，希望大家把我们善于思考的习惯发扬下去，一定会有你意想不到的收获，谢谢!	肯定学生学习成果，激发学生学习《诗经》的兴趣	PPT	2'
拓展提高	布置下一阶段战争诗和农事诗任务	研读文本	拓展提升		1'

三、“我会写作文了”——“沙龙”的衍生成果

在完成五个阶段性学案后，我对第一个“爱情专题”进行了阶段性成果展示。因为与必修一“写人记事”的目标挂钩，所以我认为先写记叙文更贴近学生的理解和实际。吴泓老师曾经让他的学生写过想象类《诗经》习作，这原先在我看来是比较困难的，因为之前没有尝试过，同时也对自己的学生缺乏信心，学生们真的可以写好吗？

当学生们纷纷交上自己的作品时，我从震惊到惊喜到释然，真正感受到了学生高涨的兴趣和无限的潜力。下面是学生的习作。

花开堪折直须折　莫待无花空折枝

2017级　高一（1）班学生

黄梅雨，淅沥沥，点点在窗沿。

梅熟迎时雨，苍茫值小春。在四月初正值梅雨季，细雨迷蒙，迷雾难开，春水盈野，蛙声一片，这本是个潮湿的阴雨季，女子却无心在家闲着避雨，但这天气的确是不适宜出门的。她只好伸出修长的脖颈，贪婪地汲取着窗外的湿气，望着家门口的果梅树枝上满坠圆滚滚的梅子，乌黑的眸子中透着是欣喜和期待。

正看着窗外，她突然开口叫正在桌子旁织衣的母亲，“娘！”。她这么愣的一叫，断了母亲的思绪。母亲抬头瞧了瞧她满面欢喜的大女儿，又低回头继续缝缝补补不停：“平常也不见你这么高兴，今天阴天你倒是满脸的笑容，说吧，你盯着外头半天，又想起什么了？”女子欣笑着转过身来，答道：“女儿就是想起小时候，姐妹两个等雨过了，光着脚丫去踩水的事儿了，就在那梅子树下！”边说着，女子边把凳子向母亲拉近了些，抓起针线，接着布头开始缝补。母亲嘴角弯了弯，似笑非笑地说：“小时候你们两个像两个小男娃，没有淑女的样子！你爹和我还担心该如何管教你们。”

女子笑笑，接着说：“妹妹她嫁得远，这时候她那也吃不上什么水果，我想着，不如让大哥捎过去些还青的果子，等捎到了梅子也就熟了。”母亲头也没抬地回道：“捎不到的。梅雨既是霉雨，这时候的桌椅都爱发霉，何况是梅子。”母亲停下了手中的针线活，揉了揉酸涩的眼睛，突然哀叹起气来：“女人有时候

就像梅子，等到青春岁月一过也就要‘落地’了。说起来你也不小了，你的妹妹们都嫁了人，反倒是你还没有归属。”

听了这话，女子仿佛被戳中了伤口，懊恼地转过身去：“不跟您说了，梅子我赶着坏之前去摘下来就是了，嫁人也肯定要嫁的！”她又继续回望着窗外，手里还握着针线。

少顷，突然就听“啪嗒！”一声摔在地上，女子仔细一看，是一颗黄梅果落地了。果子在地上摔个稀烂，姑娘粉黛的脸上渐渐地浮现上了惊愕：果真跟母亲说的一样，梅子熟了，也就快要落了。

雨一直下着，大大小小的水滴打在窗沿上，打在大门外的果树上，打在快成熟的梅子上，也打在女子的心上。而这雨浸湿了窗沿，淹坏了果树，打掉了黄梅，却浇不灭女子火燎般的心情。

“并非我不着急。”姑娘暗暗想着，“反而是心急如焚。只是没有遇到良人，好士也不来找我，想要追求我的人啊，快开口说千万千万别迟疑了。”时光无情，弃人而去，须臾青春的尖锐刀锋，刺痛了她的心，女子想到此，眼中已是蓄满水气。她轻叹着，开始幽幽的哼唱：

“摽有梅，其实七兮！求我庶士，迨其吉兮！

摽有梅，其实三兮！求我庶士，迨其今兮！

摽有梅，顷筐塈之！求我庶士，迨其谓之！”

“我已经别无他求，只求路过我窗边的人，你若听我的吟唱，快快来找我吧，我只希望男女及时，莫辜负大好青春......”

阴雨季，果纷落，颗颗入我心。

在这次想象作文之后，我借着这个契机马上让学生又进行了续写2016年春季会考作文的训练。学生有了《诗经》想象作文的铺垫，写起来顺利了很多。

题目：小说《阿Q正传》中，阿Q后来因“恋爱问题”被赵秀才打出门外。为讨生计，被迫进城入伙偷盗。辛亥革命波及未庄时，他从县城返回，虽一向反对“造反”，但见百里闻名的举人老爷对此惊恐万状，于是也不免对革命“神往”起来。正当声称“造反”，并沉浸于幻想之中时，摇身一变为“革命党”的假洋鬼子扬起“哭丧棒”，不许他革命。赵家遭抢后，无辜的阿Q又突然被“革命党”抓进县大牢……

鲁迅为阿Q设计的结局是被处决。请你发挥联想和想象，以《假如阿Q走出大牢》为题，续写后面发生的故事。要求：联想与想象要符合原著社会环境及人物的基本特点。

假如阿Q走出大牢

2017级　高一（1）班学生

在黑漆漆的大牢里，时不时传来几声打鼾的声音，突然原本安静的牢房中传出了小声的咒骂声，“这群该死的龟儿子！”原来是阿Q。

阿Q被关入大牢已经有一些时日了，却还是老样子。牢内的食物并不好吃，但阿Q却十分满意，和外面为了生计忙活，却连饭都吃不饱，被人欺负相比，这里简直好了太多了。他的精神疗法似乎也得到了用武之地。

翌日，一生响亮的声音打破了清晨的宁静。“丙号大楼牢11号”一个狱卒喊道，“你可以出狱了。”11号是阿Q的编号，而且，他住在丙号大牢。阿Q有些不相信自己的耳朵，不可能！谁会把他保释出去！他可不想再过那居无定所，受尽折磨的日子。“该死的狗儿子。”阿Q咒骂着。“11号快一点！”狱卒不耐烦地催促道。“马……马上。”阿Q有些吓到了。收拾好东西，慢腾腾地随着狱卒走出了大牢，可以算是一步三回头，依依不舍地离开了这个对于他来说如同天堂的地方。

阿Q拿着只装了两件衣服的小包，游荡在人来人往的县城大街。“呦，这哪儿来的乞丐呀！真脏，快点拿钱走远点。”一个饭馆老板走了出来往地上扔了一个大洋，“快点快点，离这远点，我还要做生意呢！”说着，老板突然瞄见了远处携手走来的一对衣冠华贵的夫妻：“呦，这不是王先生和王夫人吗？欢迎欢迎，二位来真是令我们饭店蓬荜生辉……”阿Q也不嫌弃，低头捡起地上的大洋吹了吹，放进兜里，盯着老版肥硕的身躯，啐了一口，说道：“现在这世道儿子比老子有钱了，也不知道要来孝敬老子！”不过，阿Q也由此找到了一个新的赚钱法子——乞讨。阿Q眼珠转了转：“现在你们这群龟儿子，该来孝敬孝敬你老子了。”

阿Q从此开始了新的事业，专门往一些大饭店、大商铺、有钱人家门口乞讨，因为这样子可以讨到比平时更多的钱。而且阿Q可以继续发扬他的精神疗法，有时他被他的同事打过后，就会啐一口骂道：“我总算被儿子打了，现在的世界真不像样……”不过，总而言之阿Q也找到了新目标，虽然和以前没什么改变。

《诗经》专题的实践学习中，我借助五个学案为学生安排了若干个项目。这些项目加在一起，就形成了若干个任务群。在这些任务群中，有学习《诗经》语言的核心素养，有拓展思考的思维素养，有培养学生正确爱情观的审美素养，还有探讨《诗经》在今天学习意义的文化素养。一本《诗经》，用任务驱动实践，用专题带动素养，使我在高一新背景下进行了有益的尝试。

“胜日寻芳泗水滨，无边光景一时新”，三次“会读沙龙”让我每一次对阅读都有新的思考，但我依然在路上。“阅读沙龙”带来的惊喜会一直向下延续，我万分期待。

注释：

［1］中华人民共和国教育部．普通高中语文课程标准（2017年版）［M］．北京：人民教育出版社，2018.
［2］中华人民共和国教育部．普通高中语文课程标准（2017年版）［M］．北京：人民教育出版社，2018.
［3］李维东.皮亚杰的建构主义认知理论［J］.教学研究，2009.
［4］李维东.皮亚杰的建构主义认知理论［J］.教学研究，2009.

第四章

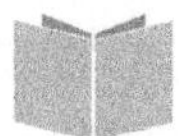

阅读·体验·成长

——高中语文体验式阅读课程初探

北京市第十一中学　梁　琦

引言

阅读教学一直是受老师们关注的一种教学形式，和体验式阅读教学结缘，是因为一次偶然的调查。当时学生刚上高一，我给了他们每人一张纸，让他们写下自己最近正在阅读的图书，和自己想读的图书！尽管我已经做好了充分的心理准备，但那些五花八门的书名，还是让当时的我吃了一惊。动漫、游戏、网络小说以及各类时尚读物，充斥着中学生的日常阅读，我想可能因为这类读物带来的，是更为直接的感官愉悦。其实，不仅是我们的学生这样，暑假在北京的一些书店，会发现漫画栏都聚集着很多学生，聚精会神地捧着书阅读。而中外名著栏则少人问津。我们的学生不记得吴承恩《西游记》中的段落，但对于《大话西游》中“曾经有一份真挚的爱情摆在我的面前”这个桥段很熟悉；没看过三国演义，但三国杀游戏玩得不亦乐乎！有一个孩子因为盗墓笔记的作者南派三叔的停更，而在随笔中伤心不已，理由是：“因为他的小说内容纠结，文笔轻松，读起来像坐过山车，很爽”。

这种现象使语文老师感到悲哀，因为某种程度上讲，学校的语文阅读课确实面临着这种尴尬。很多学生对文学经典作品的阅读，都只是在语文课堂上，学生们都带着老师布置的任务，接受经典文学作品相对固定的解读。至于文学经典带给读者内心的震撼和美好的阅读享受，在语文课堂上自然就很少发生。

而事实上，优秀的作品是常读常新的，每一次阅读都可以带来不同的感受和收获。正如意大利作家卡尔维诺在《为什么读经典》中对经典所定义的，他说“经典是那些你经常听人家说‘我正在重读……’而不是‘我正在读……’的书”“一部经典作品是一本即使我们初读也好像是在重温的书”[1]。我们在阅读课上鼓励学生去阅读经典文学作品，是因为那些流传了数百年的名著，让无数仁人志士受到感动和启发。这些文学作品充满了文字的美丽，情怀的洒脱，生命力的旺盛，是我们文化的传承和心灵的皈依，如今，却在学生敷衍甚至冷漠的眼神中，愈行愈远。作为老师，我们希望这些伟大作品的光芒，能够辉煌炫目地洒在学生的心中，让他们的世界朗朗如峰，浩浩似河。然而更多的学生却总是把阅读这些作品当作应付老师或者考试的必经之路。

诚然，中学生的年龄、阅历、视野、文化素养，与很多经典作品所需要的理想读者之间有较大的距离，因此，学生与文学作品之间不易建立起阅读与对话的平台，对于难以理解或者距离较远的作品，被动接收乃至放弃是正常的。然而阅读尤其是经典名著的阅读是必不可少的，阅读带给大家的，绝不仅仅是一个分数，而是一个无比壮丽与浩大的世界。学生建立了这个世界，就将拥有发展的无限前景。

第一节　体验式阅读教学的实践探索

一、行走阅读教学路

体验式阅读教学是在我校“书香校园”的大背景下进行，并且在此之前经历了几个不同的阶段：

（一）自主阅读阶段

2004年，我校在高中部开设了语文自主阅读课程。即从每周5个课时的时间中，拿出一节课，将学生置于学校阅览室中。他们可以从早已配备好的上百种课外书中任意选择一种，采用自读的方式，我们将这一课命名为“语文自主阅读课”。这是我们在阅读课程的道路上最初的探索和创新，在这个过程中，课程效果得到了提升，教师得到了新的感悟，学生获得了享受和知识。但也有一些问题存在，首先，每堂课上学生在阅览室自主阅读，然后填写阅读手册，使老师对学生的检验方式较为单一，阅读成果仅仅是通过100多字的感悟呈现，很难全面了解学生的阅读效果。其次，学生对书籍选择的随意性过大，缺乏主题引领，往往只阅读自己感兴趣的书籍，从而导致师生交流、生生交流等互动很难开展。最后，自主阅读虽然尊重了学生的选择，但阅读毕竟是与传统的语文教学相辅相成的，自主阅读很难顾及，并且学生的感悟体验方式也较为单一，因而很难保持学生的阅读兴趣。

（二）引入“经典诵读”阶段

2007年新学期伊始，在原有自主阅读的基础上，我们又在高一、高二两个年级的课程内容中加入了“经典诵读”。所谓“经典诵读”，是学校选定儒家经典《大学》，作为学生必修的国学著作，通过教师的讲解，学生的诵读、研究学习活动等方式，力求达到熟读成诵的目标。我们之所以选择《大学》作为经典诵读篇目，是考虑到《大学》为“四书”之首，亦为儒家“初学入德之门也”，它的“格物、致知、诚意、正心、修身、齐家、治国、平天下”八个实现天下大治的步骤，对帮助我们理解个人修养与社会关系，有着重要的意义。

（三）主题阅读阶段

2010年，为了落实新课程改革的要求，我校又将这一课程升级为“校本阅读课”，由此则更加确立了这一课程在学校教改实践中的重要位置。为此，我校导学中心向各任课教师统一下发了《校本阅读课指导手册》，从课程设置的背景、目的、课程内容设计等方面，作了非常明确的指导和要求，特别是关于“课程内容设计”，更是创造性地提出，分年级循序渐进地完成好“三大阅读主题”，即心灵体验阅读、国学经典阅读和发展思维阅读。“心灵体验阅读”中又包含“六大主题”，分别是“生命”“感恩”“奋斗”“责任”“自然”“情感”，这部分内容的重点放在高一年级。而“国学经典阅读”依旧以《大学》篇为主，也可兼顾其他经典学说，这部分内容的重点放在高二年级。

（四）体验式阅读阶段

2012年，基于专题阅读和我校学术性高中建设的新背景，我又在当时的高一年级开设了体验式阅读课。试图通过研究有效的教学模式，将体验学习方式与阅读教学有机结合，为落实语文新课标，推进高中语文教学改革，提高学生的阅读素养，寻求出一条切实可操作的途径。为此，我制定八个阅读模块，每学期两个，一个偏重情感体验，一个偏重讨论思辨。具体是指在学生自主阅读的基础上，补充一种相对统一、规范性的阅读形式，即为学生间隔性地安排了“八大主题阅读”，它们分别为“自尊与虚荣”“青春狂躁”“武侠中的爱恨情仇”“爱情友情”“规则”“修养”“梦想”“勇气”，其中相对应的目标分别为“了解文学作品中的性别形象”“理解同样的青春、不同的选择”“武侠世界的逻辑”“细致的体验与悲剧之美”“理解规则的遵守与背叛”“理解修养的类型”“理解梦想与时代的特征”“用培根的话解释现实的故事和人物”。这八个阅读模块设计得更加精心而细化，既囊括了与我们的学习生活息息相关的方方面面，又符合了高中学生的心理和生理特点。

二、确定阅读教学评价方式

（一）REAP 体验式阅读学生评价指标体系

一级指标	二级指标	观测点
阅读	阅读材料的选择 阅读投入的精力 阅读策略的使用	阅读材料内容和形式选择多样 阅读时间多少、阅读持久关注度和阅读兴趣 阅读方式、方法和策略
体验	阅读文本的理解 阅读文本的解释 阅读体验的构建	从文本主题、时间、情景特征等线索搜集信息加深理解 通过推理、客观分析、加工等形成对文本更完整的解释 结合自己经验感悟和体验而形成对文本的新阐释
讨论	综合成自己的观点 辩论的证据支持 讨论时的倾听和质疑	基于体验分析形成鲜明的观点 利用文本信息和其他知识等支撑证据 能够做到认真倾听、大胆质疑、思路清晰
展示	展示主题的思想 展示内容的设计 展示形式的选择	展示主题思想明确、突出、有深度 展示内容设计连贯、完整、表达清晰 展示形式多样恰当，如论文、漫画、朗诵、电影等

（二） REAP 体验式阅读学生能力水平描述（水平四为最高）

水平	水平描述
水平四	学生选择阅读材料主题内容非常广泛，文本形式多样；持续阅读时间很长，能持续关注和投入阅读，阅读兴趣浓厚；能采用精读、略读等多种阅读策略。能够从文本的主题、时间、情景特征等多条线索搜集信息，加深理解；能通过推理、客观分析、加工等形成对文本更完整的准确解释；能结合自己的经验感悟和体验而形成对文本的新阐释。能基于体验分析形成鲜明的观点；能充分利用文本信息和其他知识等支撑证据，做到认真倾听，大胆质疑、思路清晰。展示主题思想明确、突出、有深度；展示内容设计连贯完整、表达清晰；展示形式多样恰当，如论文、漫画、朗诵、电影等
水平三	学生选择阅读材料主题内容比较广泛，文本形式多样；持续阅读时间相对较长，能比较持续关注和投入阅读，阅读兴趣比较浓厚；能采用几种阅读策略。基本能够从文本的主题、时间、情景特征等一些线索搜集信息加深理解；能通过推理、客观分析、加工等形成对文本比较完整的准确解释；基本能结合自己经验感悟和体验而形成对文本的新阐释。基本能基于体验分析形成鲜明的观点；基本能充分利用文本信息和其他知识等支撑证据，多数时候做到认真倾听、大胆质疑、思路清晰。展示主题思想比较明确、突出、有深度；展示内容设计比较连贯完整、表达清晰；展示形式比较多样恰当，如论文、漫画、朗诵、电影等
水平二	学生选择阅读材料主题内容和文本形式较为单一；持续阅读时间相对较短，较少关注和投入阅读，阅读兴趣较少；采用简单的阅读策略。相对能从文本的主题、时间、情景特征等部分线索搜集信息进行理解；通过推理、客观分析、加工等形成对文本的补充解释；结合自己经验感悟和体验而形成文本的新阐释。基于体验分析形成一些观点；利用文本信息和其他知识等寻找一些证据，偶尔做到认真倾听、大胆质疑、思路清晰。展示主题有思想；展示内容设计相对连贯完整，表达较为清晰；展示形式选择较少，相对恰当
水平一	学生选择阅读材料主题内容、文本形式单一；持续阅读时间短，不能持续关注和投入阅读，没有阅读兴趣；阅读策略单一。无法从文本的主题、时间、情景特征等线索搜集信息加深理解；无法通过推理、客观分析、加工等形成对文本更完整的准确解释；无法结合自己经验感悟、体验而形成对文本的新阐释。没有基于体验分析形成鲜明的观点；无法充分利用文本信息和其他知识等支撑证据，无法做到认真倾听、大胆质疑、思路清晰。展示主题思想不够明确、突出且没有深度；展示内容设计不连贯完整，表达不清晰；展示形式单一且不恰当

第二节 体验式阅读教学的具体实施

体验式阅读教学的实施步骤，是指体验式阅读教学展开的过程。这一过程体验的主体是学生，设计者是教师。因此我将高中体验式阅读教学的实施过程分为体验的激发阶段（阅读）、体验的感受阶段 （体验）、体验的内化阶段（讨论）、体验的外化阶段（展示）四个阶段。其中，体验的感受阶段和体验的内化阶段是体验式阅读教学的主要阶段，这两个阶段相当于学生体验生成的二、三阶段。

在这个过程中，体验式阅读课的教学已经融入学校文化建设的大背景下。教学活动已不仅仅局限于一节课或一个阅览室，而是拓展为学校文化建设的参与者与设计者。例如，学校每年一届的发现之旅“读书节”驿站，也成为体验式阅读成果的一次检验，是体验式阅读课成果的拓展。将自己阅读的作品通过诵读、演讲、表演等不同的体验方式，在读书节开幕式和闭幕式上进行展示，在读书节期间开设读书沙龙、诵读大赛、“校园演说家”活动、古诗文默写大赛等等，都是将纸上的文字变为心灵的体验。除此之外，学生向学校赠书的活动，也是阅读课的延伸。主题为“与经典书籍牵手”的赠书活动，已成为学校的传统特色活动。在活动中包含着传递知识、传承文明、承接感悟的理念，收到了很好的效果。与此同时，我们还组织学生开展向阅读课推荐一本好书的活动，主要采用了三种方式：一是让学生将假期中所阅读的书目在开学后推荐给大家（我们曾在假期前号召学生“借本书，回家读”），并将其中的一部分公示于校文化长廊；二是利用语文试题的形式，让学生完成一道好书推荐的答题；三是在高三阶段，让学生每人填写一份《我来推荐文学书籍》的表格，其中包括“班级”“姓名”“推荐书目”“推荐理由”，并且将其中优秀的部分进行展示。给学生带来深刻心灵体验的书籍，以这样的方式汇总，目的是使这种校园阅读模式能够向校外拓展，让阅读活动逐步成为学生日常的自觉行为。

一、分层、分阶段进行调查问卷，及时掌握学生阅读动态

分层调查问卷针对实验年级不同班级不同性别的不同阅读情况分别设计问卷内容，分阶段是指在一学年内针对某些内容进行问卷调查，以便及时掌握学生的阅读情况。调查问卷的内容包括阅读背景、阅读兴趣、阅读习惯、阅读方法、阅读效果等，还针对体验式阅读课的教学模式和效果等方面的调查。

在高一年级9月开学初，我首先对学生进行“阅读背景调查”，以便了解和关注学生的阅读成长经历，从而更好地指导学生今天的阅读。第二年9月，为确认体验式阅读课给学生带来了多少帮助和成长，我对高二年级的学生们再一次进行了调查。值得注意的是，调查时间是在这一届学生接触这种全新的教学模式1年后，结果显示，88.7%的学生表示接受这一阅读模式。这无疑增强了我们搞好课题和提高我们努力追求实效的信心。到第三年9月，我再次进行了调查，当初

的学生已经上了高三，81.2%的学生认为高三时间紧张，但仍然愿意继续体验式阅读的课程，2015年5月，学生马上要参加高考，我进行了最后一次调查，96.4%的同学认为体验式阅读的开展，对自己高中三年的成长很有帮助。

二、体验的激发阶段：为学生选取文本阅读，从而激活体验

当文本呈现在学生面前的时候，学生就会首先调动自己的眼、耳、口、脑、心，并且结合自己已有的经历、经验和心理结构去观看、聆听、思考，从而受到最直接的感官刺激，形成对客观事物的初步体验。这个体验有可能是混沌、朦胧的，甚至带有猜测性的，但这并不会阻碍学生对文本进行进一步的理解。因此为学生有指导性地选取文本，显得至关重要。

首先，充分利用教材与阅览室中的几百种图书资源的内容，向学生推荐相关的书目。例如在进行第一模块主题的阅读时，将书目进行了必要的筛选及分类，从而为学生确定主题阅读范围：古代人物形象（可以和教材第一册文言文单元相联系）、现代人物形象、外国人物形象。在这种模式的阅读下，学生的目标更加集中，动机更加明确，从中选取自己的阅读目标（或许是曾经读过的作品，或许是第一次接触的书籍），做一次全新的、目的性更加明确的阅读，从而产生全新的体验和感受。

其次，可以根据模块要求，将阅读范围再一次扩大到“上架书目”以外的领域。以第一模块主题为例，除了上述的配套书目之外，我还向学生发放阅读材料，实施所谓“共同性的主题阅读”，让所有学生同读同一篇材料，思考同一个问题，寻找不同的答案。在此，我们可以选择不同文体的作品，如诗歌、戏剧、报告文学等等，这些作品，不仅让在学生自主性主题阅读的基础上，使阅读更具有针对性，同时也不断强化了教师主导性的作用，便于教师对这些课外阅读资源实施更加有针对性的分配和指导使用。

最后，体验式阅读将阅读内容定为经典文学作品，并根据课堂教学内容以及文体的不同，划分出不同的类别，如经典诗词选读、中外经典戏剧选读、名家散文选读、文化论著研读等等。同时，再根据作品的内容，灵活补充相对统一、规范性的主题阅读形式，比如青春主题、梦想主题、武侠主题、修养主题等等。

三、体验的感受阶段：为学生创设情境，从而强化体验

语文阅读是一个复杂的过程，要调动心智才能完成。读者要通过创造性的思

考和解读，将头脑中的思想和已有的经验与文本建立起密切联系，才能正确地把握文本内容，获得独特的审美体验。然而，阅读活动总是与一定的文化背景（即情境）相联系的，只有当阅读主体在一定的情境下学习，才能获得预期效果。情境是体验的诱因，体验也是在特定情境中进行。设置生动的教学情境，能够唤醒沉睡于学生内心的各种经验，激发学生的学习热情，引起学生的新鲜感、接纳感和认同感，让学生产生积极主动的情绪体验，为师生间的情感互动和师生与教学内容之间的情感渗透创造条件。

（一）用语言营造情境

老师可以根据阅读文本的需要，用语言来激发学生的阅读兴趣。这些语言可以准确简练，可以欲扬先抑，可以生动有趣；可以是完整生动地描绘事件的过程，再现事物原貌，可以细致逼真地勾画人物心灵，传送复杂情感；还可以形象风趣地再现缤纷自然、丰富多彩的生活。从而激活学生的思维火花，叩击学生的心弦，让学生如闻其声、如见其人、如临其境，产生阅读兴趣，与作者产生情感上的共鸣，体验作者的内心世界。

在进行“青春”主题阅读时，我写了这样的推荐语：“青春之花，静静绽放，它，不只是身体上的年龄，更是无穷的希望和不尽的理想。这些理想和希望在不断地沸腾、旋转、跳跃！在日复一日的磨砺中，青春褪尽生涩的外壳，守候成熟的华彩。那懵懂带来的阵痛，是成长留下的痕迹，日后回头，这些伤，反倒成了最美好的回忆。因为在那些似曾相识的岁月里，人人都在努力生活着，在独自等待中暗淡，在结伴离开时散场。顾盼成长的烦恼，我们品到的是回甘的微甜。”

在进行“武侠”主题阅读时，推荐语是：“对每个中国人来说，武侠精神始终流淌在我们的血液里，那些亦狂亦侠亦温文的大侠，以文字为媒介与我们肝胆相照，息息相通。刀光剑影，是侠客们的清醒与自信；笙箫低鸣，是侠客们的忧郁与孤独！各路豪侠纵横江湖，绝顶高手对弈华山，更兼有运筹帷幄的历史烟云，胸怀天下的智者气度。对侠文化的生动演绎，成为历代文人合理的情感释放途径，而武侠作家更是通过了这一文化接力棒，融入了新的情感宣泄。那么，就让我们一起走进武侠小说的世界，一起领略武侠作家的千古侠客梦，以及他们身上那种剑气箫心的气概。”

（二）用音乐渲染情境

每一段音乐都是作曲家心灵的呼唤和情感的宣泄。不同旋律的音乐通过不同乐器的演奏，可以表达出不同的思想感情，从而使听者产生丰富的联想，形成或深或浅的情感体验。因此从某种层面上来说，音乐对人的感染作用，比语言更为强烈持久。文学作品的情感世界博大深邃、含蓄低沉，高中阶段的学生因为年龄、阅历以及接受水平的限制，很多情况下，对一部作品情感和意境的体验较为浅显。所以在阅读过程中，根据不同阅读模块的主题要求，选择一些情感内涵和文本内容相通的背景音乐，让学生随着音乐去感受文章的跌宕起伏，便能够激发学生的内心情感，加深学生对文本内容的把握和理解，诱发学生深层的审美体验。

（三）在生活中体验情境

今天的学校教育是封闭的，通向大自然的大门是关闭的，因此对于很多情境，学生都只能在书中阅读，正所谓“不到园林，怎知春如许”，他们无法倾听春日积雪融化的流水声，不能观赏夏日浓荫下斑驳的树影，不能触摸秋日红叶满山的律动脉搏，不能体会冬日梅花凌寒盛开的坚毅品质。更多时候，他们仅仅在背诵、描写这些美丽的充满美好的句子。阅读脱离了生活的实际，忽视了生活和社会实践在语文学习中的重要作用。心理学研究表明，越贴近生活的原型，产生体验的速度越快，程度也越深刻。因此，体验式阅读教学应该把学生从单一的知识桎梏中解放出来，把学生的思维和视野扩展到美丽的自然和多彩的社会生活中，让学生在踏春、寻秋、登山和观海中，感受大自然的情趣；在对现实热点问题的探究性研读中，体验社会的纷繁复杂，从而加深对文中蕴涵的思想情感的体味以及对自己生活经历的反思，获得对文本内涵及自我人生的领悟和提升。

四、体验的内化阶段：让学生质疑讨论，从而整合经验

讨论是连接教学情境、教材、教师与学生等教学要素的纽带，是落实学生学习和发展的主体的基本保证，也是尊重学生在学习过程中获得独特体验的重要条件。师生和生生之间的讨论交流，能够激发学生的阅读欲望，开启学生的思维，唤醒学生的生活经验，从而获得各种情感和思维体验。因此，讨论无疑是体验式阅读课程教学的主要策略和方法之一。阅读是学生思维、价值、观念的碰撞和情感态度的交流，他们所产生的体验往往具有差异性和多元化。

体验式阅读课程教学中讨论环节的设计，以真实的阅读过程和学生的认知规律为前提，以能够满足学生的求知欲和好奇心为原则，让学生在问题中积极主动地运用自己的经验去体验、感悟、想象、探究，与作品和文本进行对话，从而有

更大收获。在过去的教学实践中，我们让学生充分发表意见，因为学生个体带有强烈的主观性，充满个性化，拥有独特的阅读感悟。个体对作品的体验也许是不完整的，但正由于每个学生体验的方面不同，经过教学中的交流，形成了与群体阅读的融合，拓展了体验的广度。共同构成了视野开阔、内涵丰富的阅读。

在这种讨论活动中，我们有时采取自由发言的方式，有时选定专题定向讨论，以小组为单位，也可以班组为单位，目标可以单一，也可以多维。在讨论过程中，学生应是主体。当他们遇到困难时，一般情况下，教师不以自己的体验代替学生的鉴赏，而是略加点拨。在这种理性因素的引导下，学生的体验从简单走向复杂，从模糊走向清晰，从肤浅走向深刻。

这个阶段，一般采用小组合作学习方式。阅读本身就具有理解的多元性、多角度的特点，学生可以通过小组合作学习的方式，进行充分的分享和谈论，这对学生来说是很好的模仿和学习机会。在小组合作学习中，学生可以观察其他同学在完成任务时认知加工的各个阶段所采用的不同方法，并能将这些有效的方法内化成自己的策略。此外，小组合作学习要求学生表达自己的思想和体验，所以他们必须对所学知识进行深思，使之简化，并深入理解新知识和已有知识以及新知识之间的联系，才能有效表达，这又进一步促使了他们的深度加工。

需要注意的是，小组合作学习，不意味着教师可以完全放手不管，实际上，教师要提前做好大量的准备工作，并对小组活动和目标有着清晰准确的定位，同时还必须在学生完成个体学习而且有了自己的见解之后，才可以进行。

五、体验的外化阶段：让学生以多种方式展示阅读感受，升华体验

阅读的过程，实际是一个理解和品味语言的过程。当学生在这个过程中对文本有了一些新的理解和体验之后，就会产生一种想要把这些理解和体验表述展示出来的愿望。这种愿望使学生从视觉语言过渡到口头语言或书面语言，内部语言过渡到外部语言。由于有了强烈的动机，学生不再满足于机械地、照本宣科地套用原文，而是在自己原有的知识经验和新获得的感受体验的基础上，通过多种方式表达展示。在教学过程中，教师要抓住契机，积极引导学生把阅读过程中产生的这些情感体验，由想象转化为自己的语言，抒发自己的感受，让读、感、悟、思、辩在展示中得以融会贯通，从更高层次上升华阅读体验。

（一）以诵读方式升华体验

现代诗和古诗的阅读，最好的外化方式就是诗会。开展体验式阅读教学以

来，用清明诗会、秋之韵诗会的形式，升华学生对诗歌的体验，还为学生选编了名为“清明”的传统文化读书手册，精选诗词并设计清明特色作业，让唐诗宋词化为清新的水墨，浸润学生的心田，把生命的春暖秋寒燃成岁月澎湃的激情，激励学生前行。在诗会上，通过诵读的方式，诗歌的美好和魅力将会长久地滋润学生们的心田。诵读经典诗歌，弘扬传统文化，心怀家国天下，传递精神风骨，学会向经典致敬，与经典同行，在诵读中潜移默化，培养坦荡自信的品格和自强不息的精神，成为拥有一颗赤子之心的中国少年！

此外，我还组织学生开展“诗心今犹在，润物细无声”诗词诵读大赛，作为学校发现之旅读书驿站的重要组成部分，得到了学校的大力支持和同学的积极参与。通过诗词默写大赛，高一高二每个班选出一名“诗词达人”，又经过第二次选拔，最终有6位同学入围总决赛。这样的赛程安排，是为了让每个学生都能参与到读古诗词、学古诗词、记诵古诗词、运用古诗词的活动中来，体验古诗词之美。飞花令、抢答题，命运转轮环节中的选择题、填空题、看图片猜诗句题，王者对决中的填字游戏、瞬时记忆等等，让学生们耳目一新，直呼过瘾。参赛者更是全方位展示了各自的诗词积累和灵活应对的能力，有的选手还身穿汉服上场，彰显出个人风采。而每个选手的表现，也让观众看到了他们对诗词的深情。诗词比赛其实只是一个媒介，我更想通过这样一种形式，让学生领略到诗词给自己的青春乃至整个人生带来的美好体验。

（二）以表演的方式升华体验

运用表演体验情境，即让学生扮演书中的人物，通过人物的音容笑貌和言行举止，栩栩如生地重演事情的经过。在表演的时候，学生按照自己的心理和行为逻辑去感应理解、体验对象的内心世界。

我们首先开始经典戏剧的阅读，从元曲四大家，到现当代中外经典的戏剧作品，学生揣摩戏剧语言，感悟人物形象，体会作品的时代特色。在集中阅读后，组织观看演出，请专家做专题讲座，帮助理解戏剧的内容和艺术特色。组织学生对感兴趣的中外戏剧作品进行专题研究或比较研究，开展戏剧评论。通过观摩戏剧演出，尝试戏剧表演，加深对戏剧作品的体验。于是我带领老师在2013年的11月份，开展了“向经典致敬”高二年级体验式阅读的戏剧展演活动，全年级8个班的同学们全部参与。他们自导自演，自己制作了海报和演出宣传板，展现了《龙须沟》《雷雨》《北京人》《压迫》《三块钱国币》《蔡文姬》《关汉卿》等经典戏剧作品，在全校引起轰动和好评，并被《北京晨报》和《现代教育报》报道。在这次戏剧展演结束后，我又趁热打铁，让老师和学生们一起撰写文章，将自己在这次戏剧展演中的所思所感记录下来。这是一个学生撰写的文字：“我虽然只是一名小小的观众，但我也同样拥有热情。于是，我用记忆将这一切封存，又通过笔尖将这一切开启。恍然间发现我们需要感谢的人太多，老师的鼓励，演员的投入，还有这些伟大作家的伟大作品！这些我们都记得，并会永远记住！向经典致敬！在向经典致敬的同时，借经典促成长，我们从中获益匪浅！”我想，这样的体验对他们而言，是弥足珍贵的。从2013年开始，我带领老师年年举办“向经典致敬”戏剧展演，从演绎经典名家的戏剧，到课本剧的改变，再到原创戏剧，学生自编自导自演，获得了极大的收获。

（三）以辩论演讲方式升华体验

在思辨的过程中，学生之间碰撞出智慧的火花。我们在班级内，以辩论赛的形式，让学生展示自己对文本独特的阅读感受。胜负不是目的，而是在这个交锋的过程中，让学生的阅读体验得以升华。同时还举行读书沙龙和读书报告会进行研讨，从而丰富体验。

在开展“青春”主题的阅读时，高一学生们在学习中了解到很多名人轶事，对人物传记感兴趣。于是我们集中阅读了茨威格《人类群星闪耀时》，并辅以其他名人传记。书中行云流水而又热情四射的文字深深震撼了学生们。于是我们趁热打铁，分组进行了名为“青春之花静静绽放——那些年，他们的青春”的名人推荐演讲活动，我所任教的两个班还进行了一场对决，从而让学生从他人的经验中，对照自己的青春年华。梦想与激情薪火相传，穿越信息时代的庞杂，注入学生们的心中。当时电视台正在播出《北京青年》，其中一句台词是“重走青春路”，学生们将其改写为“走好青春路”。活动还被学校推荐，在中国教育电视台的《中学声》栏目进行了展示。现在，这本书已经取代动漫，成为很多学生的枕边书，其中的每个章节都让他们感受到高尚的精神品质和奋进的力量。当他们考试失败或负面情绪较多时，我也会引用这本书的某些句子和他们演讲时的经典语言，帮助他们调整心态，这也成为师生之间的默契。

在进行“武侠”主题的阅读时，我推荐了金庸的武侠小说。利用寒假的时间，学生们初读金庸，还为自己感兴趣的武侠人物制作了海报和展板，在全校进行展示。但此时的他们，对金庸作品的了解大多通过影视剧，尤其是寒假期间新版《笑傲江湖》正在热播，其中一些适宜的改编，让孩子们的阅读目的和重点集中在情感纠结的体验上，这显然是狭隘的。众所周知，金庸的武侠小说是一个含蕴丰富的中国传统文化积淀、变革、升华、提高的宝库。经过思考，我们最终将阅读主题定为“传统文化与金庸的武侠世界”，重点选取他的几本代表作，并利用书香作业举行读书报告会，师生共同研讨。于是，无论是《书剑恩仇录》中陈家洛“庖丁解牛掌”体现出的集腋成裘，还是《神雕侠侣》中杨过技近乎道的武学境界，抑或是《天龙八部》中逍遥派逍遥无碍的心灵与侠义等等，都让学生们体验到中国传统文化的瑰奇与精妙，体验到大侠身上的正气正义，体验到了宠辱不惊淡定从容的心态，他们也想做大侠！于是，我们又进行了“少年侠客梦”的文章撰写和交流，并指出在今天的时代主题下，大侠不再是横刀跃马的冲杀，也不会是苦隐深山的奇遇而练成“独孤九剑”。在今天，一个弘扬正气的人，可以称他为大侠；一个豪迈奔放的人，可以称他为大侠；一个仗义执言的人，可以称他为大侠；一个急公好义的人，可以称他为大侠；一个勇于拼搏的人，可以称他为大侠；一个为国争光的人，可以称他为大侠。千载而下，大侠依旧是一种美名。在交流会上，孩子们闪亮的眼神和对武侠全新了解后带来的兴奋，以及在讨论过程中表现出的血气方刚的正义，都让我印象深刻，我为他们的进步而感到喜悦！

（四）以写作的方式升华体验

我们有本名为《书香》的阅读手册，旨在提醒学生，阅读是伴随人生的一段温馨的旅程。在这一前提下，学生阅读时，就有了兴趣和针对性。每一次阅读课后的阅读与思考笔记，学生都要摘抄触动心灵的文字，并写下自己的体验主题和读书感悟，不必当堂完成，但感悟的撰写一定要符合自己的主题，并且是由所摘抄的这一段文字而引发。教师的批改文字也不再是评语，而被称为“教师发现”，就是去发现学生文字的亮点，以及引起自己共鸣的地方。这样的方式也使得师生之间的交流更加平等，更能鼓励学生。在对学生的问卷调查中，针对《书香》的使用，我们最初提出两个问题，即“你觉得每次阅读课有必要用《书香》吗？”和“你觉得《书香》上的“教师发现”对自己有意义吗？”认为“有”的人数分别占有41.8%和94.9%。前者表明学生对手册的重要性还存有疑惑，后者说明学生确实希望得到交流和共鸣。最近对上述两个问题再次作了抽样调查，结果是，选择“有必要”和“有意义”的分别占据总数的79.5%和87.3%，前者上升，后者下降。这表明，一方面，学生对手册的认可程度大大提高，是学生对这种改变过程模式、提高阅读实效尝试的一种肯定；另一方面，后者的小幅下降，既包含我本人“评语”质量的因素，也可以理解为学生主体性的进一步增强。除了让学生使用《书香》手册来完成自己的读书笔记，我还鼓励他们撰写作品评价和专题论文报告，甚至在不同的主题下可以创作诗歌，在戏剧体验之后讲出自己的感受，撰写戏剧剧本。老师在这个过程中，也要不断地为学生进行累积。

第三节 体验式阅读教学的案例

一、质疑讨论 生发体验——“自尊与虚荣”主题阅读

在中外小说选读中，我们设计了 “自尊与虚荣”的主题，法国作家莫泊桑的短篇小说《项链》成为我们的阅读篇目。有人认为其过于简单浅显，不值得作为经典阅读，我则认为《项链》的文字固然简单，但表达的情感并不仅仅是讽刺虚荣心，而是波折之后在厄运面前的不沉沦，这对价值观正在形成的学生非常有教育意义。因此，我尝试引导学生充分讨论，并形成自己的思考，这里仅做示例。

首先，在阅读中提供丰富的背景资料，使学生尽量接近文本的生长环境，丰富学生的已有体验，重视作品的阅读。

我们都知道，经典作品的生长环境，包括特定的历史环境和作家的个体因素。特定的历史环境是经典植根的土壤，也是经典借以呈现的宏大历史背景。作家的个体因素则赋予了经典独特的内涵。学生与经典诞生的时间距离很远，所以应将文本的历史背景和作者情况，在阅读前做尽可能详细的介绍。

在阅读《项链》的时候，联系他们初中曾经学过的《我的叔叔于勒》，我和学生一起回忆了有关莫泊桑的文学常识。由于《项链》创作的年代，正是法国代表大资产阶级利益的第三共和国时代，也即包括法国在内的西欧主要资本主义国家走向帝国主义的时代。这一时期的社会风气也就必然涉及拜金主义的流行。奢华淫靡，追求虚荣，成了普遍的社会风气。了解这些之后，学生在阅读时，也就会更加理解主人公的心理。

随后，我强调了《项链》在莫泊桑小说创作中的重要地位，是莫泊桑短篇小说中的精品，也集中代表了莫泊桑短篇小说的艺术特点：精于选材，善于开掘，巧于构思。也因为这篇小说，让作者在法国文坛成为颇受瞩目的散文家，从而在学生心中树立起《项链》的经典地位，让他们知道应该重视这篇文章，这是产生兴趣，有所收获的前提。

其次，阅读中应该提供相关文本和引导，调动学生的个体体验，使学生愿意走入经典享受阅读。

文学经典意蕴丰富，读者需要在深邃处探询精义。因此指导阅读时，如果能够给学生提供一些与经典相关联的文本，他们会更愿意投入探究。

与经典相关联的文本，可以是出于比较阅读的目的，比如同一作者不同风格的作品，或者其他作者与之有相似之处的作品，这在诗歌阅读中更常用；也可以出于辅助阅读的目的，对文章或分析，或评价，从而起到提出问题以引发兴趣，推进探究的效果。

在《项链》的阅读中，我着重于后者。在介绍背景之后，我展示了《外国文学研究》中的一段文字：

莫泊桑小说《项链》的主题阐释很多。有一种意见认为“小说尖锐地讽刺了虚荣心和追求享乐的思想。”这种看法很明显是传统的“安贫乐道”观点的反映，如今认同者已越来越少。于是，近来出现以下几种意见：

（1）认为小说告诉读者：人的命运是由意料不到的“造化”安排的。

（2）认为玛蒂尔德悲剧形象指明了妇女在以金钱为中心的资本主义社会里，唯一的出路只能是饰物。

（3）认为小说是一曲诚挚相爱的颂歌。

（4）认为小说通过玛蒂尔德形象告诉读者，在金钱至上的社会中，追求人格的自尊是要付出巨大代价的。

学生们的好奇心被调动出来，尤其是第二种意见，引起了学生们的哄堂大笑。我趁热打铁，要求学生带着思考开始阅读：“作者到底想通过《项链》告诉我们什么？”

学生很容易感受到《项链》完整的结构和清晰的线索，并且很容易会明白，女主人公玛蒂尔德的悲剧，显然是由于她爱慕虚荣造成的。作者向爱美的女性发出了严肃的警示：过分看重自己的外表，甚至超出自己能力的追求外在美，只看外表不识本质，是要付出惨痛的代价的!莫泊桑以小说的艺术，向爱美女性敲响了警钟。

阅读至此，学生便会对文章的经典之处发生置疑，难道这样就能是经典了？主题如此浅显，就是警告大家不要爱慕虚荣？这种疑问是普遍的，所以需要教师的引导，让学生进行更深刻的探究。

我将学生分为四个小组，每组同学拿到一张纸条，上面写着我设计的问题：

“如果小说仅仅提供警示意义，那么小说中‘还债务’的情节完全可以去除，至少可以略写。而作者却用了一半的篇幅这一部分，意图何为？”

“作者对女主人公仅仅是讽刺吗？你有没有读出其他感情？”

“爱美是女性的天性，爱美就是虚荣吗？”

“女主人公无力购买真首饰，为什么想不到去买价廉物美的仿真首饰呢?她在挑选女友的首饰时，为什么一点都没有想到会有假首饰呢?她在珠宝商老板有所暗示时，为什么丝毫不去想失落的项链可能是假货呢?”

针对这几个问题，根据自己作品的阅读体验，联系自己的生活，我要求学生通过讨论，深入理解作品，并且将作品分为4个部分，每个小组负责一部分，将作品改编成剧本并进行表演，从而更好地体验作品的魅力，在编导演看的过程中，生成自己的体验。

最后，阅读中要敢于留出空间，让学生有自己解读经典、交流阅读体验的机会。

经典的文学作品是应该让人尊崇的，但在阅读教学中不可不让学生“说话”。早先我也担心，学生的评论会让文章失去美感，但几年的教学积累下来，我愈发觉得，学生的体验和感受或许是浅显的，但总比老师告诉他的印象深刻，因为那是他自己劳动所得。特别是对文学经典的阅读，本来经典作品给学生的印象就是高高在上，如果阅读中老师还是带着学生以瞻仰的心态对待，强记一些概念化的分析，没有亲近之感，何来收获？所以，让学生自己去分析经典，演绎经典，哪怕结论牵强苍白，表演稚嫩青涩，甚至结论是他们不喜欢这部经典之作，至少他们学会了从材料出发得出结论，至少有了思考的意识。况且，小组讨论的形式，保证了讨论成果的丰富和质量。

事实证明，学生的表现、思考和分析能力很值得称赞。在体验展示的时候，学生们非常兴奋，他们从家里拿来了道具。分小组的表演讨论，使得全班每个人都有自己的任务，保证了大家参与的积极性。而他们在带着问题改编剧本的过程中，在角色体验的过程中，同步丰富和升华了自己的阅读体验。很多学生能够分析出，莫泊桑不想满足于小说的警示，他的人道主义关怀使他对女主人公的悲剧除予以讽刺之外，还有同情与钦佩。她的爱慕虚荣酿成了悲剧，但她的自尊也让她在坎坷的人生旅途中焕发出勇毅坚强和不屈不挠的精神。在讨论环节，一位扮演女主人公的女孩说，她扮演的早期玛蒂尔德极其爱美，其生存环境局限于小职员家庭，因而见识狭窄，缺乏处世经验。爱美是天性，不需要后天训导。至于如何辨别真假首饰，则需要后天教育。玛蒂尔德显然缺少这一课，小职员的生存环境不太可能给她上这一课，她如同暖房中的花朵，美丽却显得嫩弱。另一位扮演后期玛蒂尔德的女生则补充：正因为如此，莫泊桑同情玛蒂尔德的不幸，并让她在风雨中成熟起来，让她在厄运面前不悲观、不沉沦、不堕落，用自己的双手和精神去征服困难，赢得新的生活。事实上，当学生们分析到这里的时候，我们都明白了，追求美没有错，但爱慕虚荣不合实际的攀比，则会让自己永远不会快乐。用自己的双手去创造生活的精彩并珍惜自己的生活，才是维护自尊的最好方式。而现实生活中的人们呢？房、车、工作，是不是影响我们一生的“项链”？我们也许都是“玛蒂尔德”？

谈到这里的时候，学生陷入了沉思，课堂安静异常。我也让时间流逝，让每个学生都在心里沉淀着收获。

在那一周的随笔中，很多学生开始表现出对自尊与虚荣的思考，反思盲目的虚荣心给自己带来的不快乐和压力。自己也曾经像玛蒂尔德一样，因为虚荣和攀比而不满意自己的父母和家庭，内心十分纠结。而现在似乎有些释然，也明白了真实的生活就是认真过好每一天，明白了维护自己自尊的最好方式并不是维持外在的面子，而是坦然接受生活带给自己的一切，微笑走向生活，无论生活以什么方式回敬！

这就是体验式阅读后的收获。阅读后的体验，帮助我们理解我们是谁，以及我们所处的位置。最关键的是，体验式阅读让学生有依靠、有依据、有空间和时间走近经典。在对经典的阅读中收获多少精神给养和个人体验，包含了太多不确定的个人因素，因此不能对结果要求太高，能够让学生愿意和渴望离经典作品近一点，能够有哪怕一点新的体验生成就足够了。因为更多的心灵收获，的确是在课堂之外、学校教育之后的。但只要这时的他们能够明白，人生路途漫长，也许无法经历那么多生离死别和跌宕起伏，但这些阅读体验却可以凝聚在他们心中。只要愿意，就会一直陪伴他们，会和他们一起面对人生冷暖，抵抗外在的困顿挫折，让他们在面对沉重时举重若轻，让他们的心灵变得澄澈且丰富。

二、戏剧天地　光影人生——戏剧主题阅读

课题名称：让课本中的人物“活”起来——《记念刘和珍君》的剧本创作研讨

1. 指导思想与理论依据

《北京市实施教育部〈义务教育课程设置实验方案〉的课程计划（修订）》

中指出：和原课程计划相比，《课程计划（修订）》的核心变化体现在“（五）课程更加贴近学生的生活，提供满足孩子现实生活、未来发展的课程。”《北京市中小学培育和践行社会主义核心价值观实施意见》提出：“（四）强化实践体验，引导学生从小做起”“实践活动要体现育人价值，渗透社会主义核心价值观”。

《普通高中语文课程标准》（2017版）指出语文学科的基本理念“要坚持立德树人，增强文化自信，充分发挥语文课程的育人功能”“要加强实践性，促进学生语文学习方式的转变”，语文学科的核心素养为“语言建构与运用”“思维发展与提升”“审美鉴赏与创造”“文化传承与理解”。审美教育是语文教学的重要功能，高中语文课程应该关注学生情感的发展，让学生受到美的熏陶，培养自觉的审美意识和高尚的审美情趣，提高审美感知能力和审美创造能力。《课标》提出18个学习任务群，其中在任务群五“文学阅读与写作”中提出，“本任务群旨在引导学生阅读古今中外诗歌、散文、小说、剧本等不同体裁的优秀文学作品，使学生在感受形象、品味语言、体验情感的过程中提升文学欣赏能力，并尝试文学写作。撰写文学评论，借以提高审美鉴赏能力和表达交流能力。”《课标》针对本任务群的学习目标和内容，提出“精读古今中外优秀的文学作品，感受作品中的艺术形象，理解欣赏作品的语言表达，把握作品的内涵，理解作者的创作意图。结合自己的生活经验和阅读写作经历，发挥想象，加深对作品的理解，力求有自己的发现”“结合所阅读的作品，了解诗歌、散文、小说、剧本写作的一般规律。捕捉创作灵感，用自己喜欢的文体样式和表达方式写作，与同学交流写作体会。尝试续写或改写文学作品。”

基于以上理论，我将本节课定位为课本剧的改编与研讨，即找出课文中的主要人物，挑选人物的描写细节进行梳理，选择最恰当的方式，设计人物对话、独白动作及心理活动，展现人物的性格，深化对人物思想的理解，表达自我感受，让人物更加血肉丰满。从语文学科的教学来说，戏剧教学能丰富语文教学方式，体现了以学生为主体的教学理念。并非否定传统语文教学方式的作用，但同时我们也应该看到，在传统的高中语文教学中，老师常常不敢放权，担心学生不能主动发现并掌握知识，所以语文课堂上老师常常面面俱到，每节课都会讲得口干舌燥，而学生又感到枯燥。要知道，最理想的语文教学方式，是将教师的引导与学生自主学习相结合。这种教学理念既充分发挥学生自学的积极性，又给学生以引导，启发他们积极开展智力活动和言语活动，让他们创造性地发现、分析和解决问题。在戏剧表演研究中，学生可以变被动学习为主动探究，让语文教学事半功倍。课本剧是戏剧的一种特殊表现形式，要求学生用所学戏剧知识改编课文、组织表演，为语文教学服务。它的改编对象是课文，活动主体是学生，演出场所是班级或学校的场地。有研究者曾给课本剧下定义：“课本剧，是指根据语文课本中的有关课文改编成适合于学生演出的戏剧。它力求充分表达原课文的主要内容和主题思想，尽量运用原作的语言动作和主要情节，以塑造人物形象，从而在舞台上更好地体现出课文的内涵。在忠于课文基础上进行合理补充、删减、延伸，充分发挥学生的主动性。”在表演过程中，老师不会把知识、答案提供给学生，而是让学生主动探索、主动思考、自我创造。

2. 设计戏剧文学的表演与创作专题课的思考

从实践层面来看：语文教师通过组织课堂教学，有计划、有目的地开展戏剧活动，使大部分学生（尤其是抑郁、个性内敛、学习成绩不理想的学生）参与到戏剧活动中，将有利于排解他们心中的负面情绪，触发信心与力量，去战胜所经历过或尝试逃避过的混乱与黑暗、痛苦与忧郁、焦虑与恐惧。在鲜活的人物身上，学生抒发情感，净化灵魂，克服性格中的负面成分。同时，在戏剧语言的实践过程中，通过戏剧台词的朗诵、人物角色扮演、剧本再创作等等方式，从“读”和“写”两个角度，指向学生对语言文字的敏锐感知。经过长时间、大量的反复训练之后，学生语感的实践性和直觉性也慢慢形成，学生的语言感知能力就不再是一种口号或目标，而是一种习惯和素养。不论是文学作品阅读，还是语文试卷答题；不论是书面语表达，还是口语表达，很大程度上都是指向自身已有的语言感觉，学生需要通过语感，顺利完成一切和语言有关的语文活动。

3. 教学内容分析

第一阶段：预热

主要内容：

（1）调查学生对戏剧的了解。

（2）选择经典剧目。

学情与指导：

当时学生刚刚入学，从调查结果可以看出，不论是对戏剧的喜爱程度，还是戏剧表演意愿，学生都表现出较为浓厚的兴趣。在“戏剧喜爱程度”方面，“比较喜爱”占29%,“非常喜爱”占13%，二者之和高达42%；在“戏剧表演意愿”方面，“非常愿意”占15%，“比较愿意”占39.%，二者之和高达55%；在“一般喜爱(愿意)”方面也有相当比例的学生对戏剧文学充满兴趣。可见，学生的戏剧学习意愿，还有较大的可挖掘空间。

但是调查结果也显示，学生的戏剧素养有待提升。具体来说，一方面，学生关于戏剧文学相关知识较为贫乏。仅5%的学生表示很了解戏剧文学相关知识，相反，67%的学生则对此不了解。抛开其他方面不谈，仅就戏剧常识而言，学生的戏剧涵养缺失；另一方面，学生对戏剧的阅读量较少。进入高中之前，在“戏剧作家的接触”方面，“没有接触过任何剧作家”的比例竟然高达41%，可见当前学生的阅读视野比较狭窄，种类也比较单一；在“人教版必修教材所选三篇戏剧整部阅读”方面，阅读两部及以上的只有4.47%，一部都没有完整阅读过占18%，必修教材所选的戏剧尚且没有被完整阅读过，更不用说选修教材或者是课外的戏剧阅读。综上可以看出，学生的戏剧阅读类型单一，数量较少，戏剧常识贫乏，整体戏剧素养更是有待提升。其中可能涉及很多的因素，但是戏剧素养整体偏低是不争的事实。

第二阶段：阅读

主要内容：选取文本进行研读与鉴赏，了解戏剧知识，提高戏剧理论素养。

学情与指导：

首先让学生明确戏剧冲突。在鉴赏过程中，要善于发现戏剧中的矛盾冲突，要关注到矛盾冲突的复杂性、集中性以及激烈性，围绕“结”被系上与被解开的全过程，不断推进情节向前发展。一部戏都是在一定的时间和空间里面发生的，为了达到理想的戏剧效果，人与人之间、事与事之间都是相互穿插和影响的。在某个集中的点上，戏剧矛盾被激化，走向高潮，产生了强烈的艺术震撼效果。同时，在分析戏剧冲突的时候，要重点分析出剧中人物的“内心冲突”。

其次，在戏剧研读过程中，梳理情节的时候，要关注到其中无处不在的巧合，把这些巧合由小及大地“串”起来，既可以增强故事的可读性，又直接指向戏剧矛盾冲突，揭示深刻的戏剧主题。

同时，在戏剧研读和鉴赏中，要引导学生关注戏剧文本中渗透出来的悲剧性和喜剧性统一和融合的方面。在悲剧中寻找喜剧性，在喜剧中挖掘悲剧性，都会让我们对整部戏剧的思想主题、人物塑造、戏剧冲突等等方面，有着更为全面而深刻的认识和体会。

第三阶段：观剧

主要内容：观看经典戏剧视频。

学情与指导：

借助多媒体设备以及影视剧等一些现代化的教学手段和资源，将影像、声音、图像、环境等要素，直接而生动地呈现在学生面前，并将观看的戏剧(影视剧)与所要研究的戏剧文本进行比照，就可以将间接的文字描述与直接的视听觉刺激结合起来，让学生获得不一样的审美体验和阅读感受。

第四阶段：诵词

主要内容：戏剧语言的朗诵。

学情与指导：

文学是语言的艺术，尤其是戏剧这种典型的文学样式，人物间精彩的对白，如果仅仅是停留在研读与鉴赏的层面，显然是不够的，或者说是愧对戏剧语言大师们的辛勤创作，因为这不能将戏剧语言的表现力发挥到极致，但是戏剧语言的朗诵可以弥补这一缺陷。每一部戏剧中都有精彩的人物对话或独白，在《雷雨》(第二幕)中，周朴园与鲁侍萍相认的一段描写，周朴园的镇定、紧张、斥问、担心，侍萍的冷静、试探、愤怒，在看似短促的对话中展露无遗。这一阶段，老师指导学生诵读的时候，在熟悉文本台词的基础上，要注意把握人物微妙情感的变化，什么时候是愤怒至极，什么时候又温婉平和，什么时候凄婉哀怨，什么时候是由盛怒转为冷静，都要通过语言，配以语气、语速、语调等轻重缓急的变化来表现，这样才能够立体地凸显人物的性格特征。通过小组分角色朗诵台词或者人物角色饰演，用心感受每一句台词(潜台词)蕴含的深刻含义，就可以对某个具体的人物有较为深刻的认识。

第五阶段：创作

主要内容：课本剧的改编。

学情与指导：

课本剧改编，主要将课文改编为戏剧。学生在熟悉台词、分析人物和主题的基础上，已经对文本较为熟悉，这个阶段开始让学生尝试着课本剧(片段)的改编，既可以让学生在小说、戏剧和散文等各种文学样式中更加灵活自如地转换，也可以增加学生的写作机会，锻炼写作能力。在把课文改编为戏剧时，重要的是在对话中表现出集中的冲突，并通过冲突表现出社会环境，同时要有舞台说明。通过小组合作，改编剧本，注意改编后戏剧语言要有个性化特征，符合原文中人物的身份。

第六阶段：演戏

主要内容：在学生已全面熟悉文本的基础上，让学生以“演员”的身份出现在舞台，真实体会戏剧“表演”的艺术魅力。

学情与指导：

通过自身的表演，去感受和体验剧中人物的一颦一笑，一生气一回眸，或奸诈，或仁慈，让学生从中获得更为深刻的思想意识，从而实现戏剧教学的升华。其实，从最初全面地感知熟悉剧本内容，到后来的角色分配饰演，简单化妆与彩排，到最后的登台演出，每一个环节学生都有新的收获——关于戏剧人物、戏剧表演、戏剧冲突等等；同时，通过不断地表演，学生的语言表达能力和团队协作能力也得到了锻炼和提高。直接的戏剧表演，让学生有了更为深刻的体验和认识。

这一阶段，学生提前分好小组，设置表演组、评委组、道具组、后勤组等等，制定相应的评分标准，每组可以尝试不同的戏剧片段。在表演的过程中，组内相互协调分工，组外相互合作帮忙，取人之长，补己之短。同时，在对戏剧表演评价时，除了考查演出效果和水平外，要更多地倾向于学生参与表演的积极性，以及在表演过程中所表现出来的团队协作精神。

第七阶段：评戏

主要内容：对听、说、读、写进行整合，边读边写或以读促写，实现听说读写一体化。

学情与指导：

在这一阶段，指导学生撰写戏剧评论。此时学生创作的戏剧评论，不是那种在学术期刊上发表的高水平的评论性文章，而是学生在充分阅读和体验文本之后，对课文内容所做的一点升华，更倾向于读后感或观后感。这种有一定深度而且难度不是很大的写作，对学生更深层次地理解文章和训练写作大有裨益。撰写戏剧评论的切入点有很多，比如戏剧主题探讨、人物悲剧命运分析、人物性格探究等等。戏剧评论的形式可以多样，微博、博客、随笔、日记等等，都是比较好的方式。精彩的评论或篇章可以相互分享，共同进步。

第八阶段：再创作

主要内容：剧本的原创。

本节课的教学内容是第五阶段的一个环节，针对学生完成的剧本，进行研讨和修改。

4. 学习者分析

学生为高一实验班的学生。这个班级的学生思维活跃，上课积极，并对戏剧及表演有着非常浓厚的兴趣，在高一上学期，他们系统阅读了《雷雨》，以课下和课上相结合的方式，用批注记录阅读感受，并打卡进行交流，对剧本形式有了一定了解。虽然从未尝试过剧本创作，但当我提出将课本改编为剧本后，学生都表示很感兴趣，认为这种教学模式新颖有趣，能够激发他们对语文学习的积极性和主动性。高中生正处于成长的黄金时期，他们很渴望增强各方面的能力，尤其是语言表达能力和与人沟通的能力。参加课本剧的演出，恰恰能满足他们的这些需求。在排练和表演的过程中，自然而然地提高了口头表达能力和与人沟通合作的能力，从而大大提高个体的自信。因此，学生们不但没有感觉课本剧教学增加课业负担，反而觉得这很好地调动了自己学习语文的积极性。他们选择了鲁迅先生的散文《记念刘和珍君》，这篇课文在单元教学中属于“写人记事的散文单元”，里面没有任何的情节和对话。一方面我暗暗佩服学生的勇气和爱国情怀，另一方面我也觉得的确有难度，于是带领全班一起认真研读课文，并为学生补充了同期的一些资料，比如鲁迅先生的另一篇文章《无花的蔷薇》，以及朱自清等人的文章。学生们自发积极地去阅读，逐渐形成故事轮廓，并自行组成4个小组，明确组队的规则，按照故事缘起、发展、高潮、结尾4个部分分配人物，并选出一位较有公信力和执行力的负责人。在各个小组之间，再选择一个对于课本剧编演有天赋且领导能力强的学生作为总负责。小组负责人主要组织组内成员的分工、合作、查找资料、编写剧本等。由于整个环节要求学生自编自评，教师应给予学生密切关注，随时对学生在合作中出现的一些问题提供帮助和指导。

5. 学习目标确定

（1）能够借助细节描写分析人物。

（2）能够结合具体情节设计舞台说明。

（3）能够用合理的想象丰富故事情节。

6. 学习重点难点

重点：能够借助细节描写分析人物；能够结合具体情节设计对话。

难点：能够借用合理的想象丰富故事情节。

7. 学习评价设计

运用课本剧辅助教学，完成剧本的编写和表演之后，有效的评价必不可少。主要分为两点：一是评价不是教师一个人对所有学生的一家之评，学生互评与演员自评对于课本剧教学的效果至关重要；二是评价要有一定的依据，也就是评分表，让学生在互评和自评的时候有据可依。为了学生之间互相切磋，共同进步，我制作了课本剧的评分表，让同学们在互评中进步，提高自己对于课本剧的认识和文学素养。在各个演出小组完成他们的表演之后，由大众评审团评分。我觉得最好的方式是给学生一个表达的窗口，让没有直接在台上参与表演的幕后工作者和大众评审团，发挥他们的聪明才智，用简洁的语言点评演员们的表演。因为在看完各个团队的表演后，这些小评委们一定或多或少有话可说、有话想说。

表演剧目名称	表 演 团 队
对于本次课本剧，如让你参演，你会担任哪个角色？为什么？	
对于剧中的角色，本次表演者的优缺点	
本次课本剧中令你印象最深的地方？请详细说明。	
对于课本剧教学，你所擅长的是哪个环节？为什么？	

评价项目	项目评价要点	分　值	得　分
忠实原文程度	是否忠于原文，和作者抒发感情一致	15 分	
创新程度	编排特点、语言运用是否新颖	5 分	
创作主题	是否紧扣文本主题，观点鲜明，论据充分	10 分	
演出环节	是否条理清晰、环节过渡流畅、情节有吸引力	10 分	
演员表现	是否口齿清晰，表情自然大方、投入	5 分	
小组合作	小组配合是否默契，分工协作是否合理科学	5 分	
最佳演员		总得分 50 分	

学生们精心准备策划的课本剧表演落幕之后，不管表演者在其中扮演的是主角，还是配角，甚至是一个没有露面的旁白，他们的内心深处都感慨颇多。那么就让他们趁着有话想说的时候，及时评价、反思自己的表演，对于其在下一次的表演中能够有更好的发挥至关重要。因此，教师也要有意识地引导学生反观自我，在自评中反思，在反思中进步。针对学生自评的特点，制定了如下自评表，以供学生在自评时条理清楚。

表演剧目名称	表 演 团 队
本次剧本中你所担任的角色？表演前后对于此角色的认识？	
以前是否参演过课本剧？若有，谈谈两次经历带给你的体会。若没有，谈谈自己以后需要改进的地方。	
本次课本剧令你印象最深的地方？请详细说明。	
课本剧教学对你有什么启示？	

8. 学习活动设计

教师活动	学生活动
活动一：剧本导入	
教师活动一 展示学生创作的课本剧中的一个片段： 五女生上场 （五个女学生内部质疑） 杨德群：我们来到这里，一定要表达我们的诉求！ 女同学：对！让他们看看咱们学生的想法。 张静淑：可我们只是学生，有什么力量和他们对抗？ 刘和珍：同学们放心吧，我们大家在一起，就不用害怕。 （司令 副官入） 再次展示经典戏剧《雷雨》的一个片段： 〔两点钟，鲁妈似乎变了一个人。声音因为在雨里叫喊哭号已经暗哑，眼皮失望地下垂，前额的皱纹很深地刻在面上，过度的刺激使她变得呆滞。她的衣服是像已经烘干了一部分，头发还有些湿，鬓角凌乱地贴着打湿的头发。她的手在颤，很小心走进来。〕 四凤（惊慌）：妈！（畏缩） 〔略顿，鲁妈哀怜地望着四凤。〕 鲁（伸出手向四凤，哀痛地）：凤儿，来！ 〔四凤跑至母亲面前，跪下。〕 四凤：妈！（抱着母亲的膝） 鲁（抚摸四凤的头顶，痛惜地）：孩子，我的可怜的孩子。 四凤（泣不成声地）妈，饶了我吧，饶了我吧，我忘了你的话了。 为学生创设三个任务： 任务一：各小组分别用这两个剧本片段，在本组内完成表演。 任务二：各小组谈一下自己的表演感受。 任务三：找出剧本创作中的问题。 教师亮出教学目标	学生活动一 （1）完成对两个剧本片段的阅读 小组内，分别完成这两个剧本的表演（注：这个环节，不需要学生进行展示，重在学生用自己的体验感受两个剧本之间的差距，并能够在表演的过程中找出这个差距的原因）。 （2）小组进行发言，交流表演感受 （3）回顾旧知 明确戏剧语言包括人物语言和舞台说明。人物语言，包括对话、独白、旁白等，是人物心理和动作的外现。舞台说明是一种叙述性语言，用来说明人物的动作、心理、布景、环境等，直接展示人物的性格和戏剧的情节。 （4）在表演感受的交流中，发现自己剧本创作的问题 只有故事支架，但缺乏血肉，尤其是戏剧最关键的就是人物语言和舞台说明。 （5）探讨为什么无法架构人物语言和舞台说明 对人物缺乏了解，所以无法设计符合人物特点的舞台说明，并进行合理的想象充实故事情节。 （6）关注本节课的学习目标

续上表

<table>
<tr><th>教师活动</th><th>学生活动</th></tr>
<tr><td colspan="2">活动意图说明：通过剧本的对比，明确自己剧本创作中问题，同时回顾旧知，并明确从哪几个方面去解决这个问题，这个环节主要为接下来的精读文本、品析人物、领悟作品内涵奠定基础，学生在一开始就认识到自己的问题，从而对本节课教学内容产生兴趣和求知的欲望，教师向学生展示课堂目标，旨在让学生一开始就了解整节课的计划，从而更好地按照教师制定的学习目标，把精力集中在重点学习任务上。</td></tr>
<tr><td colspan="2">活动二：人物分析</td></tr>
<tr><td>教师活动二
（1）播放《建党伟业》的片段，了解当时学生请愿时的环境，学生的爱国热情和面临的危险。
（2）展示各组负责的相关人物的思维导图，根据课文内容以及自己的合理想象，大家一起思考并讨论人物语言和舞台说明</td><td>学生活动二
第一位：刘和珍
（1）学生展示思维导图，介绍人物相关故事情节。
（2）分小组发言，并互相点评。
预设角度：
（1）听到不平等条约时的心理活动——一腔爱国热情，马上号召大家。
（2）去请愿时的坚定——组织带领大家，并鼓励害怕的同学，是大家的主心骨。
（3）请愿的慷慨激昂——情绪激烈但说话有条理，有家国天下的大情怀。因为热爱文学，喜欢鲁迅的文章，所以语言很有力度并有激情。
（4）死时的坚毅——一朵花凋谢了，但更多的花将要开放，因为她已经变成一颗种子。
第二位：杨德群
（1）学生展示思维导图，介绍人物相关故事情节。
（2）分小组发言，同组，他组，互相点评。
预设角度：
（1）曾经在学校任教又到大学读书——性格稳重，少言但有主见。
（2）和珍号召大家游行时——支持和珍，并积极跟随。
（3）游行请愿时——一直像大姐一样保护大家，并鼓励大家。
（4）段政府开枪时——救护和珍而中弹。
第三位：张静淑
（1）学生展示思维导图，介绍人物相关故事情节。
（2）分小组发言，同组，他组，互相点评。
请愿前——因为年龄最小而胆怯，但在和珍等鼓励下变得勇敢
第四位：段政府司令（虚拟）
（1）学生展示思维导图，介绍人物相关故事情节。
（2）分小组发言，同组，他组，互相点评。</td></tr>
</table>

续上表

<table>
<tr><th>教师活动</th><th>学生活动</th></tr>
<tr><td colspan="2">活动意图说明：让学生能够明确要以情节和人物为中心去设计剧本，从写作人物的对话开始，学生要在一段人物对话中，将故事的情节讲述出来，并且通过对话，体现人物的性格。创设的对话要符合人物所处的场景。同时，提前让各组为课文中的人物画出思维导图，学生不仅要阅读文本本身，还要查找相关的背景知识，向老师请教，与同学讨论，从而把握作品的主旨，领会作者的创作意图，把握人物的性格。在这个环节中，根据文本介绍相关故事情节，说明课本剧编演的核心应该基于文本、挖掘文本、内化文本、创新文本，从而升华并传播文本主旨，达到对学生从知识层面、能力方面、情感态度价值观方面的提升。</td></tr>
<tr><td colspan="2">活动三：修改剧本</td></tr>
<tr><td>教师活动三
（1）明确课本剧改编时，最重要的是对人物的分析。
（2）根据本节课对人物形象的分析，修改各小组负责的剧本，明确刘和珍等青年深厚赤诚的爱国情怀。</td><td>学生活动三
小组讨论，修改各自剧本。
如果时间允许，展示学生之前和修改后的剧本。</td></tr>
<tr><td colspan="2">活动意图说明：引导学生将注意力集中在本节课的重点学习任务上，使本节课的输入产出成正比，深化对人物的理解，用剧本的形式表达自我感受，同时为下一阶段的表演做好准备。</td></tr>
</table>

9. 作业与拓展学习设计

各组修改完成各组负责的剧本。

三、辩论演讲　升华体验——“武侠”主题阅读

<table>
<tr><td>课题</td><td colspan="3">我的体验我做主——武侠主题阅读</td></tr>
<tr><td>授课教师</td><td>梁琦</td><td>学科</td><td>语文</td></tr>
<tr><td>年级</td><td>高二</td><td>课型</td><td>体验式阅读课</td></tr>
<tr><td colspan="4">教学目标</td></tr>
<tr><td colspan="4">通过本课的学习，学生交流自己对所读的金庸的武侠小说的了解、感受、个性化的体验，从而能够有所思考，有所发现</td></tr>
</table>

续上表

<table>
<tr><td colspan="4">教学重点</td></tr>
<tr><td colspan="4">对自己所读的金庸武侠小说有个性化的了解、感受和体验，激发思维的活力与张力</td></tr>
<tr><td colspan="4">教学难点</td></tr>
<tr><td colspan="4">能够有所思考，有所发现，体味武侠精神对现代社会的指导意义</td></tr>
<tr><td colspan="4">教学方法</td></tr>
<tr><td colspan="4">交流探讨</td></tr>
<tr><td colspan="4">教学过程</td></tr>
<tr><td>教学环节</td><td>教师活动</td><td>学生活动</td><td>设置意图</td></tr>
<tr><td>导入</td><td>1. 用一张合影，对上个阅读主题进行回顾，大家共同交流当时的读书体验，并且结合正在热播的《神雕侠侣》这部电视剧，来谈一下剧中的小龙女形象和自己心中小龙女形象的不同，从而得出影视剧和原著的最大不同。
2. 引出主题“我的体验我做主”
提问：大家读了金庸先生的哪些武侠小说？对哪个人物印象深刻？

教师总结，通过学生的回答，鼓励学生个性化的体验。体验式阅读是指大家带着自己的个体体验走入作品，然后建构自己的体验世界，通过同学之间不同的体验交流，生成个性化的新的体验世界。因此通过一段时间的阅读，今天就是一次体验的交流探讨的机会，希望学生获得更多的阅读体验。</td><td>聆听，讨论，进入情境

思考
回答问题

倾听
思考</td><td>上一个主题，大家是以演戏的方式来体验的，所以一张合影会很容易让大家兴奋，同时，电视剧《神雕侠侣》中的小龙女形象也存在争议，以大家兴奋的话题吸引学生的注意力，引起学生的研究探讨兴趣。

在回答这个问题的过程中，让学生明确阅读是一种个性化的阅读体验。

回顾体验式阅读的概念，从而明确本节课的学习任务和目标。</td></tr>
</table>

续上表

教学环节	教师活动	学生活动	设置意图
交流探讨	1. 从学生的“书香”阅读笔记中选取部分代表作进行展示和讨论。 例一：看过《射雕英雄传》后，我始终百思不得其解，像黄蓉这样一个有着美貌和智慧的女子，为什么就会被郭靖这样的傻小子打动了呢？他们的初次相见也不是英雄救美的桥段呀？因为这时的郭靖并没有高强的武功，也没有英俊的外表！金庸老爷爷有时真是乱点鸳鸯谱呀！ 例二：我最喜欢的是金庸的小说中的武打，那些刀光剑影带给了我空前的想象。以郭靖为代表的降龙十八掌，陈家洛的百花错拳，逍遥派的北冥神功，段誉的六脉神剑，杨过的黯然销魂掌。尤其是最后这个销魂掌，简直是置之死地而后生。有时，会看得我心痒痒起来，让我忍不住也比画两下，想象那些大侠一样具备一身好武功，将坏人打得落花流水，看谁敢来招惹我。（男生） 例三：坦白说，对于武侠尤其那些武功招数，我没有一点兴趣，翻阅全书，我最喜欢的是武侠中的爱情。这个黯然销魂掌背后的爱情，可以为了一个人一等16年，甚至了无生趣。现实社会中，还有谁会这样的痴守真情，倾尽生命去爱一个人，即使武功盖世可以拥有全世界，也没办法将你彻底忘记，那感觉清晰，忧伤得明媚。（女生）	交流探讨 明确，体验式阅读要以文本为依托！ 在讨论中发现彼此阅读关注点的不同，从而对“侠”的含义有更丰富的理解。	让学生树立语境意识，关注文本 让学生更为直观地感受到性别或性格的差异所带来的一种个性化的阅读，从而明确读书交流的必要性。

续上表

教学环节	教师活动	学生活动	设置意图
交流探讨	2. 从个人的阅读体验出发探讨侠义精神的丰富性。 例四：在刀光侠影的闪烁中，我们总能被这样的侠文化所吸引。侠不是中国特有的，美国有蜘蛛侠，老外眼中的侠都具备独特的超能力，冠以正义的名号，为了消灭罪恶。但中国的侠文化定义却不仅限于此，侠注重的应是一种心境的孤高，亦是一种内心的平静，而不是门派有别，武艺高低。冷眼观侠，我收获了侠的别样情怀。 3. 回到现代社会，对侠义精神的解读。在今天的时代主题下，探讨什么是侠？ 例五：我向往金庸先生笔下的武侠世界，我佩服郭靖、乔峰这些大侠，他们身怀绝技，又有着美好的品德，而且行走江湖，行踪神秘，在平时生活中是难以遇到的。当我掩卷而思的时候，想到自己每天平淡的生活，感觉他们离我又是如此遥远，这些大侠只会在我睡梦中出现。在当今社会，又能到哪里去觅得他们的踪迹呢？ 思考：我们今天需要侠义精神吗？如果需要，今天的侠义精神是什么？在哪些人物身上有所体现？ 教师明确：弘扬正气的时代主题里，一个弘扬正气的人，可以称他为大侠；一个豪迈奔放的人，可以称他为大侠；一个仗义执言的人，可以称他为大侠；一个急公好义的人，可以称他为大侠；一个勇于拼搏的人，可以称他为大侠；一个为国争光的人，可以称他为大侠。	讨论交流 分组讨论交流	通过观点的碰撞丰富自己的阅读体验 在文本阅读中产生新的阅读体验，并以此来阅读生活，指导人生和现实。

续上表

课堂小结	回到“我的体验我做主”	思考 总结 倾听	深化自己对本节课学习内容的理解，同时检验自己学习任务的完成情况。
作业	《少年侠客梦》为标题，作为自己武侠主题阅读的作业，结合时代背景，谈谈自己对侠的理解！	落笔成文	加深对作品及侠义精神的理解
板书设计			
我的体验我做主 侠　古 今			
本教学设计与以往或其他教学设计相比的特点（300~500 字）			
1. 这节课的重点不在于指导学生的阅读方法，而是在于使用多种激励手段，一步步激发学生内在的驱动力，激发他们内心与书中主人公的共鸣，让他们愿意阅读并积极分享交流。 2. 运用体验式阅读教学的理念，开发利用学生资源，借用多篇学生的读书笔记，敲开学生的心门，引发学生的共鸣。一开始亮出学习目标，提出问题，并在结尾回顾学习目标，回答问题，从而让学生检验自己是否达成目标。整节课以学生为主，老师说话的时间一共只有 17 分钟，学生的讨论交流时间为 28 分钟，这也符合友善用脑的课堂评价标准，从而真正将课堂还给学生！ 3. 教师参与到整个课堂活动中去，以学生为主体，同时保留了教师的引导作用，教学有层次，让学生广泛参与，重在启发，自己感悟鉴赏			

综上所述，体验式阅读其实是一个发现的过程，在这样的旅程体验中，让学生发现自己，发现自己的内心，发现自己的理想，发现自己的成长；发现世界，发现世界的存在，发现世界的广博，发现世界的美好。浸润书香或许未必会取得世俗意义上的成功，但我们却可从中找到梦寐以求的理想、无处发泄的愤怒、曲径通幽的佳境、震荡内心的共鸣，可以找到我的人格、羞愧、疯狂、忧思、苍凉、眼泪以及写照，一切得来全不费工夫。当道路出现裂痕，人生出现迷惘，现实击碎梦想，这些给我们带来深刻体验的书籍，便会出来挽救我们，让我们的悲观绝望消解在精神满足的乐观之中。在此，我想起了大约1000年前，宋人贺铸在《浣溪沙》一词中直呼“不信芳春厌老人”。如今属于我们老师的芳春，也许终将成为过往，但却不妨为学生们种下“不信书香厌少年”的希望，从而让他们精神绽放，获益终生。为了这个希望，老师们值得继续努力！

注释：

[1] 卡尔维诺.为什么读经典［M］.南京：译林出版社，2012.

第五章

“言”中有“文” “文”中有“言”

——用情境任务让学生在“文”“言”中穿越

北京市第二中学分校 邵 艺

第一节 “言”和“文”的地位与现状

一、“言”和“文”的地位

文言文是在先秦口语的基础上形成的上古书面语作品，与白话文相比，文言文显得十分简约，主要有两个原因：一是文言的单音节词多变成了白话中的双音节词，二是文言行文讲究省略。另外，文言文的词类活用更普遍，虚词更替现象更突出，语序、句式与白话也有不同。“文言文阅读的第一道障碍就是对文言文字、词、句的认读。和现代文阅读比，文言文作品的最大特点就是认读性障碍比较突出。”

因而，语文教学之所以要包括文言文和现代文章两大板块，与文言文这个“言”的特点分不开。新课标对文言文的要求是“阅读浅易文言文，能借助注释和工具书注解基本内容”。试想如果不是为了学“言”，我们大可以把所有文言翻译成现代文。

文章（这里主要指文学作品），正如钱梦龙老师所说，“它是作者的思想情感、道德评价、文化素养、审美趣味等等的‘集成块’，是一个活的整体。而不是多种语言材料的‘堆积物’。文章语言之所以值得揣摩咀嚼，因为它是作者思想情感等等的载体；如果只着眼于词句本身的学习，而忽视甚至舍弃了它所承载的丰富的内容，那叫‘买椟还珠’，结果必然连语言本身也不可能真正学好。”

高中课标中就提出“学习中国古代优秀作品，体会其中蕴涵的中华民族精神，为形成一定的传统文化底蕴奠定基础。学习从历史发展的角度理解古代文学的内容价值，从中汲取民族智慧；用现代观念审视作品，评价其积极意义与历史局限”。这就要求我们以“文”为契机，引导学生理解作品的思想内涵，探索作品的丰富意蕴，领悟作品的艺术魅力。

因而，从长远看，文言文教学既要有“言”，又不能忘记“文”。教师要注重从文字、文学、文化的角度解读文言文，从而激发学生学习文言文的兴趣，真正提升语文的素养。

二、“言”和“文”的现状

随着新课程改革的不断深入，新的课程理念在语文课堂教学中得到了越来越充分的体现。但相对而言，“文言文教学是语文教学改革的一个‘死角’，即使在语文教学改革很红火的这几年，文言文教学这块‘世袭领地’上仍然是一派‘春风不度玉门关’的荒凉景象。”（钱梦龙）

具体表现为：

1.“死于章句”

章句，即“离章析句”，是一种始自西汉中叶的经学阐释体系，本意通过串讲文句，阐述经文义理。用在文言教学语境里，是指死抠字词，不见文章文学文化，或者说，更多地是把文言文当作孤立的“语言材料”处理，而并不是当作活生生的“作品”来教学。

“死于章句”，在教学内容上表现为，教师特别重视字、词、句的理解和翻译，课堂上字字落实，句句讲解。强调文言文基本功，夯实基础，这点固然重要，但长期这样做就侵占了学生自主诵读文本、理解体会文本的时间。

而在教学方法上，文言教学“一言堂”的教学模式特别突出。这种“填鸭式”“满堂灌”的教学方法，让学生只会被动接受，一方面失去学习文言文的乐趣；另一方面，学生无形中也受到影响，认为文言文学习只要掌握了字词，死记硬背就行了。

2. “废于清议”

“清议”，源自东汉末年，魏晋士族以“清议”为时尚，但多放言高论，空而无物。文言文教学中的“废于清议”，是指架空文本和语言，奢谈文学、文化，结果语词掌握不了几个，文章没有读懂多少，得到的只是抽象空悬的人文思想“碎片”而已。有的老师也做了很多重视文学文化的尝试，文言文不讲字词，只让学生品评内容，一节课下来倒也轻松快乐。但到了快考试时，又开始苦恼，只好重新串讲，想把“夹生饭”做熟，结果费时又味道不好。

三、“言”和“文”的定位

基于以上分析，我们在语文教学的过程中，必须紧紧抓住语文教学中的“文字、文学、文化”三个层面，这样才有利于学生的发展，才能真正体现语文的工具性与人文性。文字内容的开发包括字词、句法习惯等；文学层面重在内容的感知、情感的体悟、语言的品位；文化上重在传承民族传统文化，古为今用。

那如何教学一篇文言文？第一课时凿实字词，第二课时讲文章，第三课时讲文化，这就是“言文结合”“言文并重”吗？这只是“言”和“文”的简单相加，还是不免“死于章句，废于清议”。

对此，李卫东老师的观点是：第一，教文言文的“言”和“文”，积累基本的文言词汇，运用有生命力的语词和句式，感受文气，理解内容，承继文化。第二，教“言文统一”中的“言”和“文”，不是“言”和“文”的拼盘。

我非常赞同这种说法，文言教学更好的做法是不同课时，在“言”和“文”上各有侧重，但侧重不是分隔。第一课时，侧重语言的认知和理解，是在篇章语境上的认知和理解；第二课时，侧重文章内容的阐释和赏评，是在具体词语揣摩基础上的阐释和商评。两者是在对立中求统一。也就是说，文言文教学中的“言文结合”，不是由“言”到“文”一次性完成，而是“言”中有“文”，“文”中有“言”，在“言”和“文”中来回穿梭，循环往复。

第二节　“言”和“文”穿越的过程和方法

一、“言”和“文”穿越的过程

国学大师王国维先生在其《人间词话》中说，“古今之成大事业、大学问者，必经过三种之境界：‘昨夜西风凋碧树。独上高楼，望尽天涯路。’此第一境也。‘衣带渐宽终不悔，为伊消得人憔悴。’此第二境也。‘众里寻他千百度，蓦然回首，那人却在灯火阑珊处。’此第三境也。”

我借用先生的高论大胆地给文言文教学打个比方——穿越。

穿越宝典一：独上高楼，望尽天涯路。

首先要有穿越的准备，电视剧里那些人偶然穿越就能适应古代生活，毕竟是不现实的。于是我们先要引导学生学习文字，让他们打下语言功底，就像现在家长把孩子送到国外，就要先让孩子恶补英语一样。只有文字扎实了，学生方能“独上高楼”，望尽穿越之路。

对于字词句的理解，我有这样的认识——学生记住字的理解，只是掌握了一个点；学生记了一个句子的翻译，只是记下了一条线。点线层面的理解是不够的。因为一个字的解释在不同的句子中，往往因上下文的关系而有变化，也就是说一个点放在另一条线里，或许又会有新的意义和用法。同样道理，读一篇课文，记住了课文中的生字和句子，只能算平面的懂。平面的懂只是了解课文中的字义和用法；同样的字，在别的课文中，意义和用法可能会有变化。因此，平面的懂还不够，无法了解一个字的解释和用法的多种变化。而只有读的课文多了，积累的点也越来越多，点不仅构成了线，更构成了平面，最终实现全都理解，这才叫“立体的懂”。而唯有立体的懂，才能独立阅读文言，从而形成独到而深刻的见解，实现“独上高楼，望尽天涯路”。

因而，文言文字词教学的目的不是“清障”，而是积累语言，以实现“言”“文”之间的穿越。

穿越宝典二：衣带渐宽终不悔，为伊消得人憔悴。

有了语言功底后，我们就可以带领学生穿越了，毕竟只有身临其境，才能真正领悟古人的思想生活，这就是文章的学习，是“为伊消得人憔悴”的真实体验过程。但是，语言的学习不可能一次完成，穿越后我们或许会发现，先前的文字学习不够，那我们还应不失时机地再穿越回来，重新学习文字。为了将文字和文章融会贯通，可能要穿越多次。在文章与文字间不断穿越，我们的文字和文章学习才能双赢。

同时，文言本身就显得比较枯燥，如果我们一本正经地去讲解，学生就会感觉乏味无趣。我们面对的是初一的孩子，这就更需要我们用心设计、精心组装、寓教于乐，让学生对文言文爱不释手。这就需要老师们努力努力再努力，即使

"衣带渐宽"也"不悔"，即使"消得人憔悴"也要继续坚持!

穿越宝典三：众里寻他千百度，蓦然回首，那人却在灯火阑珊处。

穿越的最终结果还是要回到现实，这几乎是所有穿越剧的结局，但是穿越者的人生或多或少都有了改变。在文言教学中，这就是文化。因为我们将学生从古代带回现代，但学生在这穿越过程中，会在古人身上找到自己的影子，或者在自己的生活找到与古人的相契相通之处，又或者将古人的影子叠加到自己今后的生活之中，也就是当学生能古为今用之际，就能在"蓦然回首"之际，发现"那人"与自己生活如此之近时，文化的魅力就真正展现了。

基于以上分析，文言文教学中的"言""文"结合，不是由"言"到"文"的一次性完成，而是"言"中有"文"，"文"中有"言"，在"言"和"文"中来回穿梭，循环往复。

二、"言""文"穿越的方法

文言教学的确是比较枯燥乏味的，如何有效地引领学生在"言""文"中穿越呢？我认为创设恰当的情境，用任务来引领，会是一个不错的选择，这也是教改发展的必然。

首先，早在20世纪50—60年代，联邦德国就兴起了任务驱动教学模式，代表人物克拉夫基认为"范例教学"就是根据好的、特别清楚的典型的事例，进行教学与学习，这种教学方式主张教师将教学内容含在一个或几个有代表性的任务中，以完成任务作为教学活动的中心。学生在完成任务的动机驱动下，通过对任务进行分析，明确它大体涉及哪些知识、需要解决哪些问题，并找出哪些是旧知识、哪些是新知识，在教师的指导帮助下，通过对学习资源的主动应用，在自主探索和互动协作的学习过程中，找出完成任务的方法，最后通过任务的完成，实现意义的构建。

其次，我国对情境任务主要研究成果有：《任务型教学在语文教学中的应用》（狄国伟，2009），将任务型教学分成几种不同类型，指出根据现在初中语文教学现状中存在的问题，提出语文教学中实施任务型教学的可能性。《国外母语教科书中学习活动的设计》（乔辉，2009），提倡在创设的情景中，让学生学习语言，能培养学生的人际交往能力。《初中语文任务型教学策略实践探析》（李成保，2013），指出在语文教学中使用任务型教学，有利于提高学生的语文素养和语文课堂的高效性。《国外母语课程发展的动态及趋势》（徐鹏，郑国民，2011）也提出培养学生综合运用母语的能力，需要创设不同的学习环境，在课堂上使用演讲、小组讨论和表演等不同方式，提高学生综合运用母语的能力。在课堂中运用情境任务来培养学生运用语言的能力，能促进学生创新思维的发展。

再有，目前各国的教育都开始由知识本位向核心素养转型，我国教育部在修订《高中课程标准》的过程中，将核心素养作为引领课程变革的关键概念。对语文学科而言，倡导核心素养能够深度整合课程改革倡导的三维目标，回归语文学科本体，充分发挥其育人功能。为此课程标准修订设计了18个学习任务群，将它们作为培养学生语文核心素养的载体。任务群的提出，必然会引发语文课程的诸多转变。它更为注重语文学习的情境性、综合性和实践性，力求发挥语文课程促进学生核心素养发展的整体功能。

由上可见，文言教学，也应依据学情，创设有利于学生语文素养提升的情境任务教学。语文核心素养具有内隐性，它是学生在真实运用语言情境中表现出来的个性语言经验和言语品质。只有充分调动学生在语文学习中的主体性，才能真正发挥他们的核心素养和学习主体性。在文言教学中，我们并不否认语文知识的重要性，而尝试以任务驱动来展开教学，以言语实践活动为主线，将“言”的知识融入情境性、结构化、开放性的学习任务中，从单一任务走向群体任务教学，更能促进学生发展语文核心素养。

在文言教学中，情境任务的创设是指教师围绕一定的教学目标，设计出操作性强的某个大任务，让学生在此任务的驱动下，把大任务分解为若干子任务。在探索任务的过程中，充分展开多种方式的学习，最终达成目标，且在完成任务的同时，提高学生多方面的能力。在此过程中，学生通过完成任务的形式，提高对所学内容的积极性，成为课堂的主体。该教学方式可以活跃课堂气氛，其师生合作和生生合作的教学模式，能使学生更好地吸收学习内容。因此文言教学中的情境任务教学，可以在一定程度上解决目前文言教学中存在的问题，提高文言教学质量，促进学生核心素养的提升。

第三节 “言”“文”穿越的案例及分析

新课改的不断深化，为初中文言教学提出了更高的发展要求。而情境任务式教学策略，在初中语文教学中的有效实施，有利于学生主体地位的突出，引导学生在做中学，在实践中学强化语言表达与人际沟通能力，促进其自主探究能力、问题分析与解决能力的提高，最终促进其全面素质与能力的不断发展强化，因此值得再做进一步探索，使之真正服务于语文教学，实现初中文言教学的高效性，为初中文言任务群教学打下基础。

我从教20年，一直走在实践摸索的路上，现将自己在2012年执教的《共工怒触不周山》和在2017年执教的《诫子书》两课的案例拿出来与大家分享，从实践层面，探究用情境任务在“言”“文”中穿越的具体方法。

一、《共工怒触不周山》的课堂实录及案例分析

（一）教学设计思想

【教材分析】

《共工怒触不周山》是人教社七年级（下册）的一篇文言文。它篇幅短小，仅有46个字，却内涵丰富。它是我国最早的神话之一，讲述了共工与颛顼相争为帝，怒触不周山，造成了天翻地覆的变化的故事，它曲折反映了远古人民探索征服大自然的强烈愿望。文章中共工这一神话人物形象，饱含了作者的想象，具有浪漫主义魅力，同时也是文学史上一个颇有争议的人物。

【学情分析】

由于文言文时代久远，学生总觉得古人的思想和他们相距甚远，再加之语言的障碍，更让他们对文言文望而生畏。这就要求教师不要把文言文当作孤立的“语言材料”处理，而当作活生生的“作品”教学。

基于以上两方面的分析，我制定了本课的教学目标、重点与难点及教学任务。

（二）教学任务分析

【教学目标】

探究方法，疏通言意。

断句标点，理清文脉。

联系传说，评价人物。

培养学生治学时质疑争辩、创新探索的精神

【教学过程】

在篇章语境的认知和理解中学习词句意思。

在断句标点的揣摩和斟酌中理清文章脉络。

在神话传说的辨析和体会中研究人物形象。

在诸多学科的渗透和整合中挖掘文化内涵。

在朗读背诵的反复和变化中加深课文理解。

【教学重点】

在篇章语境的认知和理解中学习词句意思。

在词语内涵的揣摩和品析上理解文章内容。

【教学难点】

在神话传说的辨析和体会中研究人物形象。

（三）教学方法和教学手段的选择

闯关寻密　　古今穿越　　朗读背诵

（四）教学资源

多媒体课件

（五）教学流程

【播放视频】

播放《共工怒触不周山》的视频。

神秘的不周山，是人间，还是神域？

古老的部落首领，谁是英雄？谁是恶魔？

翻天覆地的变化，是人力所为？还是自然灾害？

今天，让我们一起穿越到神秘的不周山下，一起去见证《共工怒触不周山》的壮观场面。

（设计意图：设置情境，营造氛围。）

1. 一读，明言意，断句子

【设置情境】

聚齐6张卡片，寻找“穿越”的第一串密码。

同学们，今天我们要穿越到远古时代，你们都做好穿越的充分准备了吗？对这篇只有46个字的文言文，你们做了充分的预习吗？

我们必须精通文言（板书：言），通晓课文意思，才能找到穿越的第一串密码。这串密码由6张神秘卡片构成。你们每闯一关，都能翻开一张卡片，6张卡片都翻开后，进行组合，第一串密码就会出现。

下面我们开始闯关，不过你们也不用太紧张，老师为较难的关卡设置了提示信息，相信通过提示信息，你们一定能很快理解词句的意思。但老师也有个小小的要求，希望你们能说说老师的提示给你带来什么样的启发。

（设计意图：设置关卡，激发兴趣。）

【教师提问】

说说词句的意思，并思考提示对你的启发。

第一关："触"课下注释为"碰""撞"，哪个更合理？

提示：怒　天柱折地维绝

首先是第一关，"共工怒而触不周之山"的"触"，书下注释为"碰""撞"，你认为哪个注释更合理？老师给的提示是"怒 折 绝"。

启发呢？词不离句、句不离篇，我们可以根据上下文的意思来推断词语的意思。

生：上文提及"怒"，共工很生气，那爆发出的力气一定不小。后文说"天柱折地维绝"，可以知道对不周山损害极大，因而"撞"的解释更为合理。

（设计意图：启发学生，据文断言。）

第二关："折"和"绝"可否互换？

提示：

接着，第二关，"天柱折地维绝"中"折"和"绝"，我们通过预习，知道它们都是"断"的意思。那"折"和"绝"能不能互换位置，老师给的提示是它们的古字字形。

生：右下角是人的手，右上角是一把斧子，左边是断开的木头，因而这个字的意思，是用手拿斧弄断木头。右下角也是人的手，右上角是把刀，左

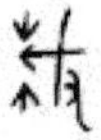

边是丝线，因而这个字的意思，是用手拿刀把丝弄断。而“天柱”的“柱”是木字旁，是用木头做的，所以用折，“地维”的“维”是绞丝旁，是绳索的意思，所以用绝。

（设计意图：启发学生，据形断言。）

第三关：天倾西北　地不满东南

提示：还自扬州

继续，第三关，请翻译“天倾西北”和“地不满东南”这两个句子。老师给的提示是《伤仲永》中的“还自扬州”。

生：根据《伤仲永》中“还自扬州”倒装的句式特征，可以推导出“天倾西北”和“地不满东南”都是倒装句，因而翻译为“天向西北方向倾斜”“地在东南方塌陷”。

师：学文言时，我们可以温故知新，悟得规律，正如孔子所说的“温故而知新，可以为师矣”。

（设计意图：启发学生，温故知新。）

第四关：你还有什么词语不理解？

下面是第四关，这关我先不翻出题目，看看谁有勇气，谁敢于挑战？其实你得到的是个奖励题，我想问你的是，这篇课文你还有什么词句意思不理解，可以提出来问老师。

那轮到我小小为难你了。“水潦尘埃”是什么意思。水潦，积水。尘埃，尘土，这里指泥沙。

第五关：你能试着读出课文的停顿吗？

下面是第五关，你能根据前面同学对文章词句的理解，准确朗读课文吗？老师给的是没有标点的课文，你一定要读准停顿。

第六关：你能说说这个神话的意思吗？

终于到最后一关了，你能用自己的话来给我们讲讲这个小故事吗？

（设计意图：积累词句，疏通文义，启发学生悟得方法，据文断句。）

【学生朗读】

请男女同学交替朗读课文，读出停顿。

恭喜你们聚齐了6张神秘卡片，现在神奇的时刻到了，将它们拼接组合，穿越的第一串密码就出现了。这串密码就是请你们一起大声朗读课文。为了读出停顿感，我们男生一句女生一句轮着读。

（设计意图：诵读课文，感知意思。）

2. 二读，加标点，理文脉

【设置情境】

寻找“穿越”的第二串密码。

在明白文章的意思后，我们开始寻找第二串密码，这串密码将在我们理清文章的脉络，理解文章内容后出现。（板书：文）

【教师提问】

请理清作者思路，加上标点，并说明理由。

师：刚才我们读出了文章的停顿，停顿在书面上的表达方式是标点。文言文是没有标点的，现在我们看见的标点，是后人根据自己的理解加上去的。现在请你在理清作者的思路后，加上老师空出的三个标点，并告诉我们理由。

生一：“天倾西北，故日月星辰移焉；地不满东南，故水潦尘埃归焉”是个完整句子，它表达了共工怒触不周山的影响。这个影响分为对天和对地两个方面，这两个方面形成并列关系，所以使用分号。

生二：在“天柱折地维绝”这个句子之前加句号，也是可以的，它表达了共工怒触不周山这件事的过程，后面的内容可以理解为这件事情的结果和影响。

生三：课文中，在“天柱折地维绝”这个句子之后加句号，是考虑叙事的完整性。当说完故事的结果后再加上句号，并且将故事的影响单独成句，更有强调影响的作用。

（设计意图：整体感知，理清文脉。）

【教师提问】

（1）本文是围绕哪个字展开的？

在加上标点，梳理文章脉络后，我们再来理解文章内容，现在我们把书打开，谁能说说本文是围绕哪个情感词展开的？

——怒。

（2）本文围绕“怒”字写了哪些内容？

谁能说说课文围绕“怒”字写了哪些内容？

——“怒”的原因、“怒”的表现、“怒”的结果和“怒”的影响。

（3）围绕“怒”字找出动词。

能不能说说为了表现“怒”字，文中用了哪些动词？

——“怒”的原因：争、为；“怒”的行动：触；“怒”的结果：折、绝；“怒“的影响：倾、移、不满、归。

（设计意图：理解内容。）

【学生朗读】

请全班同学再读课文，读出对内容的理解。

恭喜各位拿到了穿越的第二串密码。这串密码就是请你们再一次大声朗读课文，读出你对文章内容的理解。

那怎么样才能读出你对文章的理解？重读“怒”字和动词。

我们拿到了穿越的两串密码，现在激动人心的时刻到了，穿越之门打开了，让我们一起前往古老的不周山吧。

3. 三读，知传说，评古人

【播放视频】

“穿越”到不周山下，“见证”共工怒触不周山。

（设计意图：设置情境，补充内容。）

【设置情境】

“穿越”到不周山下，“审判”“不周山事件”。

我们已经身在古老的不周山下了。

对我们这群穿越者来说，有点小遗憾。我们稍稍来晚了一点点，穿越到不周山下后，只看到了这故事的结局，并没有看到开头。

但对于远古的不周山人民来说，我们的出现比不周山的坍塌更令他们震撼。不周山可是通往天界的一根神柱，而我们在不周山坍塌时从天而降，于是他们便把我们看作天界派来的使者，得知我是你们的首领后，他们就尊称我为女娲。同时，他们坚信，女娲娘娘是来审判不周山这桩人间公案，不周山法庭开庭了。

现在开庭。原告和被告都来了吗？原告在哪儿？被告在哪儿？

【学生文言课本剧表演】

颛顼：共工作乱，以强霸而不王，不胜而怒，乃头触不周山，遗祸百姓。

女娲：共工，汝触不周山，知罪否？

共工：吾何罪之有？吾为部族而战，君不见日月星辰移西北，水潦尘埃归东南！

【法庭审案】

“女娲”审案，引发争辩。

颛顼共工各执一词，女娲想问问各位，面对这样的局面，我们能否用未来世界所知所学来帮帮他们呢？女娲想知道，你们有哪些是帮助颛顼来检控共工罪行的，又有哪些是帮助共工进行无罪辩护的。

下面开始法庭辩论，先由控方来检控共工的罪行——

控方一：我认为共工有罪，从文中得知他的犯罪动机是与颛顼“争为帝”，这就说明共工嫉妒颛顼的帝王位置，而当时颛顼实行仁政，连鸟兽都服从他，共工却追求名利、自私自利、不为百姓着想，妄想篡权，他这样不但得不到民心，反而使百姓深陷战乱之苦，所以他有罪。

师：控方指出共工从动机上就是有罪的，他“争为帝”是出于嫉妒，为了私利，那辩方怎么应对？

辩方一：我认为共工是无罪的，共工与颛顼“争为帝”的原因是颛顼统治无道。我这里有他的一条罪状：他要求女士在路上遇到男士时，务必先让道，否则就要拉到路口暴打一顿。我想问下在座的女同学，你们受得了这一条吗？所以，颛顼无道，共工无罪！

师：女士不给男士让道就要遭毒打，咱们来自未来的女同志还真得当心人身安全，这个颛顼可真不尊重女性。控方还有什么共工的罪行要举证吗？

控方二：我认为共工有罪，因为他是个水神，而水神的工作就应该帮助百姓治水。但他却仗着自己是水神就胡作非为，到处制造水灾。我这里也找到他一条罪状，在大禹治水时，共工就总出来捣乱。大禹好言相劝，共工却说“我发我的水，和你有啥关系？”因而共工极不称职，他有罪。

师：共工有严重的渎职罪，身为水神，不尽其责。那辩方呢？

辩方二：共工无罪！你们说共工是水神！没错，他是水神，他为什么不叫水魔、水妖，因为人们敬重他！他作为水神是有功绩的，当时黄河泛滥，他带领他的部族用“堵”的方式治水，使河水改道，这也是造福百姓的，不能因为他的方法和大禹不同就污蔑他。

师：辩方肯定共工被尊称为水神，他是有功绩的。控方还有什么罪状举证？

控方三：我认为共工是有罪的。他本身就是个残暴阴险之人，而他的手下还有两个臭名昭著的神。一个是长着九头蛇身，食人无数的相柳；另一个是长得凶神恶煞的浮游，也是个作恶多端的家伙。而共工却不阻拦他们，甚至大肆鼓励他们去祸害百姓。

师：原来还有两个共犯啊，看样女娲得派人把他们也抓来！辩方怎么说？

辩方三：我认为共工无罪。说共工手下作恶是污蔑！共工手下个个骁勇善战，而颛顼不是。战争起初是共工将颛顼逼得节节败退，而颛顼使用阴谋诡计，用鬼神之说迷惑愚昧百姓，使百姓反抗共工。我认为颛顼狡诈阴险，而共工善良正直。

师：哦，是颛顼污蔑共工，愚弄百姓，才赢了这一仗。控方还有要发表意见的吗？

控方四：从共工撞不周山的行为来看，他怀着“你不让我好死，我也不让你好活”的心理，简直就是个做事不顾后果的孩子。还有，邵老师，他也给您找了大麻烦，您后来补天费了多少劲啊，共工当然有罪了！

师：哈哈，是啊，共工撞山，天上全是窟窿，我这个女娲可没少干体力活啊！有罪啊！

辩方四：共工是无罪的！你们说，共工祸害百姓，我倒问问你们，颛顼要控制自然，将日月星辰系在天上，人间就没有白天和黑夜，是共工撞山才有了白天黑夜。我想问下各位同学，你们想要一个什么样的世界，是颛顼制造的没有白天黑夜之分的，还是现在这个由共工开创的有白天黑夜的？共工是个改造世界的英雄！

（设计意图：旁征博引，自由争辩，深化理解。）

【结案陈词】

用古典的形式进行创作

共工撞山是为了解放日月星辰，控辩双方争辩得非常激烈。法庭争辩到此结束，下面休庭一小会儿，请控辩双方撰写结案陈词。既然来到远古，我们不妨用古典的形式、精炼的语言来撰写，咱们比比哪边更有文采。

咱们先从控方开始——

控方一：昔有共工氏，素怀野心，与颛顼争帝而不得，遂怒触不周山，以致天翻地覆，其罪天地不容、人神共愤，岂可恕乎？

师：情感很充沛的小文言文，辩方呢？

辩方一：共工之壮举，虽不比盘古，虽不比女娲，却有目共睹。共工助日月星辰逃，助水潦尘埃归，乃至勤至善之楷模也。

师：将共工和我这女娲对比了下，文言对文言，1：1了，控方还有什么不一样形式？

控方二：虽说酿造农业好收成，可他这种破坏谁来管？虽说建造地理好景观，可是谁来挽救不周山。

师：好，两句设问，谁来挽救不周山，女娲来管！

辩方二：不周之山天柱折，日月星辰逃升天。我说共工IQ高，聪明勇敢又果断！

师：呵呵，原来IQ这个词是你带到远古，才流传到今天的啊！控方呢？

控方三：上联：共工夺权怒触不周

下联：颛顼迎战为民除害

横批：邪不压正

师：邪不压正，好对联啊！

辩方三：上联：治水虽败方法常在

下联：斗法成寇精神永存

横批：他是共工

师：他是共工！妙！控辩双方的结案都很精彩！难分胜负啊！

（设计意图：品析人物，以读促写。）

【教师小结自己观点】

“女娲”结案

最后，我这个女娲要把案子做个了断，否则不周山人民也不会放我们离开。

如果是文学史上的女娲，我会定共工的罪。共工在历史上是个犯上作乱的人物，在神话传说中多是以恶神的形象出现。据记载，和共工作战的不只是颛顼，还有很多人：

共工氏作乱，帝喾使重黎诛之而不尽。（《史记》）

（尧）又举兵而诛共工于幽州之都。（《韩非子》）

禹攻共工。（《荀子》）

而且连女娲也和他作战过：

南宋罗泌的《路史》中记载：“共工为始作乱，振滔洪水，以祸天下。于是，女皇氏（即女娲）役其神力，以与共工氏较，灭共工氏。”

可见，女娲定共工的罪的可能性是很大的。

但是，作为21世纪的女娲，断案讲求证据，我再开一次时空隧道，带你们再穿越一次，去见一位关键证人——

【播放视频】

我们好像又来迟了一点点，找到这个证人时候，他已经服毒自尽了。

穿越者们，你们知道见到的这个证人是谁吗？他就是淮南王刘安。

刘安是谁？

本文出自《淮南子》，你们见到的是它的编者刘安。

刚刚我们看见他死了，他为何而死？

刘安是汉武帝时的淮南王，他曾谋划犯上作乱，造反篡位，因为计划败露而自杀身亡，刘安是个有造反野心的人，而共工也是个犯上作乱的人，同是天涯沦落人，刘安是不会定共工的罪的。

当然我还有件关键证物，就是我们的课文。本文并没有侧重写共工撞山的原因和过程，而详写了撞山的影响，这影响改变了天与地，作者想表达的还是共工对自然变化的贡献。上古之时，水灾频繁，因此共工带着他的部族，研究治水之法，他采用的是堵的方法，使水改道，虽然共工治水的方法或许有害，但是他毕竟做了大胆的尝试，他改造自然的精神是值得肯定的。

因而我宣布共工无罪释放，当然以上是我这个女娲的个人观点，控辩双方可以保留个人观点。

【学生朗读】

请全班同学三读课文，读出对人物的感情。

案子审理完毕了，我们得赶快回去了，这里可是刘安作乱的地方，汉武帝就要杀来了。看看我们穿越回去的密码——

请第三次朗读课文，这次要读出你对人物的体会，我们分开朗读。

认为共工有罪的同学，你们对共工祸害人间是一种什么感情？——哀叹，我们可以加入什么语气词？——"唉"。

认为共工无罪的同学，你们对共工造福人类是一种什么感情？——赞叹，我们可以加入什么语气词？——"啊"。

4. 四背，据文章，论今世

【设置情境】

"回到"现在

【提问】

谈谈读完这个神话后，你得到什么启发？

各位，我们终于结束了不周山之行，回到现代社会了。我想问一下，你们都从远古带回了什么？有没有把共工带回来？有没有在现代社会中再看到他们的影子？他们对你的生活产生了什么样的影响呢？

生一：做事不能只顾自己高兴，不计后果。

生二：人与自然要和谐相处。

生三：颛顼和共工应该和平协商，维护和平。

生四：神造了豆腐渣工程，女娲有罪啊

（设计意图：古为今用，创新思考。）

【教师谈收获】

引导学科整合

作为语文老师，我对未知的领域充满了好奇。这篇故事出自《淮南子·天文训》，最初的目的是用来研究天文地理的。于是这趟不周山之行，我专门观察了不周山的地形，并一直在思考不周山的坍塌和水流流向的改变，借着是不是和当时当地的地理现象有关，比如地震、泥石流。连线你们的地理老师——

【播放视频】

追本溯源，文学和地理，文学和天文，何曾一刀两断？古老神话的背后，也蕴涵了先民们朴素的地理知识。而我们如果能将不同学科，比如历史、地理、艺术等相关学科的知识整合起来研究探索，或许有一天，你们能够缔造更为不朽的神话！

（设计意图：学科整合。）

【背诵课文】

缔造未来神话的人们，最后一组穿越密码出现了。你们能把这个神话背诵下来吗？看看背诵完我们又能穿越到哪儿？

【布置作业】

哈哈，穿越到未来了，是晚上的作业。请大家完善结案陈词，总结不周山之行的收获，上传到《共工怒触不周山》的博客上。

【课堂小结】

教师创作诗歌作结

同学们，这节课文我们通过：

一读，断句子，明言意
二读，加标点，理文脉
在言和文中实现穿越
三读，知传说，评古人
四背，据文章，论今世
在古今之中实现穿越
在穿越中，我们深深感受到：
共工诞宏志，乃与颛顼斗。
猛气绝地维，神力折不周。
灼灼日星移，澹澹水潦生。
余音震天地，功绩传身后。

板书设计

共工怒触不周山
言　文
古　今

（六）课后分析

1. 情境任务总设计——一个神话故事

我所要讲述的内容，是一个神话故事，因而也将整节课的情境任务，设计为一个师生在“古今”的时空中“穿越”的神话故事，用神话的情境任务形式，引领学生完成神话的内容学习。任务规划如下：

故事的序言——一段视频预告，营造情境氛围。

穿越前——时间：现代。地点：教室。情节：我在“现代”引导学生对“言”和“文”的初步解读，完成寻找穿越的两串密码的任务。

穿越中——时间：远古。地点：不周山下。情节主要由4块构成：

情节一：穿越变身。用视频资料引导学生“穿越”到远古时代，我的角色转换为女娲，学生角色转换为“陪审团”。

情节二：法庭争辩。我用自创的文言小剧来营造法庭氛围，引导学生自发形成控辩双方，完成控方检控共工罪行，辩方对共工进行无罪辩护的任务。

情节三：结案陈词。我引导学生完成用古典的方式撰写结案陈词的任务，学生用文言、古诗、对联等形式来评价人物。

情节四：女娲结案。我先从史料中找出女娲定共工罪的依据，进而以21世纪女娲的身份，用新的证人和证物推翻了共工的罪。证人就是再开时空之门找到的《淮南子》编者刘安，证物就是课文本身。

穿越后——时间：现代。地点：教室。情节：穿越回来后，让学生大胆联想，谈谈不周山之行的收获。教师谈收获时，自然引入与本文相关的地理知识，切入了地理老师的视频。

故事的尾声——再次出现穿越密码设置悬念，带学生穿越到未来，留下晚上发到博客的作业。我用自创诗歌总结课文。

本文充满想象，初一学生更是想象力丰富。我将整节课设计为一个师生在“古今”的时空中“穿越”的故事。首先，我引导学生在“现代”学习“言”和“文”的任务中寻找穿越密码；接着，我引导学生“穿越”到古代，教师角色转换为“女娲”，学生角色转换为陪审团，让学生能身临其境地在远古情境中，完成研究人物的任务；最后我带学生“回到”现代，让他们自己去发现纵使相隔千年，古人和我们总有相通相契之处，总能给我们今天的生活带来启发，实现古为今用。

新课标对阅读方面的要求为“对作品中感人的情境和形象，能说出自己的体验”，教师用穿越这一主任务，带动整个学习过程，进而用寻找穿越密码、法庭审案、结案成词、回归现代等子任务，营造课堂情境氛围，引导学生在情境任务驱动下完成“言”“文”的穿越。整体任务设计新颖活泼，调动了学生学习的积极性，尊重学生独特的阅读体验，有效地提升了学生的语文素养。

新课标多次提出要“注重听说读写之间的有机联系”“促进学生语文素养的整体提高”。我在给学生的活动任务中，既有学生耐心的倾听，又有双方激烈的争辩；既有整体热情的朗读，也有个性创意的写作。整个过程既注重学生听说读写能力的多元培养，又体现动与静的结合、分与合的结合。

课标中提出“语文教学应在师生平等对话的过程中进行”，在学习任务中，我与学生平等交流，不以模式化的解读来代替学生的体验。此外，课堂上我鼓励学生大胆写作，而自己也亲力亲为，用文言小剧本和自创诗歌来与学生交流。

2. 任务特色的分析——“言”“文”穿越

“文章是作者的思想情感、道德评价、文化素养、审美趣味等等的‘集成块’，是一个活的整体。”我力求教授“言文统一”的“言”和“文”，用据文断言、因形训义、温故知新、断句标点等任务打通“言”和“文”，用朗读作为穿越密码，引导学生在“言”和“文”的穿梭中疏通文义，理清文脉。

（1）朗读的任务是实现“言”“文”穿越的始终。前人很重视读这个环节，如鲁迅在《从百草园到三味书屋》中就记载了儿时读书的情境。学生的朗读必不可少，因为古文字的语言的魅力，就在于它的音韵，只有通过读，才能体会出这种美感。朱光潜先生在《从我怎样学国文说起》中说：“私塾的读书程序是先背诵后理解。在‘开讲’时，我能了解的很少，可是熟读成诵，一句一句地在舌头上滚将下去，还拉一点腔调，在儿童时却是一件乐事。我现在所记得的书，大半还是儿时背诵过的，当时虽不甚了了，现在回忆起来，不断地有新领悟，其中意味，确是深长。”可见背诵并不是愚笨的教学法，相反的有助于学生培养语感，体会词句的意思，进而领会文章的内容。

（2）据“文”断“言”是一个很好的“言”“文”穿越方法。据“文”断“言”，说得通俗点就是给文言白文断句加标点。20世纪40年代，叶圣陶和朱自清就曾设想过：“国文教本要有两个本子：一种是不分段落，不加标点的，供学生预习用；一种是分段落、加标点的，待预习过后才拿出来对勘。”二位先生认为：“预习的成绩当然不免有错误，然而不足为病。除了错误以外，凡是不错误的地方都是细心咬嚼过来的，这将是终身的受用。”要准确断句和标点，就要推求字义，就要梳理文段的脉络，就要感知文章的旨意。断句标点，既指向“言”，也指向“文”，是文言语感的综合训练。

（3）温故知新。文言文字词教学时，可引导学生“温故而知新”，温习旧“文”，学习新“言”新“文”。文言语法的教学更是困难，好的方式是引导学生随文学习，形成语感。比如讲解《伤仲永》时，“还自扬州”一句，学生易理解为“回到扬州”，这是对古汉语的状语后置缺少认识。讲解这个句子时候，可引导学生回顾“私拟作群鹤舞于空中”一句可理解为“私拟作群鹤于空中舞”，他们自然能体会出这个句子应理解为“自扬州还”。

（4）以“文”释“言”。理解词语含义必须结合语境，词不离句，句不离段，段不离篇。引导学生根据上下文语境，合理推导词句的含义，即用“文”来推导对“言”的理解。以《伤仲永》中“还自扬州”的翻译为例，教师可引导学生由文章内容以及人物、地点这些文化信息来解释“言”，即由“金溪民方仲永”“明道中，从先人还家，于舅家见之”和“又七年，还自扬州，复到舅家问焉”这三个句子可见：方仲永和王安石的舅舅都住在金溪，“复到舅家”是回到金溪，不可能是回到扬州。

（5）因形训义，即根据字形结构特点，运用“六书”知识，加深对文言词语的理解。教师可以展示出一些象形字、会意字的古字形态，并对古字进行“说文解字”，这样既能让学生直观地看到这个字的意思，又能激发学生学习古文的兴趣。比如《伤仲永》中“即书诗四句”的“即”，学生容易错写成“既”，这样理解词义也就有了困难。不妨来看下这两个字的古字——和。“即”和“既”这两个字都是典型的会意字，“即”字的左边是一个盛食物的器皿，右边是一个跪坐着的人，面向食物，本义为“就食”，引申为“接近、靠近、当即”；“既”与“即”相反，跪坐在食物器皿旁边的人把脸部向后转过去，表示吃饱，本义为“吃罢”，引申为“已经、完成”。

（6）“同义互训”，就是根据联合结构用词特点，以此推彼，以彼推此，互相参照着进行解释。比如教师引导学生思考“天柱折地维绝”中的“折”和“绝”的意思时，可以引导学生根据词语在文句中的对称关系，实现近义词语间的互相注解。即根据文章得知，共工怒触不周山后，支撑天的柱子和系着地的绳子遭到巨创，那“折”和“绝”在意思上就很接近，我们可以用“折”的意思来推导“绝”的意思。进而教师可引导学生思考两字可否互换，即引导学生根据汉字的字形特征来推断字义——折，左边是断开的“木头”，右边是人用手拿着斧子，因而这个字的意思是用手拿斧弄断东西。绝，左边表示线丝，右边表示人手和刀，因而这个字的意思是“把丝弄断”，不可互换。

二、《诫子书》及案例分析

（一）本课教学目标的确立

《诫子书》是统编教材语文七年级上一篇文言文。它仅有86个字，却内涵丰富。它既是诸葛亮对其一生的总结，从一个侧面表现了这位历史伟人的高风亮节，又是诸葛亮从人生经历中总结出来的至理名言，至今仍具有积极而现实的教育意义；同时它在中国历史上对个人的修身齐家发挥着重要的作用，对当今弘扬中华传统文化，促进国家的文明昌盛，更是意义深远。因而我将教学目标设定为：

（1）在反复诵读中理解内容，体会情感，表达敬意。

（2）绘制思维导图，理清文章的思路。

（3）通过将书、画组合的方式，将文中名句和诸葛亮的故事相结合，深入体会文章主旨。

（4）以写促读，用回信的方式表达自己获得的启示。

（二）本课重点、难点的预设

《诫子书》是一篇以议论为主的文言文，教师应该引导学生，把握文章的主要观点，理清作者的行文思路，所以本课的教学重点是绘制思维导图，理清文章思路。

通过七上两篇文言文的学习，学生已经能结合注释理解文章内容。但由于文章内容和他们的生活相去甚远且内涵深刻，加之他们对诸葛亮其人其事了解不多，难免对作品思想的把握还不够深刻。所以本课的教学难点，是通过将书法和绘画作品组合的方式，即将文中名句和诸葛亮故事组合，感受诸葛亮的人格魅力，进而理解文章的思想精髓。

（三）本课教学方法的选择

语文教学应该激发学生的学习兴趣，为学生创设良好的自主学习情境。我选择的是创设情境、布置任务的教学方法，将整节课设计为一期“念念不忘”节目的制作过程，通过引导学生完成绘制思维导图、准备朗读素材、书法素材、书画素材和回信素材等任务来展开教学。此外，本文作为传统文化的经典篇目，我同步运用书法、绘画等传统文化元素来辅助教学，以朗读的方式来连接、推进教学。

（四）本课学法的指导

《义务教育语文课程标准（2011年版）》中对学生的阅读要求是“对课文的内容和表达有自己的心得，能提出自己的看法，并能运用合作的方式，共同探讨疑难问题”。在教学实施中，学生是教学活动的主体，“学生参考注释阅读课文，画出不理解的语句，与同学讨论交流；不能解决的，借助工具书完成”，学生“在课本上勾画出关键语句，并在喜欢或有疑惑的地方做标注”，进而理解文中的名言。

（五）本课的教学设想

本课设置为《诫子书》的第二课时，在制作一期《念念不忘》节目的情境下展开。首先，交流字词理解方法，导入新课；接着学生绘制思维导图，理清文章的思路，为制作节目准备书法素材；进而，学生通过书、画作品组合的方式，将文章关键语句和诸葛亮的故事勾连，感受诸葛亮的人格魅力，理解文章的思想精髓，为制作节目准备书画素材；最后，学生用给诸葛亮回信的方式给《诫子书》以“回响”，传承家训的文化内涵。

（六）本课教学过程的环节步骤

环节一：交流字词理解方法，导入新课。

同学们，今天我们继续学习诸葛亮的《诫子书》，还记得老师昨天在微信圈推送了讨论作业：读课文，圈画出不易理解的词句，和同学讨论交流，并尝试总结理解词句的方法。友情提示：阅读本单元知识补白——同义词、反义词。昨天同学们在微信圈讨论得很激烈，有说看注释的，有说查字典的，还有说问“度娘”的，这些方法都很有意思，但是如果它们都不在手头该怎么办？老师还是希望你们多思考独立阅读文言的词句的方法。别紧张，咱们先一起朗读课文，边读边思考：

（学生朗读课文）

生一：我选的方法是同义词法，比如“年与时驰，意与日去”，句中的“驰”与“去”较难理解。我看出这是一个对仗的句子，“时”与“日”是同义词，均可译为“时光、岁月”，“驰”与“去”为同义词，可译为“逝去、消失”。

师：你不仅用了同义互译，还巧妙运用了句式的对仗。

生二：我用的就是句式法，比如“静以修身，俭以养德”这个句子，“修身”和“养德”相对。我知道“修身养性”这个成语，“修身”是修养身性的意思，那“养德”就是培养德行的意思。

师：好，你不仅用了句式，还勾连了现代汉语中的成语。其实大量成语源于古文，可以用来帮助推敲文言，《诫子书》一课也有很多成语，希望同学们回去整理。

生三：我觉得“修身”“养性”可以再拆分，“修”对“养”，均为动词；“身”对“性”，都是名词。这个辨析词性的方法用在理解“非学无以广才，非志无以成学”更好用，这个句子中“志”的不好理解，而我由句式推出“志”和“学”词性一致，“学”为动词，是“学习”的意思；那“志”也就是动词，可理解为“立志”。

师：你真是太棒了，你把我们刚刚学习的名词和动词这些词性知识，用到了词句理解上，这样翻译得更精准。

生四：我用的是反义词法，“险躁则不能治性”中“险躁”一词较难理解，但我找到它和“非宁静无以致远”一句相对。“险躁”和“宁静”是反义词，这样就推出险躁是“不宁静、轻薄浮躁”的意思了。

师：反义词推导词义也是个好办法。非常棒！同学们能够学以致用，积极探究，使用同义词、反义词、句式、成语、词性等方法来理解文言词句。当然我们还可以研究更多的方法，相信对以后学习文言是大有帮助的。

环节二：“句与文”——梳理文章内容

老师也给同学们推荐一种通过观看字形联想字义的方法。我们一起来看《诫子书》中的“诫”字（板书“诫”）。诫，右下角“[illegible]”是什么？（“双手”），右上角为“[illegible]”是什么？（“戈”），是我们古代的一种兵器。双手持戈，意为“警惕，要打仗了”。再看左边，左边“[illegible]”像个什么？（舌头，舌头有“说”的意思）；左边加上右边，表示什么意思？（用言语来警惕），那“诫”就有了什么意思？（有了“告诫，劝勉”之意）。

诸葛亮要告诫劝勉谁呢？（儿子诸葛瞻）（板书“子”）

对，子，即儿子，谁知道诸葛亮为什么要劝诫儿子？（生自由回答）

老师找到了诸葛亮给哥哥诸葛瑾的信中的一段话：“瞻今已八岁，聪慧可爱，嫌其早成，恐不为正器耳。”由信可见，诸葛亮对八岁儿子既充满期望，期望他能？（早成正器）；又充满？（担忧），担忧他？（聪慧早成，难成正器）；《诫子书》是一个苦口婆心的父亲对一个年幼儿子的谆谆告诫和殷殷期望。

诸葛亮和儿子，老父少子，其用心良苦让我们深受感动。但是诸葛先生的教子之心也有些过于急迫了。这篇《诫子书》，今天我们13—14岁的少年读起来尚觉得较为困难，更何况一个8岁小儿呢？作为具有现代教学经验的老师，我替诸葛亮想了个办法，但是需要大家帮忙完成这个任务：

请小组讨论，圈出文中诸葛亮告诫儿子的内容，并帮助他绘制一幅思维导图，以便于诸葛瞻能读懂《诫子书》。

下面咱们请几个小组的代表结合《诫子书》来解释下他们的思维导图。

小组一：“静”“躁”对比

生一：整篇文章主要分为静和躁两个部分。在《诫子书》的前半部分，诸葛亮告诫自己的儿子要“静”。以静修身，方能淡泊明志，方能宁静致远。同时又进一步指出，静才能有所学，有所学才能广才。根据这些，我们围绕“静”，给诸葛瞻进行了简单梳理。

生二：在《诫子书》的后半部分，诸葛亮告诫儿子，一旦放纵懈怠就无法振奋精神，轻薄浮躁就不能修养性情。所以险躁就不能专心学习，就不能增长才干，更不要谈修身养性了。最后就不会对社会有所贡献，到那时后悔也就来不及了。根据这些，我们围绕“躁”，给诸葛瞻进行了简单梳理。

师：这组同学的思维导图有两大亮色，第一大特色是此图能抓住《诫子书》中的一个关键字——“静”。试想一下一个8岁小儿，过于聪明，或许也会浮躁好动，此时告诫他一个“静”字再合适不过了。而且从行文看来，文章开篇就写道“静以修身”，只有内心纯净，不慕名利，方能修身养德，“静”是修身养德的基础；文章接着写道“学须静也”，只有宁静专心，心无旁骛，方能学以广才，“静”便是求学的前提。此图的第二大亮色是用篆书写“静”，楷书写“躁”，两种书体展现了诸葛亮告诫儿子的方法，什么方法（对比）。文中用“淫慢则不能励精，险躁则不能治性”，突出了“躁”不能振奋精神，也不能陶冶性情；用“非宁静无以致远，非淡泊无以明志” 凸显了“不淡泊”“不宁静”，也就是“躁”则更不能明确志向、实现远大目标，也就是不能“接世”，为社会做贡献，只能“悲守穷庐”。这样的对比图，就能让诸葛瞻深切领悟到父亲的用心良苦——正面说完反面说，反复告诫儿子“静以修身”。

小组二：树状图

生：这是我们组的思维导图，第一句“夫君子之行，静以修身，俭以养德”中，我们把君子之行作为根基部分，而君子之行以静和俭为主。静可以修身，俭可以养德。“非淡泊无以明志，非宁静无以致远”，淡泊指俭，宁静指静，因此俭可以明志，静可以致远。“夫学须静也，才须学也，非学无以广才，非志无以成学”一句中，有静有志才有学，而学可广才。“淫慢则不能励精，险躁则不能治性”，淫慢与俭相对，险躁与静相对，所以俭能励精，静能治性。这些就是我们组的思路。

师：这组同学的思维导图，也有两大亮点。其一是造型有创意，以一棵树作为造型，美观大方，活泼有趣，便于一个8岁的小朋友接受。亮色二是设计有深意，这棵看似简单的树，却能引发小朋友的联想和深思。这棵树就好比是人生，好比是君子之行，树根部为“静”和“俭”，意味着君子只有固守住“静”“俭”这样的根本，方能滋养人生的大树。整棵树上的枝叶，恰好用来表现出“静”“志”“学”“才”之间的关系。“非志无以成学”，志是学的基础；“非学无以广才”，学是成才的前提；“非淡泊无以明志”，宁静淡泊又是明志的基石。文中这些关系纵横交错、互为滋养，用树的枝叶关系来表现，再合适不过了。

时间关系，老师不能邀请6个组一一展示，其余各组也各有特色，我们课后推送到微信公众号，再做交流。

刚才，我们绘制思维导图，用现代化教育手段帮助了诸葛亮。下面我们再来帮诸葛亮一个小忙：以一个父亲的口吻，给儿子诵读一遍《诫子书》。诵读前，思考一个问题：如何读出一个父亲对儿子的谆谆教诲？可以将刚才绘制思路图时用到的关键词重读。好的，让我们一起放声诵读，把握重音，读出谆谆教诲！

环节三：“句与文”——准备书法素材

细心的同学发现老师的课题还少写了个字，是什么？（板书“书”）“书”是什么？（书信）好的，是家书。说到家书，老师想到了北京卫视在今年5月底推出的关于家书的文化传承类节目，有谁看过？对，是《念念不忘》，这个节目将埋藏在史册中的名人家书翻读出来，多角度剖析家书背后的家风、家训，用以传承中华传统文化。遗憾的是节目一直没有提到“诸葛家训”，于是老师想到我们不妨就学习《诫子书》，为节目准备些素材。如果准备得好，我们就把它们寄给北京卫视，做新一期《念念不忘》节目的素材，好不好？

为了给节目准备素材，老师上个周末就给大家留了个任务，用你喜欢的一种书体写一句《诫子书》中你喜欢的句子，我们一起来欣赏几幅作品，请作者来朗读下好吗？

就这些作品，老师想问同学们一个问题：看了这么多书体，你认为哪种最适合书写《诫子书》呢，并说明理由。

生一：我觉得用草书书写好，草书迅疾如风，奔流似水，与诸葛亮诫训儿子的迫切心情非常相符。同时草书龙飞凤舞，自有一种潇洒飘逸的君子之风存在，单从视觉上，就能感受到父亲对儿子的殷切期望。

生二：我觉得，这篇文章只有从“年与时驰”起的后半段才适合用草书书写。因为后半段诸葛亮以沉痛教训警诫儿子，读来使人声泪俱下。而草书狂放不羁，连绵不断，更能给人一种情不自已（yǐ）之感。而前半段因为以“静”字为主线，应该使用端庄方正的楷书更合适一些。

生三：隶书典雅端庄，庄严稳重。诸葛亮在《诫子书》中对儿子诸葛瞻进行的教诲，也很庄重严肃，隶书的特点与《诫子书》营造的氛围相符，所以，我认为《诫子书》用隶书来写是最合适的。

生四：我认为应该用行书来书写。行书不像草书那样潦草，又不像楷书那样规矩，符合诸葛亮望子成龙的迫切心情；却也整整齐齐，不失平稳端正，符合诸葛亮要求儿子为人正直、行事稳重的期望。

师：的确如同学们所说，一幅书法作品做选用的书体和书体的特征、书者的思想情感，特别是书写的内容关系密切。《诫子书》用哪种书体书写最好，没有定论，老师把自己的想法和同学们分享："三顾频烦天下计，两朝开济老臣心。出师未捷身先死，长使英雄泪满襟。"诸葛亮尽忠蜀汉、呕心沥血、鞠躬尽瘁、死而后已，是个"贞良死节"的正直之人。《诫子书》教育孩子要静以修身、俭以养德、立志高远、学以广才，也是教人正直方正。为人"贞良死节"，教人正直方正，我认为诸葛亮的《诫子书》，适合用方正大方的楷书书写。

环节四："文与人"——准备绘画素材

看完书法作品，咱们再来欣赏下我们为《念念不忘》节目准备的另一样素材——上周老师让同学们搜集了诸葛亮的生平故事，部分同学尝试着画出与《诫子书》相关的故事。一起来欣赏下这些作品，也试着完成一个任务：如果请你将一幅书法作品和一幅画作组合起来，你会怎么组合，请说明理由。

生一：（葬定军山图）

这幅画讲述的是诸葛亮下葬时的情景，对应了《诫子书》中"俭以养德"这一句。据《三国志·诸葛亮传》中记载："葬汉中定军山，因山为坟，冢足容棺，敛以时服，不须器物。"古人都很注重陪葬物品，因为陪葬器物的贵重可以显示身份的尊贵。诸葛亮作为蜀国丞相、武乡侯，杰出的政治家、军事家，要求不用器物陪葬，这足以看出他的节俭。

师：的确，诸葛亮一生厉行节俭，他曾上表刘禅："若臣死之日，不使内有余帛，外有赢财，以负陛下"他病逝后，亲朋清理其家庭物件，确如其所说。可见，诸葛亮的一生践行了"俭以养德"。

生二：（自比管仲、乐毅图）

这幅画讲述的是诸葛亮躬耕陇亩，自比管仲、乐毅。这种看似不切实际的想法，正体现了他有远大理想。这种理想促使他广读诗书、广交益友，被誉为"卧龙"，也赢得了刘备的赏识。这恰好能对应"非志无以成学"。

师：《三国志》记载诸葛亮"身长八尺，每自比于管仲、乐毅"，可见，诸葛亮在年轻时，渴望能够像管仲一样辅佐明君，像乐毅一样率军征战。正是有了这样济世安民、建功立业的远大目标，他才更加发奋求学，学有所成。

生三：（三顾茅庐图）

这幅画讲述的是刘备三顾茅庐的故事。当时天下大乱，豪杰并起，皆为名与利，而诸葛亮却能拒绝俗世纷扰，闭门研学。直至刘备三顾茅庐，他才出山辅佐刘备实现三分天下。正是他淡泊名利，立下宏图大志，才能辅佐明君，做出一番大事，可见“非淡泊无以明志”。

师：诸葛亮的一生，共有两个27年：公元207年以前的27年，是他博览群书，广交名士，静观天下，立志用世的准备阶段，是“淡泊”“宁静”的阶段；公元207年到234年的27年，是他身体力行，尽忠蜀汉，鞠躬尽瘁，死而后已的奉献阶段，是“明志”“致远”的阶段。如若他没有经历“淡泊”“宁静”，或许就难有“明志”“致远”。

生四：（各种发明图）

这幅图展示了诸葛亮的一生的发明创造，种类有很多。比如说发明了木牛流马，改进弓弩使其能够连射，称为诸葛连弩，还设计了八阵图，我觉得这些发明体现了诸葛亮的聪明才智，而才智来源于勤奋好学，也印证了《诫子书》中的“非学无以广才”。

师：的确，诸葛亮不仅发明创造多，史料记载他还擅长书画和音乐，如《宣和书谱》称，诸葛亮“善画，亦喜作草字”，诸葛亮这样的“广才”，正源于博“学”。

教师小结：《诫子书》中句句皆是至理名言，这些至理名言是诸葛亮从自身人生经历中总结出来的，从另一个侧面表现了这位历史伟人的高风亮节。让我们怀着对诸葛亮的无限敬意，再次朗读《诫子书》，铭记这些至理名言。

环节五：“必有回响”——准备回信素材

《诫子书》不仅有深刻的内涵，还有深远的意义：它不仅在中国历史上对个人的修身、齐家发挥着重要的作用，对在当今社会对弘扬中华传统文化，促进国家文明富强，更是意义深远。作为当代少年，我们对《诫子书》不仅要念念不忘，更要必有回响。

请以你自己的口吻，于公元2017年夏就《诫子书》，给诸葛亮回复一封书信，结合自身经历谈谈你受到的启发，并动情朗读。（形式不限，100字左右即可。）

生一：

诸葛先生：

吾初入中学，诸多变化，诸多压力，欲学而不得路，欲上进而不得法，心生烦躁。今闻先生语“学须静也”“非宁静无以致远”，顿悟！学，愈躁愈不得。吾必谨遵先生教诲，以静读书，以静修身，以静明志！再次拜谢先生！

师：你是个贴心的姑娘，担心诸葛亮看不懂现代文，特意用了文言书写。信中能结合你初入初中的困惑，突出了“静”字对你的教诲，可见，诸葛先生是个很好的心理老师。

生二：

我为诸葛亮写了一首七言诗：

诸葛先生：

今日拜读诫子书，诫子书中有洞天。
深深立志能广才，多多接世可致远。
淡泊方能凌绝顶，宁静终可览众山。
人生大道忽所悟，先生训诫记心田。

师：你深得诸葛先生“非志无以成学”的教诲，希望你也要学习他的“非学无以广才”，不仅要立志高远，还要勤奋学习，方能名留青史！你的回信能化用杜甫的诗句，并尝试写诗，很有勇气！

生三：

致丞相：

《诫子书》，今拜读。先生语，深感悟。
惟淡泊，方明志。惟宁静，方致远。
立远志，须惜时。勤读书，方成事。
常诵读，铭记之，常效仿，践行之。

师：把《诫子书》中的至理名言变化为三字经的形式来铭记，短小精悍，朗朗上口！

从同学们的回信中，老师感受到同学们充分理解了《诫子书》，并能从《诫子书》受到启发，同时老师也欣喜于你们有创意的回信方式。

环节六：教师总结与布置作业

最后老师简单小结下：这两节课，咱们一起研究诸葛亮的《诫子书》，深深地感受到——

孔明诞宏愿，乃与子孙传。
修身以明志，广才方致远。
殷殷慈父爱，灼灼接世情。
余音震四海，训诫撼八荒。

作业：

（1）修改给《诫子书》的回信，上传至微信公众号。

（2）阅读《诫外甥书》，和本文进行比较，进一步体会诸葛家训。

（七）课后分析

1. 创设情境　布置任务

《义务教育语文课程标准（2011年版）》将“积极倡导自主、合作、探究的学习方式”作为语文课程的四大理念之一，指出“语文教学应该激发学生的学习兴趣，注重培养学生自主学习的意识和习惯，为学生创设良好的自主学习情境，尊重学生的个体差异，鼓励学生选择适合自己的学习方式”。这就要求教师创设开放的学习环境，营造自由的课堂氛围，采取文本诵读、问题情境、合作学习等多样的教学策略，来引导学生学习文言。

基于以上认识，我的教学方法是创设情境、布置任务展开教学。5月24日，北京卫视推出首档文化传承类节目《念念不忘》，将埋藏在史册中的名人家书重新发掘出来，全方面多角度剖析家书背后的家风、家训。我将整节课的主任务，设计为以诸葛亮的《诫子书》为内容，做一期《念念不忘》节目的策划，通过引导学生完成准备朗读、书法、绘画和音频素材等任务来推进教学。学生在完成朗读任务、书法任务、搜集与文章相关的资料完成将书画组合的任务，以及将文中名句和诸葛亮故事组合的任务的同时，感受到诸葛亮的人格魅力，进而理解文中的思想精髓。

2. 学生为本　合作交流

《义务教育语文课程标准（2011年版）》中对第四学段学生的阅读要求是“对课文的内容和表达有自己的心得，能提出自己的看法，并能运用合作的方式，共同探讨疑难问题”。教师应引导学生参考注释阅读课文，画出不理解的语句，与同学讨论交流；不能解决的，借助工具书完成。

基于上述要求，在任务实施中，学生始终是教学活动的主体。比如交流字词这个环节，“学生参考注释阅读课文，画出不理解的语句，与同学讨论交流；不能解决的，借助工具书完成”，学生“在课本上勾画出关键语句，并在喜欢或有疑惑的地方做标注”，进而理解文中的至理名言。再如书法创作和书画组合这两个环节，学生自行搜集材料，在理解的基础上完成书法和画作，并在交流和碰撞中，完成对诸葛亮及其《诫子书》的认识。

3. 读写结合　提升素养

新修订的《普通高中语文课程标准》，提出高中语文学科四项核心素养——语言构建与运用，思维发展与提升，审美鉴赏与创造，文化传承与理解。围绕这四项核心素养，是为了要让学生在学习活动中积累阅读的经验，从而能更好地实现语文教育培养健全人格、培养人文精神、积淀优秀文化的教育功能。

《初中语文课程标准》对中小学生名著阅读也有如下要求：具有独立阅读的能力，注重情感体验，有较丰富的积累，形成良好的语感。能初步理解、鉴赏文学作品，受到高尚情操与趣味的熏陶，发展个性，丰富自己的精神世界。而近年来，《课程标准》更是提出：“提倡少做题，多读书，好读书，读好书，读整本书。”

我在设计任务时也注意拓宽学生的阅读。比如“文与人——准备绘画素材”这个环节，我发布让学生搜集诸葛亮的生平故事的任务，学生通过阅读大量的诸葛亮的生平故事，理解了文中的至理名言是诸葛亮从自身人生经历中总结出来的，是有深刻的内涵和深远意义的。而且，学生通过阅读明白了将书、画组合的过程，就是将议论文观点和论据组合的过程，进而初步感知了议论文的文体特点。

再如“必有回响”这个环节，这个环节以写促读，学生在创作过程中，也深刻意识到《诫子书》在今天仍意义重大，作为青年学子应该传承发扬家书中立志高远、修身养德、静心治学和济世安民等高尚精神；也自然领悟了家书作为中国传统文化的重要组成部分，它在中国历史上对个人的修身齐家发挥着重要的作用，对国家和文明的进步更是意义深远。同时，学生也学会了写作要注意人物的身份和口吻，要关注对文本的理解和思考，要结合人物经历或自身实际谈启发。

4.“言”“文”穿越 随文展开

在交流字词理解这个环节，学生参考注释阅读课文，画出不理解的语句，与同学交流，侧重互相启发推理词义的方法，避免死记硬背。涉及的方法主要有：

（1）以“文”释“言”。

学生根据上下文语境，合理推导词句的含义，即用“文”来推导“言”的理解。这样，就可以打通“言”和“文”，同时也可随文复习上个单元所学的知识短文《名词》和《动词》。比如，“非学无以广才，非志无以成学”一句中，“志”和“广”的理解是难点，可引导学生由上下句句式，推出“志”和“学”词性一致，均为动词，“志”可理解为“立志”；“广才”和“成学”结构一致，“广”和“成”也均为动词，“广”可理解为“增长”。

（2）以今推古。

文言诸多活的因素，依然存留在现代汉语里，比如成语就直接源自历代古籍。学生调用已有的现代汉语信息来理解文言词语，既有利于学生对文言新词的认识，又能巩固对现代汉语词语的理解。比如可引导学生思考“淫慢则不能励精”和成语“励精图治”的联系，“非淡泊无以明志”和成语“淡泊明志”的联系，“非宁静无以致远”和成语“宁静致远”的联系，进而以今推古。

（3）同义互训。

学生发现文言同义联合的用词特点，进而以此推彼，以彼推此，互相参照着进行解释。这样，既可以近义互解，又可随文学习本单元知识短文《同义词》。比如文中的“年与时驰，意与日去”中的“驰”与“去”，“遂成枯落”中的“枯”和“落”，就可以同义互训。

（4）反义互训。

学生发现文言反义对举的用词特点，进而推断词语在句中的含义。这样，不仅可以反义互解，又可随文学习本单元知识短文《反义词》。比如“非宁静无以致远”和“险躁则不能治性”中的“宁静”和“险躁”，就可以反义互训。

（5）因形训义。

教师可以展示出古字的形态，引导学生根据字形结构特点，来理解文言词语。这样，既能让学生直观地看到这个字的意思，又能激发学生学习古文的兴趣。比如，“诫子书”的“诫”字，诫，篆文誡，左边为“言”，“说”的意思；右下角为“廾”，形为“双手”；右上角为“戈”，形为“戈”这种兵器。双手持戈，警惕备战，再加“言字旁”，就有了“告诫，劝勉”之意。此外，“修”，修；“静”，靜；“俭”，儉，这几个关键字也可以因形训义。

第四节　“言”“文”穿越的境界

在“言”与“文”的穿越中，我认为还有三境：及兹契幽绝，自足荡心耳，此一境也；好风凭借力，送我上青云，此二境也；落霞与孤鹜齐飞，秋水共长天一色，此三境也。

一、及兹契幽绝，自足荡心耳——巧设情境，让穿越美不胜收

我认为在文言文教学实践中，为了让学生更好地“穿越”，我们可以合理的创设情境。

首先，可以在学生生活中设置情境。《诫子书》在学生喜欢的电视节目《念念不忘》的情境下展开，既抓住了“书”的特点，又让学生沉浸在一种亲情与家国情怀之中，很好地使学生在穿越中实现了对文本的沉浸、把玩和妙悟。

其次，可以在学生阅读积累中设置情境。《共工怒触不周山》就很好地挖掘了学生对神话传说的阅读体验，用神话的情境讲神话，既抓住了文体特点，又拓宽了学生视野，使得文字、文学与文化完美交融在一起，学生在积极乐为的状态下有了实际获得。

再次，还可以从学生特长入手设置情境。《诫子书》中利用学生书画作品解读文本，从学生中来，到学生中去，既对文本进行了生动的立体式解读，又调动了学生个性解读的积极性，学习效果自然事半功倍。

另外，还可以在教学环境的布置上设置情境。在《共工怒触不周山》课上，教室前后布置了学生的神话故事绘画作品；在《诫子书》课上，教室里悬挂了学生用五种字体书写的《诫子书》全文。当然还可以从PPT、师生服装、教学道具等方面，让穿越环境更加真实，从而有更强的感染力。

最后，要在师生课堂听说读写中设置情境。两课都采用说文解字的形式，让解说词进入情境；两课的阅读都要求学生投入情感，以演员把握角色的标准深情朗读，让声音进入情境；教师在教学中用词力求简练文雅，学生在回答时更是采用诗词等形式完成，让对话进入情境……

总之，在“言”与“文”的回环往复中，教师要让课堂实践更有文言文的韵味，既展现了语文教师的深厚文化底蕴与语文课堂的思辨美，更激发了学生的审美鉴赏能力与语文思维。

二、好风凭借力，送我上青云——巧设台阶，让穿越步步高升

我认为，在“言”与“文”的穿越中，教师要为学生的穿越铺垫好台阶，使得学生拾级而上，处处充满挑战，又时时充满惊喜，在潜移默化中“曾益其所不能”。

首先，台阶要铺得一个比一个高的，循序渐进。例如：以《诫子书》为内容，做一期北京卫视《念念不忘》节目的策划。总体上讲，共有两大台阶：为节目准备书、画、音频等素材解读《诫子书》，此第一台阶；后又写回信“必有回响”，此第二台阶。这样就使得两个大环节有了递进，以另一种视角来解读《诫子书》，同时也加深了学生对《诫子书》的主题及价值的理解，从而产生共鸣。

其次，每个小的环节也要铺设一个比一个高的台阶，使学生在“言文”穿越中不断提升。例如：《共工怒触不周山》中的六张神秘卡片打开一个密码的设计，就是一个比一个高的台阶。第一张神秘卡片解读“触”，这是全文核心内容，是在引导学生由“言”穿越“文”去把握本文核心内容，此为最低一阶；第二张神秘卡片解读“折”“绝”，但又换了一种方式：“折”和“绝”可否互换？这也是全文核心内容，比上一台阶又高一阶，是在进一步引导学生由“言”穿越“文”把握“触”的结果，此为第二阶；第三张神秘卡片是析句：“天倾西北”和“地不满东南”，这两句句式倒装结构的理解，使得学生深入把握“言”的同时，又对“触”的结果有了准确深入的理解，此为第三阶；第四张神秘卡片是让学生提出“言”理解上的难点，从共性问题上升到上个性问题，更深刻，也更有针对性，此为第四阶；第五张神秘卡片是让学生读出停顿，在前四个疏通文义的台阶之后，让学生在停顿的把握上进一步理解每一字、每一句，是对学生梳理文意更系统更全面的提升，此为第五阶；第六张神秘卡片，在前面字词句理解基础之上，让学生进一步概括文意，此为第六阶。这六个台阶逐渐增高，循序渐进，重难点一一突破，共性个性问题都得以解决，使学生不断在“言”“文”之间自然穿越，真正做到鱼和熊掌的兼得。

最后，即使在一个小小的台阶上，也要帮助学生走一步，再走一步，真正让学生自己落脚，且能够落稳落实。

比如上面提到在第三张神秘卡片中理解“天倾西北”和“地不满东南”倒装结构时，教师先让学生迈一步，分析“还自扬州”的句式特点，引导学生温故知新，这样学生对言与文的理解就很扎实，并不是教师生拉硬拽所得。另如，第四张神秘卡片是让学生提出自己在“言”理解上的难点，学生提问后，教师又追问对“潦”的理解，这样便从共性到了个性，还兼顾了那些上课时不愿发言的学生，这个台阶才真正落得实，站得稳。

总之，我认为，铺设层层台阶，既使得学生真正落实了“言”与“文”的理解，又让学生真正拥有“会当凌绝顶，一览众山小”的自信，何乐而不为?

三、落霞与孤鹜齐飞，秋水共长天一色——巧作统一，让穿越浑然天成

我认为文言文教学主要侧重对文言词语的讲解和文章逻辑的梳理，即在设计任务时要考虑到完成“言”与“文”的“穿越”，这两部分是统一而非割裂的。

首先，我在布置文言词汇任务的时候，也观照着对文章章法的梳理。譬如，在讲解《诫子书》时，我注意到，明志，一般解读为“表明自己崇高的志向”。而温儒敏先生主编的教材注释将“明”训为“明确、坚定”。“表明”和“明确、坚定”有什么区别?这让我联想到了不少喜欢附庸风雅的人，他们将“淡泊明志”“宁静致远”之类的墨宝悬挂于厅堂，引得众人观瞻。对外“表明”淡泊，已经背离了诸葛亮不慕名利的本意。所以，根据情理，此处的“明”也不该训为“表明”。将“明”训为“严明”是合乎诸葛亮的本意的。根据儒家理念，“志”就是“齐家治国平天下”。而完成这一目标，需要“格物致知”，即下文反复叮咛的“学”字。因此，文章的思路也就一目了然了。

其次，在梳理文章逻辑的时候，也同样要观照对词句的理解。譬如，讲解《共工怒触不周山》，我引导学生完成“加标点、理文脉”的任务，学生在为“天倾西北故日月星辰移焉地不满东南故水潦尘埃归焉”这段文言加完句读之后就可知，该段文字从天（日月星辰）和地（水潦尘埃）两方面，表明了共工怒触不周山的影响。那么，在此基础上印证之前对“水潦尘埃”的含义的推断，也就是水到渠成了。再比如，讲解《诫子书》，把握“淫慢则不能励精，险躁则不能治性”和上文“非宁静无以致远”与“非淡泊无以明志”的逻辑关系，即上面从正面讲“淡泊”，讲“宁静”，这里再从对面讲，以尽谆谆之意。我们就可以因势利导，引导学生根据上下文的这种关系（正面与反面），可以推知“淫慢”“险躁”“励精”“治性”的含义。“淫慢”，就是奢华而不知限忌，正是“淡泊”的反面；险躁，就是轻薄浮躁，正是“宁静”的反面；“励精图治”是一成语，说“励精”就隐含着“图治”，而所谓“图治”，就是“致远”。至于“治性”，即修养性情，也就是前文所提及的“修身养德”。学生不看书下注释，也能根据文章的层次关系，推知这些文言词汇的含义，既知其然，又知其所以然。

另外，我在执教《共工怒触不周山》《诫子书》这两篇经典文言文时，有意

识地重视了讲解汉字之于文言文教学的重要性。譬如讲解“诫”这个字时，我就使用了探寻字源的方法：“诫”篆文为“誡”，这个字的右边是双手持戈，义为“警惕，要打仗了”，再看左边，像个舌头，有“说”的意思。合起来就是用言语来警惕。那么，将这个字训为“劝勉、告诫”，也就是情理之中的事情了。在这里我们还可以引导学生借助对“诫”的这两种解释，完成对文章思路的梳理，即将文本划分为两个部分：从开篇到“险躁则不能治性”，是作者对儿子的劝勉，希望其能够按儒家君子之道立身处世；从“年与时驰”到结尾，是作者对儿子的严厉告诫：如不能坚定意志、珍惜时间，就会导致“悲守穷庐”的恶果。一个慈父兼良师的形象跃然纸上，千载之下，仍然掷地有声，振聋发聩。这大约就是经典的魅力吧，这大约就是高境界的“穿越”吧。

我认为创设情境任务，实现“言”“文”之间的穿越，是一种非常有效的教学方法。在文言文阅读教学实践中，遇到课本或者选本中当注而未注的疑难问题，“穿越”可以帮助我们敏锐地发现问题，觅得答案，而且还能“知其所以然”。试想，经过如此阅读训练的学生，能不聪明吗?

有此穿越之三境，学习文言，当能收事半功倍之效。

最后，需要特别指出的是，在穿越中，不管怎样穿越，如何铺垫台阶，都不能剥夺学生的主观能动性。我们看下“语文”这个词语，它可以拆分为“言”“吾”“文”。我是这样理解的：在“言”与“文”中有个“吾”，也就是在“言”与“文”的穿越中，教师和学生的主观能动性更为重要，我们要积极动脑，方能创设好情境任务，学生也才能学好文言文。

第六章

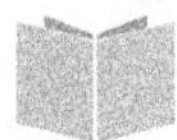

故事教学法与初中生记叙文写作训练相结合的实践研究

——听说读写齐进行，思维能力全提升

北京市第二十四中学　段秀丽

第一节　故事教学法与初中生记叙文写作训练相结合实践的必要性

“作文很难教，作文书很难写。”统编本语文教材总主编温儒敏教授这样说。

为了提高作文分数，家长督促学生背范文，老师鼓励学生套格式。部分学生在多次尝试后发现，还是模仿甚至抄袭优秀作文最简单——稍加改造就会有比上不足比下有余的分数，何乐而不为？投机取巧的招数，使学生的应试作文千篇一律，题材多为跑步、爬山、家长背着去医院，缺乏个性和创造性。得到作文高分的学生，语文写作能力依然较低，甚至不能通过文字表达内心的想法；得低分的学生则害怕写作文，更不要说用通顺的文字表达自己的思想。

初中生的写作重点，是写好记叙文，“初中语文记叙文写作应当培养学生具备进一步学习专门知识的时候所需要的一般写作能力。”

语文老师怎么做，才能切实提高学生的记叙文写作能力？

《全日制义务教育语文课程标准（2011版）》（以下简称《标准（2011

版）》）建议“写作的评价，应按照不同学段的目标要求，综合考查学生写作水平的发展状况。”“要通过多种评价，促进学生具体明确、文从字顺地表达自己的见闻、体验和想法。”“写作的评价，要重视学生的写作兴趣和习惯，鼓励表达真情实感，鼓励有创意的表达，引导学生热爱生活，亲近自然，关注社会。”写作的评价具体到初中毕业的试卷上，是作文的分值比例占全卷的40%~50%。

《标准（2011版）》特别注意学生写作水平的层级发展，注重“文从字顺”，而不是在作文中堆砌华丽的辞藻，满篇大话，空喊口号，滥用比喻、排比等修辞手法。作文应该是学生自由的有创意的表达。

《标准（2011版）》强调自由、有创意的表达，有一定现实意义。虽然实行起来比教学生套格式有难度，但这是真正的语文作文教学方向，也是让学生终身受益的教育行为。

作为多年参加中考阅卷的作文组长，我知道，其实写具有个性的文章更容易得高分，关键是怎样引导学生有条理、有情趣、有想法地把自己的生活写出来。

一、初中语文记叙文写作研究的现状与分析

把“初中语文记叙文写作”作为关键词，在中国知网上检索，呈现的文章大多数是总结写作模式：模仿、过程性写作、片段写作、以读促写等。

这些研究更多关注写作的文笔与架构，而大多数学生在选材这一步就陷入了僵局。其实孩子们的现实生活是丰富多彩的，情感上有喜怒哀乐，兴趣也各有偏好——不管是地上的还是地下的（家长允许的或严厉禁止的）。他们享受自己的课余生活，并且乐在其中。一个在班里没有好人缘、成绩不出色、家长总埋怨的孩子，也会有自己的精神世界。但他们却不知道如何用文字表达出来。

怎样把这些真实的生活挖掘出来，用文从字顺的语言表达出来，表现出符合社会伦理道德的价值观念？

有效信息显示，教师们的作文教学实践，还是更重视阅读对写作的促进作用，学生脑海里普遍是别人的文章模式，还是缺少自己的文章思路。

有的研究者强调激发学生的写作兴趣，由教师指导学生观察生活，再通过示范文章去引导学生多写随笔。但是，老师有目的地引导学生去观察，也许不是学生的兴趣所在，为了观察而观察，也让写出真情实感的目标大打折扣。

二、初中生记叙文写作水平现状的调查与分析

学生写作的难点在什么地方？为了能对症下药，我对学校的初中生进行了关于写作的访谈。

在访谈中，孩子们或者苦恼于无法找到适合作文题目要求的选材，或者固化于“借鉴”旧有的文章，或者仅仅为了完成作文而去写，并凑够要求的字数。但在生活中，他们每个人都有属于自己的精彩的故事。

“故事”这个词盘旋在我的脑海。让我想起了凭借魔幻现实主义将民间故事、历史与当代社会融合在一起的2012年诺贝尔文学奖得主，中国作家莫言。

莫言的获奖感言题目是《讲故事的人》。出生在讲故事天才蒲松龄故乡的他，用“耳朵阅读”，说书人讲的故事是他的文学启蒙。当他意识到“我该干的事情其实很简单，那就是用自己的方式，讲自己的故事”，20多年的农村生活成为他的文学富矿，高密东北乡的父老乡亲，都在他的笔下进行了文学化的处理，成为文学中的人物。

高中就发表作品的作家郭敬明“会讲故事，他的作品多写青春校园的曲折离奇故事，甚至有意‘对抗’当下的教育，使得青春期有些叛逆心理的中学生很向往。”

故事伴着学生成长：安徒生与格林等童话故事是婴幼儿时期的精神食粮，神通广大的孙悟空、偷懒耍滑的猪八戒、劈山救母的沉香等人物的故事是幼儿园教室里的好朋友。

故事教学法，在小学课堂上经常被运用。它是以故事为主要的教学素材，以故事的搜集、选择，故事的呈现、分析、评价为主要环节，而组织、设计、开展的一种教学模式。

初中生与故事的关系如何？故事是否会对初中生记叙文写作能力有提升作用？我给任教的初一年级2个班53名学生发放了简单的调查问卷。

1.你最喜欢的故事（故事名字，也可加来源，不限一个故事）是哪些？

2.你认为好故事的标准（可以多条标准）是什么？

3.你觉得怎样才能把故事讲好？

4.你认为讲故事对记叙文写作能力提升有作用吗？产生怎样的作用？

调查结果显示，学生喜欢的故事种类丰富，女生和男生的偏好有不一致性。

	童话故事	动物故事	中国名著故事	外国名著故事	中国寓言、成语、民间故事	外国寓言、民间故事	其他
人数	18	20	37	22	18	9	3
其中女生人数	10	9	12	7	11	3	3
其中男生人数	8	11	25	15	7	6	0

故事的来源有家人讲述、教材、课外读物、报纸、电视连续剧、电影等。我心里暗想：有着多姿多彩生活的孩子们，怎么能没有故事可写呢？

学生普遍认为，好故事首先要吸引人，吸引人的也许是情节，也许是语言，也许是其中的道理。

把故事讲好，需要真正投入自己的感情。

孩子们都对“讲故事对记叙文写作能力提升”投赞成票，但是作用产生的角度多样。有的认为是想象力的提升，有的认为是加深情感体验，有的认为是学习精彩的语言……

三、实践理念的提出

学生与故事的关系很友好，有鉴于此，我准备实行“故事教学法与初中生记叙文写作训练相结合”的教学方法——即听说读写齐进行，思维能力全提升。希望以此消除学生对记叙文写作的恐惧，引导初中生发现自己真实的生活，在轻松愉悦中用文字自由地、有创意地表达自己，并且写作主题符合社会伦理道德的价值观念。

第二节　故事教学法与初中生记叙文写作训练相结合实践的探索

一、故事教学法与初中生记叙文写作训练相结合实践的设计

（一）讲故事与写故事的设计

“故事教学法与初中生记叙文写作训练相结合”，第一步要有故事积累，然

后组织语言讲给别人听。学生要把故事讲好，吸引听众。

故事的选择从转述故事到自己写故事；学生在讲台上下轮流扮演讲述者与倾听者的角色；每一个学生评价自己的讲述，也对别人与自己进行比较评价。

为了建立一个直观的量化评价标准，师生一起设计了下面的表格。

讲故事评价表				
	优秀	良好	及格	不及格
思想：健康向上，启迪心灵				
内容：事件清晰，有吸引力				
讲述人的表现： 仪态得体，声情并茂				
我的想法：聆听者的联想、思考或感受				

学生会讲“他处”的故事以后，就可以慢慢探索讲自己的故事。首先要把故事写出来，怎么写？

写故事评价表				
	优秀	良好	及格	不及格
思想：健康向上，启迪心灵				
内容：事件具体，六要素全				
语言：通顺流畅，生动形象				
结构：分段恰当，完整清楚				
我的想法：读者的联想、思考或感受				

讲故事与写故事（初中生记叙文写作）之间的桥梁就构建出来了。从睡前故事到幼儿故事，从家人讲述到自己阅读观看……曾经的生活都活跃在口头笔端。

讲故事要记忆故事内容，写故事要突出重点。师生一起去记录自己和别人讲的故事的前因后果、起承转合、心灵触动等，并把这些记录要点也用到写故事之中。

写故事之前，学生也会提前筹划：自己要写什么，重点突出什么（最吸引人的地方），前因后果分别是什么……

听说读写齐进行，思维能力全提升。学生在这个教学实践中，能力逐渐提升，单项评价已经不足以适应学生的要求。为此，相应地制定了综合评价标准。

故事教学法与初中生记叙文写作训练相结合的综合评价标准

1. 整体评价

根据《课程标准》制定了三个维度的评价目标

（1）知识与能力

这是语文教学的基础目标，是培养和训练学生综合性语文素养的源头活水。尤其是学习能力的评价。在一次次的语文活动中，关注学生听、说、读、写能力的整体发展，注重学生各方面的能力不同程度的提高。

（2）过程与方法

要让学生寻求并掌握知识形成的过程和方法，注重自我诊断，自我总结。学生学习的目的不仅仅是为了得出结果，其中过程的评价至关重要。教师首先应评价学生是否积极参与语文活动，即使活动失败，只要学生参与，在实践活动中锻炼了各项能力，积累了多种经验，这是极为宝贵的，都是评价的重要依据。只要学生在两个环节上下了功夫，教师就应该给予肯定。

（3）情感态度和价值观

教师要注重在语文教育和评价活动中培养学生健康丰富的情感和积极正确的态度。关注学生在语文学习活动中表现出的“正能量”，引导学生树立正确的人生观。

2. 具体细化指标

（1）课前自觉进行相关背景资料的阅读

（2）平时有疑问及时找老师交流

（3）课堂上积极举手发言

（4）与小组合作探讨能够倾听组员的看法

（5）交流看法时能够控制情绪，有理有据进行反驳

（6）关于课文能够提出有价值的问题

（7）积极参与复述、评议及其他语文活动

（8）周记能够使用课文中学到的语句、写作方法或者根据课文内容拓展延伸，具有一定的思想

（9）主动与老师探讨如何修改平时习作

（10）与老师面谈作文后，能够把修改的文章交回来

十项具体细化指标，在八年级开学初就张贴在教室里，并在各种场合加以宣传。评价不以分数来论，只记录这10项活动学生参与了几次、效果如何。

老师在给学生记录的过程中，也要注意观察实现10项细化指标的学生成绩是否有进步，便于老师在研究过程中调整研究策略和实践行动。

（二）故事教学法与初中生记叙文写作训练相结合实践的全册设计

“故事教学法与初中生记叙文写作训练相结合”的实践，不是一节课、一个单元的试验，应该有高屋建瓴、思维缜密的设计过程。在人教版七年级（上册）教学过程的起始阶段，我设计了完整的学期故事教学法与初中生记叙文写作训练相结合的计划。

人教版七年级（上册）
故事教学法与初中生记叙文写作训练相结合的系列设计方案

第一次作文活动主题：这就是我——讲述自己的故事
第二次作文活动主题：怎样把人物写得生动形象——讲自己生动有趣的故事
第三次作文活动主题：童年趣事——讲成长中的故事
第四次作文活动主题：调动感官，走进大自然——讲正在经历的故事
第五次作文活动主题：进入中学，我认识了你——讲身边的故事
第六次作文活动主题：迈入中学第一步——讲一段时间以来最值得讲的故事

（三）故事教学法与初中生记叙文写作训练相结合的教学设计

作为一个拥有自己教学思路的教师，我的教学设计具有原创性。每一篇课文的导入、教学目标的实现路径、课堂运用的教学手段等，都需要根据自己的思路全盘设计。如此浩大的工程，其实需要形成自己的逻辑框架和设计教学的思维规律。一般来说，我会从以下几个方面进行。

第一步，素读课文。

第二步，发现精彩。

第三步，以“我”入境。

第四步，设置“共情”。

第五步，形成设计。

（四）故事教学法与生活中多媒介的沟通联合

学生能接触到的讲故事的形式有很多，现代社会给学生提供了多样的选择和多种的媒介。同样一个内容，可以有不同的形式和载体，学生如果学会多种媒介的对照比较，就会更好地训练自己的思维能力，提升语言表达的全面性和条理性。

多媒介的选择可以与课文内容相关，可以与学生的兴趣爱好、关注热点相联系，也可以与社会舆情同步。经久流传的文学作品是时间的陈酿，但语文学习内容永远是鲜活而有旺盛生命力的，要让学生感受到语言文字与时俱进的恒久魅力。

二、故事教学法与初中生记叙文写作训练相结合实践的实施

（一）搭建“讲故事”与“写故事”的桥梁

七年级的学生，刚刚跨入中学的大门。作文也由小学的“写话”“习作”阶段转向“写作”——写作内容、字数、速度等要求全面提升。他们很想在新的校园和新的师生中表现自己。于是我给他们提供了讲故事的机会。

开学第一周的练笔作业：请准备一个最喜欢的故事讲给大家听。要求：思想健康，内容精炼（可以选取片段），绘声绘色。每人3分钟。

作文课两节连堂90分钟，孩子们在主角与听众两种角色间愉快地转换。

《夜莺与玫瑰》《狼王梦》《七擒孟获》《鲁滨孙漂流记》《狐假虎威》《狐狸与葡萄》等故事在班级内讲述，孩子们沉浸在文学的世界，感受文学的魅力。信手提起笔来，勾画评价，写出自己的想法。

孩子们评价讲故事的人很中肯，想法很多。有的孩子写道，这个故事是小时候妈妈给我讲的睡前故事；有的孩子写道，这个故事是最爱我的奶奶讲的，可是她已经去了天堂；有的孩子写道，爷爷最爱讲《三国演义》里的故事，还会咿咿呀呀地唱一段……

讲述的是故事，流动的是情感。故事为文字与口语、过去与现在、家人与自己搭建了桥梁。

第二周的练笔作业：请以“故事与我”为主题，自命题写一篇300字以上的文章。

爷爷的《三国演义》故事

2013级 初一学生

教室里，同学F正在讲“诸葛亮七擒孟获”的故事，我不由得笑了起来：又是一个“三国迷”。

小时候。每天早晨我都是在咿咿呀呀的京剧音乐和唱腔中醒来。

“我正在城楼观山景，耳听得城外乱纷纷。旌旗招展空翻影，却原来是司马发来的兵。我也曾命人去打听，打听那司马领兵往西行……”爷爷在院子里唱着《空城计》，收拾着卫生。

中午时光是陪着爷爷在幽深的胡同里散步，听着爷爷讲大耳朵的刘备、红脸的关公、莽撞的张飞等《三国演义》里的人物故事。

睡前自然是在爷爷的《三国演义》故事里进入五彩斑斓的梦世界。

没有想到，小学一年级学校举行“故事大王”的比赛，每个人都要在班里先讲一个故事。没有经过什么训练的我只好模仿爷爷给我讲故事的样子，讲了“三顾茅庐”的故事。我竟然被选拔作为班级唯一的代表参加学校的比赛!

接下来的日子，爷爷比我还兴奋。每天晚上，换成我讲故事给爷爷听。爷爷还悄悄麻烦爸爸妈妈给我准备了演出服装和背景音乐。

正式比赛结束那一天，我一出校门，就看见爷爷站在接孩子家长的最前列，眼中充满期待。我飞跑过去，把手中的奖状递给爷爷：“故事大王”比赛一等奖!

我的成绩里一大半是爷爷的功劳，爷爷的陪伴是我儿时最美好的回忆。相信班里的“三国迷”都有一个爱讲《三国演义》故事的家人，用满满的爱心启迪了我们爱想象的童年。

学生的作文里都充满了生活的气息。通过文字，我的眼前浮现出孩子们聆听家人讲故事时的专注情景，在书店儿童读书区沉浸在文学世界的身影，在家庭聚会上用清脆的童言稚语讲故事的模样……

学生的记叙文写作需要一个媒介，把生活与课堂联系起来。在大多数人的认知里，学习是枯燥乏味的事情，语文是烦琐复杂的代名词，作文更是神秘莫测的文字游戏。思想上视作文写作为不可亲近的事情，行动上如何能够达到自由、有创意的实践呢？

讲故事，拉近了学生与曾经高山仰止的作文的关系。作文不是阳春白雪，而是我们身边的路人，甚至可以成为好友。

（二）故事教学法与课文的关联

讲故事的训练持续进行中。我们教材里的课文也可以成为讲故事的素材。

人教版教科书七年级上册第一课《散步》的教学设计，我就尝试了“讲故事”教学法。

这篇课文选材很简单，但蕴含很丰富。孩子们能体会得出来吗？借助什么来体会？在传统教学中，老师会引导学生寻找环境描写、人物描写等来分析蕴含的情感。

孩子们记录了答案，但还是没有真正体会到普普通通的散步，作者怎么就写出了那么多字，还蕴含了复杂的情感。

在故事教学法实践过程中，首先和学生一起通读全文，概括事件：田野散步时，在一处不方便行走的路段，我背起了母亲，我的妻子背起了儿子，继续行走。

然后，我请每一位同学仔细阅读文章，把自己认为应该补充的重要信息，添加到这个概括内容句子里。

重要信息很容易找到，学生纷纷起来回答。从环境描写、母亲的年龄与身体状况、“我”的儿子的性格特点、人物之间的关系等角度都有答案，也能有不同程度的感悟。

这时，再请学生以小组为单位，依据课文把这个概括句扩展成一个动人的故事，可以借鉴文中的语句，也可以运用自己的语句。

每个小组都满怀热情地投入合作之中，有的负责记录，有的负责查找重要信息，有的负责选用最恰当的语句……

【在一个来得太迟了的春天，我年迈体弱的母亲终于熬过了严冬。看到外面洋溢着蓬勃生机的春天美景，心怀喜悦的我带着母亲在】田野散步。

……

小组展示的时候，发言人大声宣读片段作文，并陈述扩展写作的理由。在陈述与聆听中，学生感受到一家人的互敬互爱、和睦相处的深厚感情，也体会到作者身上尊老爱幼的家庭责任。

课文里学习了家庭故事，课堂上扩充讲述了家庭故事，自己的家庭有什么故事可以分享呢？学生的练笔题目自然就有了。

（三）故事教学法与初中生记叙文写作训练相结合的训练实施

学生在讲“他处”故事中成长，在课文故事里品味，一节课的影响也许是惊鸿一瞥，如何能让这种“惊艳”保持持久的魅力？

那就要把讲故事形成一个系列训练。

在人教版七年级上册的教学过程中，我设计了“故事教学法与初中生记叙文写作训练相结合的系列活动方案”。

第一次作文活动主题

这就是我——讲述自己的故事

第一个环节：自我介绍

开学伊始，每人准备自我介绍《这就是我》，学生独立写稿，利用课上时间演讲，每人3分钟。

要求：语言简洁，抓住特点，采用多种描写人物的方法。

第二个环节：师生评点，课下学生自行讨论修改文稿。

第三个环节：45分钟，课上落笔成文。

这次写作是在一定的积累上进行的，所以学生有话可说，内容较为充实，有的还别具特色，生动活泼，富有创新意识。有的同学从姓名入手，还有的同学从性格特点入手，还有的同学从身边趣事写起。学生的作文展现出生活真实的风貌，这对初一年级的学生来说，实在是良好的起始。

第二次作文活动

怎样把人物写得生动形象——讲自己生动有趣的故事

形式：同学之间互相交流，评价

第二次作文活动是同学之间互相交流，评价，评选出优秀的文章。老师对作品评价的同时，也谈谈对部分同学的最初印象，发掘优点，赞美褒扬，赏识关爱，迎合孩子们内心向善的心理，拉近师生间的距离，提高孩子们的自信心，让孩子们懂得赏识他人的可贵。

第一个环节：观察阅读

选择典型例文10篇，印发给每个学生，提前布置作业：阅读文章，观察同学，写下你觉得作者文字是否生动形象地表现了作者本人的性格特点。如果让你来写，你会怎样来写他？

第二个环节：课上互评

【教师建议发言格式】

首先，我认为这篇文章写得生动形象（或不够形象）。

最大的优点是（外貌描写、语言描写、动作描写、心理描写、修辞方法等）方面，因为：__________________；

其次，请大家欣赏这最具特色的一段，因为：________________刻画得生动形象；

最后，（其他方面优点）__________________。

我认为这篇文章写得不够形象。

比如，_____________一段文字可以修改为__________________，这样就更生动形象了。

第三个环节：学生讨论，组织语言

讨论组织形式：学生5-6人结成一个小组，按照教师建议的发言格式，选择其中一篇文章进行评价。（讨论时间8分钟，每组代表发表评论3分钟。根据小组发言的内容，可能会出现有争议的问题，那么尽量让原作者发言，控制这部分时间的随机性与不可控性，因此，3分钟只是一个参考时间。）

第四个环节：学生自行修改文章，写出如何将人物生动形象的感悟。

第三次作文活动主题

童年趣事——讲成长中的故事

第一个环节：口语讨论

每个人谈谈自己的爱好。

【教师建议发言格式】

首先，我的爱好是：__________________

其次，爱好给我带来__________________（趣味、痛苦、尴尬、启迪……）

最后，大家来点评，运用“讲故事评价表”，选取思想健康向上、启迪心灵的内容成文。

第二个环节：落笔成文

只要是这节课所发生的事情，都可以用记叙的方法写下来，自命题。于是一片寂静，学生也不用皱眉咬笔芯，不到40分钟，一气呵成，美文无数。

第四次作文活动主题

调动感官，走进大自然——讲正在经历的故事

叶圣陶先生曾说："作文这件事离不开生活，生活充实到什么程度，就会写出什么样的文字。"生活越充实，写出来的作文就会越生动具体，才会令人耳目一新。

学生不止于有过去的生活经验，还有正在经历的生活。周记以《秋风起》《第一片落叶》《不觉秋凉》等为题，引导学生观察身边景物的变化。

组织学生进行秋游，结合学校的秋季运动会，引导他们发现生活中的写作材料，从而激发写作兴趣，提高写作能力。

第五次作文活动主题

进入中学，我认识了你——讲身边的故事

走进中学，同学们即将进入青春期，每个人的潜能犹如一座有待开发的巨大金矿，希望同学们把自己的潜能充分挖掘出来……

奥斯特洛夫斯基说："要与集体一起生活，要记住是集体教育了你，哪一天你若和集体脱离，那便是末路的开始。"孔子曰："友直，友谅，友多闻，益矣。"这句话告诫我们在交友时，要选择正直、诚信、见多识广的人做朋友。

进入中学，你认识了哪些人？谁给你留下了深刻的印象？请你试着写写他（她）。

第六次作文活动主题

迈入中学第一步——讲一段时间以来最值得讲的故事

第一个环节：教师示范

语文教师示范文《不一样的你》，通过文章表扬进步突出的学生，示范如何进行前后对比，安排详略，表现一个人的进步。

不一样的你

任课老师

初一刚入学，七八个体型精瘦的小男孩围在一起，叽叽喳喳，蹦蹦跳跳，脸上洋溢着兴奋之情，“噢！太好了！咱们小学一个班，初中还在一起！”只有你，腼腆地笑着，悄然静立。你比他们更沉稳。

翻看你的简历：外地生源，从未担任职务。

不知为什么，我想让你担任班干部，直觉告诉我，你能做好。

为了不给你压力，我安排你做副班长，协助女班长的工作。你听到委任，全身颤抖了一下，抬眼看我，又迅速低下头。我想，你会来找我辞官。可放学后，你迅速逃离了学校……

30分钟后，“嘀”手机短信，“老师，我从来没有当过班委，连小组长都不是。我怕干不好……”

你的短信没有说不敢当，而是怕干不好。看来，你是一个想当将军的士兵。我回信：没有尝试就言放弃，是人生最大的遗憾，相信你的能力，如有困惑可以多看看班长怎么干，也可以与我协商。

第二天，一大早，你就来到学校，帮助班长维持早自习纪律，清澈的眉目间流露出恒心毅力。

我特意给班长和你分了工：女班长负责策划分派工作，你负责具体落实。学校的会议两人都参加，下达的任务必须先拟计划书，敲定方案后再落实。

从此，你的身板更挺拔，目光更坚定，语言更加清晰有条理。

“老师，我认为这项工作应该先从……开始，您看行吗？”

“同学们，今天的班会由我来主持，主题是……”

容纳百人的礼堂里，“今天我演讲的题目是……”你慷慨激昂的气势获得台下阵阵掌声。

一个学期，四个多月，一百多天，那个总带着羞涩笑容、默默不语的男孩已经成为修长直立、昂首挺胸、勇于承担的大班长，同学们信服你，老师放心你，家长以你为傲。

不一样的你，带给我深深的思考：孩子们，勇于尝试，积极承担，只有严格要求自己，才会有大进步！

希望看到更多不一样的你。

任课老师的作文，从思路上起了引领作用，从内容上拓展了学生的思维，从语言上定了基调——自由、真实、有个性。老师也是一个会讲故事的人！师生一起讲故事写故事，听说读写齐进行，思维能力全提升。

第二个环节：学生口语交流

学生讲述自己的进步或观察到同学的进步。孩子们的言语里，掩饰不住的是学生成长的喜悦，可以感受到学生已由被动接受去改变自我，逐渐向自觉改造自我的良性方向发展，向健全人格的方向发展。他人的激励也许像咖啡，只能暂时振作渴求者的上进心；自我反省才是永动机，使人终身受益。这正是《语文课程标准》所要达到的学会自主、创新、终身学习的目的。

第三个环节：落笔成文

经过一个学期的学习，学生有了更多的感悟和变化，请试着写一写。

通过以上的系列活动，孩子在与父母的交流中，感受了亲情的可贵；同学与同学的互动中，体会到和谐的学习氛围是建立在相互之间的沟通了解之上；老师在活动中的桥梁作用，也尤为突出地表现出来。这一系列综合性学习，为初中语文学习生活开启了一扇心灵的窗户，营造了一个良好的学习氛围。

（四）故事教学法与初中生记叙文写作训练相结合的教学设计

作为教师，我们手中拥有许多教学资源。在众多资料中，潜心阅读，总能发现或者组合出称心如意的教学设计。

但是，有自己一以贯之的教学思路的老师，就需要独立设计自己的教学内容与过程。每一篇课文都要重新架构，听起来很困难，工作量繁重。可如果我们有自己的逻辑框架，找到设计教学的思维规律，这项工作变得惊喜而有意义。

研究实践的初始阶段，作为设计者的确要付出艰苦的努力，精心研读课文，带着自己的教学理念与思路分析课文，发现课文与教师、学生心灵的契合点。

经常用这种思维规律去研读课文，慢慢地我就搭建了故事教学法与初中生记叙文写作教学的思维框架。每一个教学设计，我都会从以下几个方面进行。

第一步，素读课文。素读是不带有附加因素的阅读——没有专家解读、作家背景与作品的相关信息、文字内容的情感倾向等影响。因为素读，读者会有自己独立的思考，在自己疑问或思考处做出标记，再去查找背景资料，理解文章会有的放矢。在众多的解读文字里，就不会鹦鹉学舌、人云亦云，而是能够辩证地理解所谓解读的文字，得出自己的观点见解。

教师先以一个普通读者的身份赏析课文；再次假设自己是学生，课文中哪些内容可能是学生学习的疑点、难点、兴奋点；然后，从教师教学的角度，确定教学目标、内容以及方法和策略。这一切都要基于学情进行设计。

第二步，发现精彩。课文的精彩之处有很多，内容、语言、中心等都可以有。我们需要找到和学生实际情况相契合的精彩。学情分析，不是做做样子。学生的原有基础如何，是一个教学设计能否成功的关键。学生的喜好与厌憎，也是一节课能否真正调动学生积极性的重要因素。“一课一得”，教学设计可以抓住最契合学生的精彩入手，进而促进学生的有效阅读，也提高了语文课堂的有效性。

第三步，以“我”入境。“我”是课堂里面的一个个学生。每一个端坐于教室里的学生，并不是形神合一，很多学生会觉得课堂内容与自己无关，神游天外，不知道激情投入的老师说了些什么。课堂上，老师需要以“我”入境，自己进入课文的情境，引导学生感受故事，还需要用自己的教学手段，让学生的自我也能进入课文的情境，形成属于自己的认知。

正如关于故事的调查显示，男生与女生所关注的故事不一样，但所有学生都认为好故事的标准要吸引人——就是能够让读者或听众如临其境。

第四步，设置“共情”。好的教学设计，能够引导学生进入课文设置的情境。成功的教学实施者，还要最大限度地让课堂产生共情效应。共情使学生拥有体验别人内心世界的能力，对事件产生强烈的代入感。

好的故事让学生念念不忘，甚至可以声情并茂地讲述出来，因为与学生自我的情感有相通之处，触动了学生的内心，掀起了情感的波澜。学生体验到作者内心的世界，甚至以为自己就是作品中的人物。

男生与女生喜欢的故事不一样，也反映了“共情效应”的特点：不同性别、经历、特点的人，情感的触发点也不一样。

第五步，形成设计。踏踏实实地完成前面的准备工作，就是健全完善教学设计的实践了。导入环节用什么样的媒介、教学过程的流程安排、学生活动的时间设置、课堂突发提问等，都要考虑在内。

一个学期，如果有一篇课文能够让学生进入文字的情境，产生共情效应，相信学生对待文字与写作都会形成郑重的态度。

（五）故事教学法与生活中多媒介在教学中的沟通联合

生活中讲故事的方式有很多。文字的故事、口耳相传的故事、纪录片、电影、电视连续剧等等，都是讲故事的方式。它们没有优劣之分，只有形式和载体的不同。

故事教学法与初中生记叙文写作训练相结合，归根结底是培养学生对文字的理解，对语言文字的恰当运用，对未来的工作与生活有助力。故事教学法与初中生记叙文写作训练相结合，不仅仅是为了语文作文成绩的提高。

学生阅读课文的文字是第一步，因为文字与表达是我们的教学目标。在作者讲故事的文字里，我和学生一起讨论能够领会到的、情感相通的内容，一起质疑有异议、不可理解的内容，然后一起借助其他媒介来解答疑问。课文里的插图、对于作者的采访视频或者音频、作品同时代的影像资料等等，都是解答疑问的钥匙。

《木兰诗》是一篇经典的课文，作为诗歌，学生达到会背会默写的考试要求就可以了。但学生对这个故事充满了好奇：男扮女装就那么简单吗？怎么可能那么多年没有被发现？木兰后来的结局是什么？回到故乡就终老村庄了吗？……不止十万个大大的问号在学生的脑海里冒泡泡。

动起来的学生就是一节好课的起点。这个课堂注定也不是老师“一言堂”能够控制的。于是我设计了三个环节。

第一个环节：概括诗歌讲了一个什么故事？

第二个环节：故事分为哪几个阶段？

第三个环节：你最关注哪一个阶段？用你心目中的木兰应该有的性格，去扩展这个阶段的事件。

前面两个环节没有分歧，诗歌讲述了木兰替父从军功成身退的故事，这个故事分为木兰在家忧虑、筹备替父从军、奔赴战场、征战生活、荣归朝廷、辞官还乡六个环节。

最后一个环节，学生充分驰骋想象力，每一个学生都是“故事大王”。

木兰一路飞驰，终于按时到达军营报到。可是前线指挥官大元帅一看：你怎么这么瘦弱，如何能冲锋陷阵？木兰微微一笑，“启禀元帅，我虽瘦弱，但力气不小，枪法娴熟。请您随意指派帐中一位将士与我对战，我必能赢！”

元帅有些犹疑地看着眼前的英俊挺拔的小伙子，又环视了帐中威武不凡的将领，掂量着如何不伤害这小子的积极性。“元帅，末将愿意与他一试高低。”一个身长八尺、豹头环眼、燕领虎须、声若巨雷、势如奔马的将领出列抱拳请令。

……

《三国演义》中张飞的外貌描写，被这个讲故事的孩子信手拈来。对战的场面自然综合借鉴了各种战争故事的描写。

课堂里的学生全神贯注地倾听同学们演绎的故事，有时微笑点头，有时捧腹大笑，有时摇头皱眉……木兰的形象在同学们的加工下，虽然有共性，但呈现了更多的不同。

大家用“听故事评价表”记录了自己的想法，再次去朗诵诗歌，考虑自己和同学们的演绎的内容是否违背了原著的精神。

想象力可以无穷发挥，但“合理想象”这个规矩不能置之不理。就像历史著作要求真实，“戏说”可以夸张，但不能张冠李戴。

喧嚣的课堂一时宁静下来，勤劳、孝顺、果敢、有行动力的木兰跃然纸上。她满怀对家人的牵挂与热爱奔赴战场，《十面埋伏》的音乐伴着“万里赴戎机，关山度若飞。朔气传金柝，寒光照铁衣。将军百战死，壮士十年归”铿锵有力的朗诵，教室仿佛化身战场。每个学生都是战士，克服军营生活的艰难，在两军对阵的惨烈中奋勇杀敌，大家热血沸腾。

在诗歌中，美丽聪明的木兰面对家人时，孝敬父母、体贴姐弟；面对国家危难时，挺身而出，奋勇杀敌；面对功名时，不为所动、坚辞返乡。

从文字中，学生可以得出，木兰既是平民女子又是巾帼英雄，木兰既是矫健的勇士又是美丽的女子……

她到底是什么样子呢？豫剧《花木兰》是学生家中的爷爷奶奶熟悉的媒介形式。经典唱段“刘大哥讲话理太偏/谁说女子享清闲/男子打仗到边关/女子纺织在家园/白天去种地/夜晚来纺棉/不分昼夜辛勤把活干/将士们才能有这吃和穿/许多女英雄/也把功劳建/为国杀敌/是代代出英贤/这女子们/哪一点儿不如儿男……”的视频通过多媒体播放，孩子们被铿锵大气、抑扬有度、吐字清晰、韵味醇美的唱腔所吸引，也被木兰巾帼不让须眉的自信所折服。

这么有魅力的木兰不但活跃在中国的文化里，还影响了国外文化。美国制作的卡通片《花木兰》热映全球，在女同学喜欢的迪士尼公主系列里，木兰是唯一的一位东方公主。我播放了花木兰与带兵打仗的将军、花木兰的上司李翔武力值比试的滑稽的一段视频，介绍了木兰的制胜策略——不是跟男人硬碰硬对打，而是以智取胜、以弱制强。学生又有了新的想象：如何智胜。

课后的作业是请同学们使用多种描写手法，任选课文其中一个环节进行扩写，讲述木兰的故事，丰富木兰的形象，字数200字左右。学生所创作的故事生动精彩，富有想象。

讲故事与生活中多媒介的沟通联合，不仅仅局限与课文密切相关的内容。中央电视台一年一度的《感动中国》，用简洁的语言讲述动人的故事；北京电视台《这里是北京》借助老北京风土文化，讲述朴实亲切而又大气磅礴的城市故事；《舌尖上的中国》用具体人物故事，串联起中国各地的美食生态；贝尔·格里尔斯《绝境求生手册》用真实的情境，讲述生活中万一发生天灾人祸时的应对方法；《阿甘正传》用反复出现的奔跑画面，叙述先天智障的小镇男孩福瑞斯特·甘自强不息，在多个领域创造奇迹的励志故事……中外各种形式的故事，都在学生的建议下进入课堂，有的我只是节选，因为给孩子们打开一扇窗，感兴趣的学生自然会寻找到登堂入室的门径。

作为人类，我们喜欢好故事，也喜欢有深度的讲述方式。书籍已经存在千百年了——我们本可以只通过快速叙述几个信息点来讲故事，但我们没有这样做，而是开始写长篇故事。未来依然会是如此，网络和信息碎片化的时代也不会改变这一点。

多媒体技术使教学内容形声化，表现手法多样化，对学生的感官进行多种形式的刺激，开展情境教学，从而创设一种喜闻乐见、生动活泼的教学氛围，是学生处于一种和谐友爱的情景之中。这样，就从一定程度上消除了学生听课造成的疲劳和紧张，使学生的智力因素和非智力因素交互促进、共同发展：让学生可以在良好状态下，自主积极地学习，从而取得较好的教学效果。

我在教学过程中，始终记得“故事教学法与初中生记叙文写作训练相结合”的教学初衷，引导学生关注故事的特点、故事与文字的关系、故事面对的人群和叙述方式。多媒介的介入，丰富了教学的手段，刺激了学生多种感官，活跃了课堂气氛，但这只是教学的辅助手段。课堂不能是热热闹闹的虚假繁荣，要真正触动学生的心灵，真正做到“听说读写齐进行，思维能力全提升”，这就需要教师潜心的钻研，精心的设计。

作为有悠久历史传承的人类，书籍是我们独有的财富。作为拥有源远流长、博大精深的优秀传统文化的中国人，更要勇于担当传承中华优秀传统文化的使者，让积淀着中华民族深层的精神追求的文字、故事、书籍发扬光大。中华优秀传统文化，是中华民族的“根”与“魂”。

语文教育工作者必须承担起展现文字魅力的责任，成为传承中华民族精神命脉的使者。教师引导学生比较多种媒介的表述，用自己的思维辩证取舍，用自己的语言表达想法，最终成为一个会讲故事的人——把故事讲得“花满枝头”，充满文学魅力，充满精神魅力，充满民族魅力！

三、故事教学法与初中生记叙文写作训练相结合实践的结果

在日常教学工作中，我坚持故事教学法与初中生记叙文写作训练相结合的教学思路，已经进行了6年的时间。我所关注的学生怕作文、粗暴改造组合作文、作文内容单一等问题，在一定程度上得到了解决。

同学们在课堂和随笔中，听来的和看来的可以去讲述，感受到的和正在经历的可以去书写。讲故事与写故事既有交叉，也有着自己的独特性，但这一切都源于自己的生活。尽管作文水平有高低，但具备了自己生活的颜色，这也是开心愉悦的事情。

（一）学生的写作语言文采有很大提升

以前的学生最愁文字输出，三言两语的事情如何叙述得生动有趣。现在，因为课文以故事的形式与学生亲密接触，所以学生就记住了一些经典的表述，并且会在自己有情感共鸣、产生共情效应的地方运用。

熟悉课文内容是学生写作语言文采提升的基础。

如《我的乐园》这样的作文题目，学生可以联想到课文《从百草园到三味书屋》，进而笔下文字流畅地表达自己的思想。

下面的学生习作，学生化用了《真心英雄》的歌词，与自己的文字浑然一体，语言活泼有趣。

距　离

2013级　初三学生

在我心中，曾经有一个梦：要努力成为一名学霸，像学霸邹××一样出口成章，下笔成文，背书倒背如流，算数脱口而出，心中充满自信。可是审视自己

与她的成绩距离简直就是一个天上，一个地下。

……

就这样，我的成绩因为我做事专心而提高了。上课时，也不向窗外走神，提高了听课效率。回家做作业，从始至终都能专心。老师和同学都夸我是“学霸”。我和学霸邹××的距离越来越近。但我清醒地知道，与真正的学霸并肩，我还要努力把握生命里的每一分钟，全力以赴我心中的梦，不经历磨炼，怎么能成功？！为了心中的梦，我会继续努力！

学生的思想可以借助自己学过的课文中的句式、听到的故事或歌曲等表达出来，孩子是多么骄傲，又如何会不爱语文学习！

（二）学生全面看待问题的能力有所提升，同时训练了学生的辩证思维和发散性思维

进入初中时，在大多数孩子的认知里，一个人不是好人，必然是坏人；一件事情不是正确，就是错误；一篇文章不是赞颂，就是批判；一篇作文不是优秀，就是不合格……

通过学会做一个会讲故事的人的训练，学生理解了史铁生写《秋天的怀念》情感的复杂性，领会了《散步》中一个人身份的复杂性，感悟到《狼》中与恶势力斗争的复杂性……

学生对待课文有了更多研究的意味，写作更注重从自己身边的事情写起。

“问渠那得清如许？为有源头活水来。”“教读课文”让学生在故事中学；“自读课文”帮助学生在故事中辨析比较，沉淀自主阅读的阅读能力；“课外阅读”搭建学生与古今中外思想家、文学家、科学家对话的桥梁。

每一次作文训练，我尽量给予学生同一主题下创作的自由，突破原先狭窄的思路。学生每个人的性格特点不一样，优势能力不一样，生活方式不一样……我们不能用同一个标准限制他。同样，在相对宽泛的范围中，学生的辩证思维和发散性思维得到了训练。

“人生的意义和价值”。学生不仅仅是在事件中记叙一个同学的言行，更是在事件中观察这个同学的品质，全面体现他的意义和价值。

有趣的是，D同学的作文主题是“我自己的二三事”：我之情怀——“生当作人杰，死亦为鬼雄”；我之行动——“天将降大任于是人也，必先苦其心志……”；我之理想——“国家兴亡，匹夫有责”。

真难以相信，乐呵呵的外表下竟然有这样一颗“苟利国家生死以，岂因祸福避趋之（D同学经常挂在嘴边的诗句）”好学奋进的爱国心。他独辟蹊径，选择自己作为“某某人”，也是出乎我的想象。

更令我难以想象的是，班里最怕写作文的W同学，看到了D同学的作文，竟然模仿《五柳先生传》，写了《梦仙先生传》“先生不知何许人也，亦不详其姓字，因嗜睡多梦，因以为号焉。不温不躁，娴静少言。好做梦，不计地点；或书桌上，或行走中。每有美梦，便欣然忘学。爱运动，但因作业太多不能常得。朋友知其如此，或呼之一起玩耍。运动即尽兴，挥汗如雨；全身通泰，睡梦则更美。不知吾在梦中上课，还是上课之中吾在做梦。”

类似“庄生梦蝶”的故事都进了初一学生的作文！孩子们的创造力无限啊！

（三）写景文章中有“我”观景，景中有情，情有所寄

以前，学生写景的练笔，多是堆砌优美的辞藻，“年年岁岁写景文笔相似，岁岁年年改造组合人不同”。但是，现在学生的练笔文章，流动着感情，处处有“我”入境，能感受到学生的生命的脉搏。

在写作练笔主题“我喜欢的季节”或者“某个地方的风景”训练中，学生在生动形象的修辞中，在多种多样感官描述中，在热情洋溢的抒情中，想象了多姿多彩的四季美景，也用自己的思想，去感受身边的世界。

学生写出来的故事，有课文中文字的影子，但又与自己的特色完美融合，不是粗暴生硬的改造组合。可以有自己的观点，可以表达出自己的思考，可以坚持自己的信念——学生变得有话可说，有文字可写。学生从自己的生活写起，选取有趣、有意义、印象深刻的内容，于是内容丰富了，语言活泼了，情感真挚了。

（四）叙事文章内容具体，中心突出，结构完整

初中记叙文写作最多的内容是叙事。一件事情的叙述中，六个要素全部交代清楚，还要事件细节具体，中心突出，结构完整。怎样才能做到呢？

同学们通过讲故事，已经熟悉好故事的标准，在写故事中慢慢摸索怎样吸引读者与听众。经过长期这样的训练，学生知道写好叙事文章的秘诀所在。

学生去天安门观看升旗仪式，从凌晨3点集合到早上7点活动结束，中间持续的时间长，经历的事件、听到的话、见到的人都很多，应该从哪里入手？

有的学生准备阶段写得太多，头重脚轻；有的学生抓住了升旗仪式这个重点

事件，可是不知道如何写出细节。经过学习做一个讲故事的人的训练，学生能够分清主次，观察到大家最关心的细节，调动视觉、听觉与感受，给我们奉献观看升旗仪式的完美过程，让读者如临其境。

特殊的升旗仪式

2016级　初一学生

“红日初升，其道大光。”这时的我们正在天安门城楼上，红日冉冉升起，东方的天空微白，远处的国歌声分外响亮，天安门广场上的红旗飘飘，每个人的脸上都十分严肃。

早在二十分钟前，我们就站在城楼上了，大家轻轻地聊天，“什么时候开始？”“真激动啊！站在观礼台上！”“东边云霞已经发红，太阳快升起了吧……”忽然，“哒…哒…哒……”的声音传来，像集结号一样，原本七嘴八舌的人们都安静下来，静如午后的田野，静如微风中的小池。所有人的目光被城下的队伍所吸引——三军仪仗队踏着整齐的步伐出来了！

只见兵哥哥们队伍整齐，军装耀眼，步伐矫健，气势磅礴地走上金水桥。天还只是蒙蒙亮，太阳还在沉睡。但是，“哒…哒…哒……”的声音，如同胜利的锣鼓一样，气冲斗牛，把昏昏沉沉的太阳叫醒。

国歌响起来了，国旗升起来了，太阳也出来了。身为少先队队员的我们集体敬礼，注视着国旗的冉冉升起。我看见，我身边的小明同学，他是多么的激动啊！身体使劲往前倾，仿佛要与国旗来个大拥抱；手伸得笔直，每一块肌肉都紧绷着；眉头微皱，嘴角下坠，一副严肃认真的样子。我想，在他的心中，一定也升起了一面鲜艳的五星红旗，这是民族的精神力量让他如此坚定，这是民族的自豪感让他如此激动。

国旗越升越高，那国歌犹如施了魔法，把天空中的黑暗精灵都赶走了。而那国歌中最后一句“前进进”短小精干，气势直冲云霄，把黑暗彻底赶跑，这就是我们国家的精神，我们民族的精神。

天已是大亮，国旗升到了顶端。在徐徐微风中，那辉煌的红色在闪烁，那是国家的光芒，也是民族的闪光！

（五）写作文有章法，选材面广泛，取舍得当，作文思路图提纲挈领，写作速度加快

掌握了观察的法宝，留意生活中的细节，如何把这些珍贵的发现又快又好地写成文字呢？对于一个主题，具有丰富生活的学生可以选择的素材很多。哪一个更适合呢？

在讲故事训练过程中，我允许学生带记录最关键内容的小纸条上台。“提词纸条”给予学生心理安慰，也教会学生提取重点。会把握别人故事的重点，自然也知道自己写故事应该传达出来的重点。

每一篇课文的处理，我一定要给学生一个清晰的结构图，也许需要我原创。虽然没有要求学生一定要画得和老师一样，但要求学生必须建立自己的文章脉络图。“磨刀不误砍柴工”，思维成熟了，习惯建立了，作文也就有了章法，写作速度必然加快。

（六）写作文的成就感增强，收获各种奖项

在教师节、读书节、传统文化节假日，学校经常会有征文活动，我的学生均榜上有名。当他们自己写的故事通过广播在校园里回荡，当他们从校长手里捧过荣誉奖杯，当他们自信地在升旗仪式上绘声绘色地讲述自己写的故事……孩子的内心充满着自豪，让他如何不爱语文学习！

（七）学生课堂回答问题思路清晰，声音洪亮，表达清楚

学生由讲故事开始，就是一个语言表达的训练。讲故事与写故事的结合训练，学生既要接受，又要输出；不但需要记忆理解，还要思考加工。故事教学法与初中生记叙文写作训练相结合，是全方位的训练，需要身体多感官系统合作完成。

家长与老师都希望孩子拥有勇敢、自信的品质，可是每一个优秀的品质都不是天生具备的，要在循序渐进的训练过程中习得。只有不断拥有成就感，才能激发孩子前进的动力，有了动力才会愿意去付出一定的劳动去训练。故事教学法与初中生记叙文写作训练相结合，就是调动孩子曾经的兴趣爱好与特长，设置任务完成的梯级。学生在不断进取的愉悦中，得到全方位能力的提升。

我所教授的班级，是任课老师们做展示交流课的首选。孩子们在课堂上专注倾听、热情呼应、积极思考、踊跃表达，都是在学习过程中思维火花迸溅的推

动。故事教学法与初中生记叙文写作训练相结合，让学生拥有了自由、有创意的表达，文字与语言相互促进，共荣共生。

生活中处处都有美，语文学习并不缺乏美，语言文字在熟习中产生了美。美就是慢慢相处而产生的感情，是发自内心的欣赏，不是单纯知识的记忆，不是实用技能枯燥重复地练习。

第三节 故事教学法与初中生记叙文写作训练相结合实践的总结与反思

教学改革的方向是“更关注学生是否学明白了，而不是教师告诉学生多少内容；更关注基于目标的学生表现的提升，而不是练习的多寡。”

一、故事教学法与初中生记叙文写作训练相结合实践的理论依据

在故事教学法与初中生记叙文写作训练相结合教学实践中，教师组织学生循序渐进地提升讲故事和写故事的能力。进入初中阶段，组织学生调动以前的积累，为大家讲述最喜欢的故事，在讲的过程中评议好故事的标准，记录自己的联想和感受，进而形成自己独立的思考。构建好故事的标准后，学生在课文里阅读故事、复述故事、模仿写自己的故事、联想与之相关的故事，最终将众多小故事汇聚成文质兼美的作文。

教学实践主要应用到以下教学理论：迁移理论、建构主义、共情效应。理论和实践有着科学的联系。

（一）迁移理论

迁移理论，指一个人在一种情境中的学习影响他在其他情境中的学习。传统的迁移理论主要有形式训练说、共同因素说、概括化理论、关系转换理论。

1. 形式训练说

代表人物：沃尔夫

形式训练说是关于迁移最早的学习理论，其理论基础是官能心理学。我们人的心智是由许多不同的官能组成的，不同的官能活动相互配合，就构成各种各样的心理活动。各种官能可以像训练肌肉一样，通过练习增加能力。通过训练学会某种能力以后，对其他的知识同样掌握，就能够发生迁移。

2. 共同因素说

代表人物：桑代克和伍德沃斯

共同因素说认为，一种学习之所以有助于另一种学习，是因为两种学习具有相同因素。若两种情境含有共同因素以及具有共同的成分，迁移就会发生。

3. 概括化理论

代表人物：贾德

这个理论认为，只要一个人对他的经验进行了概括，就可以完成从一个情境到另一个情境的迁移。迁移之所以能够发生，是因为两个情景之间有共同要素。

贾德强调：两个学习活动之间存在的共同成分，只是产生迁移的必要前提。而产生迁移的关键，是学习者在两种活动中概括出它们之间的共同原理。

4. 关系转换理论

代表人物：苛勒

苛勒认为迁移产生的实质，是个体对事物间关系的理解和顿悟。

（二）建构主义

建构主义源自关于儿童认知发展的理论。建构主义认为，知识不是通过教师传授得到，而是学习者在一定的情境即社会文化背景下，借助其他人（包括教师和学习伙伴）的帮助，利用必要的学习资料，通过意义建构的方式而获得。

建构主义教学模式下开发的比较成熟的教学方法主要有三种：支架式、抛锚式、进入式。

（三）共情效应

共情（empathy），也称为神入、同理心，又译作同感、同理心、投情等。在与他人交流时，能进入到对方的精神境界，感受到对方的内心世界，将心比心地体验对方的感受，并对对方的感情做出恰当的反应。

语文教学中的“共情”，可以使教师与学生一起进入文本，将文本的创作情感、教师的教学情感及学生的情感体验相互融合，产生情感共鸣，使语文教学充满吸引力。

二、故事教学法与初中生记叙文写作训练相结合理论与实践的科学联系

故事教学法与初中生记叙文写作训练相结合，首先要讲故事，在讲故事的基

础上写出好故事，也就是用文字“讲”故事。这些教学实践训练了学生的语言表达、语言组织、复述记忆、思维逻辑等官能，这些不同的官能活动相互配合，就构成各种各样的心理活动。经过这个过程的不断反复，学生增加了能力，发生了迁移。

讲故事与写故事之间具有相同的因素。

两者都是思维输出，只是形式不一样：一个是语言，另一个是文字。但无论语言还是文字，都要运用汉语的字、词、短语、句字、段落。“语文”学科通常被解释为关于语言和文字的课程。

两者内容的来源也相同，都是源于生活积累：眼睛观察，口耳相传，阅读书籍……哪一项都离不开我们鲜活的个体生命。

两者给予我们的情感体验是一致的。无论是讲故事还是写故事，都是我们选择出来愿意展示给其他人的。

两者对于学生的思维能力要求具有相同之处：记忆能力、观察能力、想象能力、辩证思考能力、创造加工能力等等。

学生在讲故事与写故事两种活动中实践，逐渐发现概括出它们之间的共同原理：好故事的标准，才能够在写作情境中运用这种概括与顿悟，产生迁移，进而提高写作水平。

在建构主义学习环境下，教学设计不仅要考虑教学目标分析，还要考虑有利于学生建构意义情境的创设问题，并把情境创设看作是教学设计的最重要内容之一。

教师首先要调动学生的学习兴趣，帮助学生形成学习动机；然后通过创设符合教学内容要求的情境和提示新旧知识之间联系的线索，帮助学生建构当前所学知识的意义。为了使意义建构更有效，教师应在可能的条件下组织协作学习（开展讨论与交流），并对协作学习过程进行引导，使之朝有利于意义建构的方向发展。

讲故事与写故事就是联系学生的旧知识，在学生现有的知识水平上，选择与当前学习主题密切相关的真实情境，作为学习的中心内容。学生在教师领导下进行自主学习，在讨论、交流、不同观点的交锋中，加深每个学生对当前问题的理解，将学生的思维能力从一个水平引导到另一个更高的水平。

学生在讲故事与写故事教学实践中，多次“进入”同一教学内容，每一次都有不同的学习目的，都有不同的问题侧重点，使学习者获得对事物全貌的理解与认识上的飞跃。

在进行故事教学法与初中生记叙文写作训练相结合实践时，始终围绕“简明的教学目标”“简约的教学内容”“简化的教学环节”“简便的教学方法”，确保学生经历学习并有证明自己的学习的机会。学生在课堂上自己去经历、去表现、去完成；教师通过学生的课堂活动，观察学生的表现，确立讲解的重点，保证学习过程时时有评价反馈。每周的练笔（写故事训练）给出内容的限定，但又有自主选择的自由——多个作文主题；结合当周学习的课文，借鉴课文的语言或者结构进行写作，减轻了学生遣词造句的困难，增强了对课文的理解和记忆。

备课时的“素读”，是为了更深入理解课文，更清楚了解学情。教师与学生写同命题的作文，与学生们分享，更易于提高学生的写作热情。

故事教学法与初中生记叙文写作训练相结合的实践研究，注意方法的指导（观念、方法、选择内容、注意事项等）和实践的层次（读书赏析、模仿创作、榜样示范、修改提升等），与学生共情、共鸣，是教学实践不断推进，取得成效的理论支撑。

三、反思

法国教育家卢梭“要启发儿童的学习兴趣，当这种兴趣已经很成熟的时候，再教给他学习的方法。这确乎是所有优良教育的基本原则。”

为了写作而写作，纯粹注重应试技巧，可以短时间取得分数的提高，损害的是孩子们长久的写作兴趣。

通过故事教学法与初中生记叙文写作训练相结合的实践研究，我认为调动学生积极性，引导学生有条理有情趣地把自己的生活写出来，切实提高初中学生记叙文写作能力，还是有路径可循的。

首先，初中的学生完成了小学阶段识字写字的积累，完成了小学“写话”“习作”阶段的写作准备，转向“写作”层次的提升。教师需要做的工作，是打通他们旧有知识与新知识的关联，启发学生对于生活、课文、阅读、写作等语文活动的兴趣。在兴趣的基础上，循序渐进地引导学生主动概括学习经验，顿悟写作的语言规律、逻辑思维、结构框架。

故事教学法与初中生记叙文写作训练相结合的实践，融合学生已有的知识，给予学生充分表现的平台，在愉悦的成就感中，热爱生活，乐于表达真实的自己。

第二，故事教学法与初中生记叙文写作训练相结合的实践，是全方位的训练学生各种官能。口能说，脑在思考，眼睛观察，手在写……学生在综合性的课堂进行活力四射、活泼有趣的探索与发现，在自主探究的过程中闪烁思想的火花，拥有更多的想象与创造，获得多重的经验和启迪，给予学生更多成长的可能。

这个观点在《标准（2011版）》中也得到证实。第四学段写作的评价是“评价结果的呈现方式，根据实际需要，可以是书面的，可以是口头的；可以用等级表示，也可以用评语表示；还可以采用展示、交流等多种方式。”

我们的课堂应该以知识的获取为主要任务，但身体的养成、心理的成长、情感的熏陶、人际交往的适应等丰富的内容，都会在学习过程中有涉及。教育，不仅要做到脚踏实地，更要仰望星空，关注孩子的终身发展。

第三，故事教学法与初中生记叙文写作训练相结合的实践，是师生共同进行的探索。在与学生共同讲故事与写故事的过程中，教师可以体验学生构思的艰难，学生可以感受教师成熟稳重的思维，在心有灵犀会心微笑的课堂里，教室就会成为学生成长与发展的有效平台。

第四，故事教学法与初中生记叙文写作训练相结合的实践，是在教学理论支撑下的教学试验，不是心血来潮的尝试。进行教学实践的教师要熟悉教材、了解学生、占用更多的教学资源，在筹划全局的基础上，设置符合学生“最近发展区”的教学目标层级，设计符合学生的身心发展特点、适应学生认知水平的教学任务。

随着教学实践的深入，我在享受与同学共进步的同时，也意识到实践中存在的局限和面临的挑战。

首先，每一个学生都是一个不同的个体。由于家庭环境、身体因素、学校安排等影响，自身的积累有很大的不同，因而每个人的现有知识水平也不一样。学校采取班级化教学，在统一的时间、内容、形式下，每一个学生得到能力的提升，但提升的幅度与速度却不一样。初中三年，学生之间逐渐拉开了差距，作文水平也呈现出高低优劣。

初中阶段，学习科目较多，活动也很多，学生在时间合理分配上有一定的难度。即使学生对写作感兴趣，却无法抽出时间潜心钻研，查漏补缺。

第二，故事教学法与初中生记叙文写作训练相结合的实践，需要建立在彼此了解、互相信任的师生感情基础上。男生与女生性别差异、性格外向与内向学生的区别、每个学生感兴趣的领域等，都会影响一节课的学习质量。教师要经常与学生接触交往，熟悉学生的兴趣爱好、性格特点等个性差异。

教师要郑重对待每一个学生，以及学生讲的和写的每一个故事。倾听学生的声音与全批全改学生的作文，是教师必须做到的实践。教师的个别辅导任务很繁重。

比如喜欢网络游戏的学生有很多，他们在讲述自己的故事时，特别想分享穿越与厮杀等网络虚拟生活，语言或文字也许精彩，但是不符合《标准（2011版）》对作文评价的要求，教师要在课下从多方面进行引导，避免在有限的课堂时间内传递无效甚至有害的信息。

只有做到了解学生，心中有学生，真正与学生有心灵上的沟通，才能使学生在课堂上如沐春风，享受“我的地盘我做主”的主人意识，毫不拘束地主动展现真实的自己。

第三，任何一个自成体系的教学实践都需要有独属的资源库。资源的建设从无到有，要花费很大的时间和精力。

课文的开发，系统化地研读课文，将各个单元的内容与目标如何更有机地融合在一起，学生审美情趣与文化修养如何更好地配合语言能力与思维能力的提升等，都是浩大的工程。实践研究的路还很长，而教师能够拥有的研究时间却很紧张。

第四，在实践探索中遇到的难题，是难以获得充足的活动时间。目前，班级是小班化编制，每个班25人左右，每人平均3分钟，就要耗时75分钟，加上提问和补充的时间，作文课（90分钟）的时间还是不够。语文其他教学的任务也很繁重，所以故事教学法与初中生记叙文写作训练相结合的教学实践，还需要更好地控制上课的节奏，提高课堂有效性。

第四节　结　　语

随着时间的推移，课程改革的推进，统编教材的统一使用，统编教材“三位一体”的阅读教学理念（即教读课文、自读课文、名著阅读共同构成阅读体系）深入人心。

温儒敏教授在各种会议和书刊杂志上，多次表达对写作教学的建议。“提升写作能力，最重要的是扩大阅读面，加上适当的思维训练和文字训练。多读比多写能更有效地提高写作能力。”“无论用什么教学方法，都应当读写结合，广泛阅读，适当练写，这是写作教学的基础。”“教学中不一定照搬教材的作文教学体系，最好能依托自己的经验，并面对你们的学生，从实际出发，选择某一种体系作为基本框架，加于调整，形成自己的写作教学计划。作文教学实践性很强，不必讲许多理论，主要靠大量阅读、适当模仿和不断的练习。”

阅读教学是势在必行的，写作教学的地位特别重要，语文教师就是要根据自己学生的特点，建立学生阅读与写作的通道，设计两者相结合的作文层级训练通道。

“听说读写齐进行，思维能力全提升”是适应教学改革的实践，我们一定要关注新课程改革下的作文评价标准。中考作文“主要还是考文字表达能力，当然，其中也就包括思维能力，至于文笔、文采，虽然也应纳入评分，但不应是主要的，考试也不应当侧重考这些。”

写作教学真的很难，正因为困难，所以才更有研究意义。只要语文教师心中有学生、教材、理论、信念，行动上有实践，努力肯定会获得成效。

注释：

［1］章熊．中学生写作能力的目标定位［J］．课程．教材．教法，2000.

［2］马正平．高等写作学引论［M］．北京：中国人民大学出版社，2002.

［3］王荣生．语文科课程论基础［M］．2版．上海：上海教育出版社，2003.

［4］莫雷．教育心理学［M］．北京：教育科学出版社，2007.

［5］崔允漷，周文胜，周文叶．基于标准的评价研究丛书：基于标准的课程纲要和教案［M］．上海：华东师范大学出版社，2011.

［6］高文，徐斌艳，吴刚．建构主义教育研究［M］．北京：教育科学出版社，2008.

［7］钟毅平，叶茂林．认知心理学高级教程［M］．合肥：安徽人民出版社，2010.

［8］丁萍芳．综合实训课程迁移模式与实践研究［M］．武汉：湖北教育出版社，2012.

［9］冷玉斌．教书·读书［M］．北京：中国人民大学出版社，2017.

［10］余文森．核心素养导向的课堂教学［M］．上海：上海教育出版社，2017.

第七章

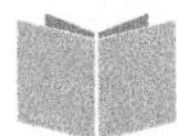

基于核心素养的语文学习活动设计

北京市第五中学分校　李　蕾

第一节　总论　“情怀语文”
——设计学习活动，提升素养境界

语言文字是人类最重要的交际工具和信息载体，是人类文化的重要组成部分。语言文字的运用，包括生活、工作和学习中的听说读写活动以及文学活动，存在于人类生活的各个领域。时代的进步，对人们的语言文字运用能力和文化选择能力提出了更高的要求，也给语文教育的发展提出了新的课题。

2014年，教育部颁布了《关于全面深化课程改革落实立德树人根本任务的意见》，明确提出要“研究制订学生发展核心素养体系和学业质量标准”。2016年9月13日，《中国学生发展核心素养》研究成果正式发布。2018年1月，《普通高中语文课程标准（2017年版）》正式颁布，把语文学科核心素养归纳为四个方面：语言建构与运用，思维发展与提升，审美鉴赏与创造，文化传承与理解。语文核心素养的提出，促进了语文教学“以教为主”向“以学为主”转变。

《义务教育语文课程标准（2011年版）》也指出：“语文课程致力于培养学生的语言文字运用能力，提升学生的综合素养”“语文课程是一门学习语言文字运用的综合性、实践性课程，应着重培养学生的语文实践能力，而培养这种能力的主要途径也应是语文实践。语文课程是学生学习运用祖国语言文字的课程，学习资源和实践机会无处不在，无时不有。因而，应该让学生多读多写，日积月累，在大量的语文实践中体会、把握运用语文的规律”“语文课程应该是开放而富有创新活力的”。

可以看到，初中语文教学与高中语文教学，虽然所处学段不同，学生思维发展特点不同，但引导学生在语文实践中学习的理念是一致的。因此，在初中阶段探索如何促进学生语文核心素养的提升，具有重要意义。

如何积极开发语文学习资源，设计适合学生特点、体现能力层级的课堂语文学习活动，卓有实效地开展语文学科特色实践活动，引导学生在不同情境的实践体验中学习语文，从而促进学生语文素养的提升，是初中语文教师面临的一个重要问题。

笔者在多年的教学实践中，一直秉承“情怀语文”的理念进行教学，希望在教学中围绕“阅读与鉴赏、表达与交流、梳理与探究”等语文核心能力，设计语文学习活动，引导学生语文活动中，提升语文素养和思想境界。

第二节　对语文活动的认识

何谓活动？从哲学范畴来看，活动是人类存在与发展的基本方式，其实质是人依据自己的目的和需要，对周围世界进行积极的能动的改造。

语文活动教学与一般意义的活动有同一性，都是在认识和改造客观世界的同时，认识、改造主观世界的过程，但其中又有不同。语文活动教学的着眼点不在于对客观世界认识和改造的成果，而在于在认识、改造客观世界的过程中，实现对教育对象——学生主体的能力建构。20世纪30年代，陶行知的“生活教育实验”和陈鹤琴的“生活教育实验”，都以实验的方式对“活动”进行了探索。20世纪90年代，国家教委把活动课程正式纳入了“九年制义务教育课程计划”。在这样的背景下，很多专家学者对“活动教学”理论进行了研究和探索，许多中小学教师也进行了有益的活动教学。这一时期的语文活动课，是与语文学科并列的一门课程。但是，由于语文活动课不同于以往的知识教学和文本教学，因此在教学实施中出现了一些问题：“对语文活动教学的概念不清”“活动教学形式化、表面化”“忽视了语文的学科功能”“忽略了教师的有效指导”。[2]但是语文学科的本质不是获得知识体系，而是进行能力构建，因此需要大量的练习和实践运用。吕叔湘先生说："学习语文主要不是学习一套知识，而学一种技能，养成一种习惯。"[3]这就需要在活动中学习语文。

语文活动教学应以学生为主体，其主要特征是学生主动参与、主动实践、主动思考、主动探索、主动创造，具有自主性、实践性、开放性、生成性的特点，其过程是动态的、开放的。语文活动教学对于学生进行语言建构运用、提升思维品质、促进审美、传承理解文化等方面，都有积极的作用，能促进学生全方位的发展，是一种较好的学习方式。

第三节　语文活动在教学实践中的运用

笔者为初中一线语文教师，在近几年的语文教学实践中，从课堂教学中的语文活动、辅助课堂的语文学科特色活动的设计和实施方面，做了一些积极的探索，如课堂教学中的语文活动设计，语文学科特色实践活动设计等。在课堂教学方面，笔者从整本文集（古代作品、现代作品）、择取单篇文章组成专题和活动·探究单元方面进行了探索。

一、课堂教学中的语文活动案例

（一）诗意，远方，《诗经》之美

——《诗经》中的花草专题学习。

【写在前面】

"诗三百"，风云之气既盛，儿女之情亦长。虽然再也回不到"诗"的时代，但"兴观群怨"之义，"温柔敦厚"之旨，其情感，其襟怀，却如水，如月华，浸润流淌在中华文化的血脉里。由《诗经》中的花草入手，以专题学习的形式设计学习活动，给孩子们一些精神的营养，为孩子们读"诗"提供一点方法，打下一点文学与文化的底子，足矣。

【指导思想与理论依据】

《语文课程标准》（2011年版）第四学段目标中"综合性学习"部分，对学生的要求是"能提出学习和生活中感兴趣的问题，共同讨论，制订简单研究计划。能从书刊或其他媒体中获取有关资料，讨论分析问题，独立或合作写出简单

的研究报告”。《语文课程标准》（2011年版）在实施建议中提出，教师应“创造性地使用教材，积极开发、合理利用课程资源”，教学中应“努力体现语文课程的实践性和综合性”“让学生在语文实践中学习语文，学会学习。善于通过专题学习等方式，沟通课堂内外，沟通听说读写，增加学生语文实践的机会”。基于此，确立本专题学习的内容。

语文学科核心素养中“语言的建构与运用，审美的鉴赏与创造，文化的传承与理解，思维的发展与提升”的内容，在本课中亦有体现。

【教学背景分析】

本文是依据统编教材八年级下第三单元的古诗文教学内容展开的专题学习。第三单元第12课选入《诗经》中的《关雎》《蒹葭》两篇，“课外古诗词诵读”选入《诗经》中的《式微》《子衿》两篇，“了解古人的思想、情趣，感受他们的智慧，受到美的熏陶和感染”“领会诗文的丰富内涵”是单元学习的要求。引导孩子们由课内的学习拓展到对《诗经》的阅读学习，对提升孩子语文综合素养、涵养人文情怀有积极的作用。但由于作品年代久远，加之《诗经》文化内涵浓厚，语言现象丰富，一下子进入整部作品的阅读，对学生来讲存在很大的困难，因此，选择合适的专题研究方向，从一个专题切入为宜。

我所任教的班级中，学生对语文学习的热情比较高，有一定的探究能力。在本课之前，已开展过“《水浒传》中的女生形象研究”“施耐庵思想经历对其创作的影响”“《傅雷家书》中的父子情深”“傅雷的教子之道”等专题研究，学生已具备一定的专题学习基础。但是之前的专题研究都是围绕白话文名著展开，语言障碍较少，而《诗经》是古风的形式，在语言、文化、社会背景等方面，均与学生有一定的距离。因此先对《诗经》有整体了解，精讲课内所选篇目，在此基础上，学生选择一个感兴趣的研究方向进行阅读研究，教师提供一定的阅读篇目，给予必要的学习指导，是符合学生实际情况的。

根据学情调查，确定以“《诗经》中的花”作为本课专题学习的方向。

【教学目标】

（1）在完成学习任务单的基础上，结合具体诗句或内容，欣赏《诗经》中“花”之美，与同学分享。

（2）倾听、借鉴他人的研究思路，形成自己的研究思路，完善研究成果。

（3）结合研究成果，撰写语言凝练的推荐语，以吸引更多同学阅读《诗经》。

【教学重点】

（1）在完成学习任务单的基础上，结合具体诗句或内容，欣赏《诗经》中“花”之美，与同学分享。

（2）倾听、借鉴他人的研究思路，形成自己的研究思路，完善研究成果。

【教学难点】

倾听、借鉴他人的研究思路，形成自己的研究思路，完善研究成果。

【教学准备】

教师准备

（1）进行学情调查并分析，指导学生确定研究内容。

（2）推荐阅读书目（含文章）。

（3）收集学生阶段性成果，分析总结学生研究过程中的共性问题，确定教学内容。

学生准备

（1）从《诗经》中筛选确定基础阅读篇目。反复阅读所选篇目，以“花”为依据进行具体分类，完成学习任务单。

（2）选择自己喜欢的花，精读涉及的诗篇，写下自己的阅读体验。

（3）与小组同学合作探究，形成简单的研究报告。

【学习任务单】

反复阅读这22首诗，填写学习任务单。

任务一：

摘录其中多次出现的或你认为最有代表性的花的名称，列出相关篇目及诗句。

任务二：

结合诗的内容，概括出表现花的角度。

任务三：

结合本学段的拓展阅读、书中提供的历代研究结论和自己的阅读体会，写出你的阅读感受（可从内容、艺术表现手法、蕴涵的感情、艺术效果、质疑思考等角度来写）。

花的名称（古、今）	出处及相关诗句	表现花的角度	你的阅读感受

任务四：根据任务三，写作短文《我感受到的〈诗经〉“花”之美》，要求：观点明确，语言独具风格（细腻、生动、典雅、条理清晰……），结合具体诗句或诗歌内容。

任务五：为使更多的同学喜欢读《诗经》，请你根据现阶段学习研究的成果，以“《诗经》中花之美”为推荐理由，写一段“《诗经》推荐语”，以吸引同学们阅读《诗经》、研究《诗经》。（课上分享之后或课后完成）

【教学过程】

1. 导入

美好而理想的生活状态，在3000多年前的《诗经》里依然可以找到。今天，让我们继续在语文学习中，去体悟《诗经》之美。

2. 寻绘花之句，感众花之美

（1）明确本学段研究内容：《诗经》中的花。

根据同学研究成果，明确存在的问题，提出学习任务——与大家分享“我体会到的《诗经》花”之美，要求：观点明确，语言独具风格（细腻、生动、典雅、条理清晰……），结合具体诗句或诗歌内容。

（2）分享交流“学习任务单”中的任务三、任务四，师生共同点评。

【参考角度】

①女子容颜之美，季节流转之美

《周南·桃夭》：“桃之夭夭，灼灼其华。”桃，粉红或白色，春天开花。

《召南·何彼襛矣》：“何彼襛矣，华如桃李？平王之孙，齐侯之子。”桃李。

《召南·何彼襛矣》：“何彼襛矣，唐棣之华？”唐棣。

《陈风·东门之枌》：“视尔如枌，贻我握椒。”荍，锦葵，初夏开花，淡紫。

《郑风·有女同车》：“有女同车，颜如舜华。”“有女同行，颜如舜英。”木槿（夏秋开花）。

《卫风·硕人》：“手如柔荑，肤如凝脂。” 柔荑，白茅之嫩芽，洁白柔软。

②清雅的环境之美

《王风·丘中有麻》：“丘中有李，彼留之子。彼留之子，贻我佩玖。”李。

《陈风·泽陂》：

“彼泽之陂，有蒲与荷。有美一人，伤如之何？寤寐无为，涕泗滂沱。

彼泽之陂，有蒲与蕑。有美一人，硕大且卷。寤寐无为，中心悁悁。

彼泽之陂，有蒲菡萏。有美一人，硕大且俨。寤寐无为，辗转伏枕。” 莲（盛夏）。

《秦风·终南》：“终南何有？有纪有堂。”

《邶风·简兮》：“山有榛，隰有苓。云谁之思？西方美人。彼美人兮，西方之人兮。”

③飞扬的情思之美

《曹风·鸤鸠》：“鸤鸠在桑，其子在梅。淑人君子，其带伊丝。其带伊丝，其弁伊骐。”

《召南·甘棠》：“蔽芾甘棠，勿翦勿伐，召伯所茇。蔽芾甘棠，勿翦勿败，召伯所憩。蔽芾甘棠，勿翦勿拜，召伯所说。”

《召南·摽有梅》：“摽有梅，其实七兮！求我庶士，迨其吉兮！摽有梅，其实三兮！求我庶士，迨其今兮！摽有梅，顷筐塈之！求我庶士，迨其谓之！”

《召南·野有死麇》：“野有死麕，白茅包之。有女怀春，吉士诱之。林有朴樕，野有死鹿。白茅纯束，有女如玉。”

《郑风·溱洧》：“维士与女，伊其相谑，赠之以芍药。”

《邶风·静女》：“自牧归荑，洵美且异。”

《卫风·伯兮》：“焉得谖草，言树之背。”

《秦风·蒹葭》：“蒹葭苍苍，白露为霜。所谓伊人，在水一方。溯洄从之，道阻且长。溯游从之，宛在水中央。”

蒹葭萋萋，白露未晞。所谓伊人，在水之湄。溯洄从之，道阻且跻。溯游从之，宛在水中坻。

蒹葭采采，白露未已。所谓伊人，在水之涘。溯洄从之，道阻且右。溯游从之，宛在水中沚。

④文学的意蕴之美

⑤丰富的生活画卷之美

⑥对审美和文学的启蒙

所谓“移情作用”，指人在聚精会神中观照一个对象（自然或艺术作品）时，由物我两忘达到物我同一，把人的生命的情趣“外射”或移注到对象中去，使本无生命和情趣的外物，仿佛具有人的生命活动，使本来只有物理的东西，也显得有人性。

——《谈美书简》朱光潜

也许正是劳动者那至真至纯的感情，于是歌唱出了这至真至纯的歌谣。那形貌或惊艳或寻常的花，成了风情万种的传唱。

3. 采众家之长，成自家主张

请两组同学与大家分享本组研究成果。

【点评时对学生研究的思路给以引导和点拨】

花从入《诗》起就摇曳了千年。花开花落已不单单是自然规律的交替，更是心底的情思。撷花入诗，是众多诗人的默契，我们又怎能不说，这如花的岁月，这摇曳着风情的诗意，不是从《诗经》开始就已经浸润进了我们的灵魂？

同学们，现在让我们读出你们最凝练的对《诗经》花之美的欣赏之句，请各组接龙式大声地读出你们的推荐辞！

4. 结束语

共同朗诵大家《野有蔓草》。

作业：

（1）选择自己最喜欢的篇目，反复朗诵。（必做）

（2）小组合作完成研究报告。（必做）

（3）阅读《诗经》中其他作品及推荐阅读的拓展篇目。（选做）

【教学特色】

（1）读写结合，关注美的欣赏、文化的积淀。

（2）关注到语文学科核心素养的多个维度。

（3）改变学习方式，引导学生在语文实践中自主学习，做一个阅读者，做一个思想者。

【附录一】

桃夭

桃之夭夭，灼灼其华。之子于归，宜其室家。
桃之夭夭，有蕡其实。之子于归，宜其家室。
桃之夭夭，其叶蓁蓁。之子于归，宜其家人。

甘棠

蔽芾甘棠，勿翦勿伐，召伯所茇。
蔽芾甘棠，勿翦勿败，召伯所憩。
蔽芾甘棠，勿翦勿拜，召伯所说。

摽有梅

摽有梅，其实七兮。求我庶士，迨其吉兮。
摽有梅，其实三兮。求我庶士，迨其今兮。
摽有梅，顷筐塈之。求我庶士，迨其谓之。

野有死麕

野有死麕，白茅包之。有女怀春，吉士诱之。
林有朴樕，野有死鹿。白茅纯束，有女如玉。
舒而脱脱兮，无感我帨兮，无使尨也吠。

何彼襛矣

何彼襛矣，唐棣之华？曷不肃雍？王姬之车。
何彼襛矣，华如桃李？平王之孙，齐侯之子。
其钓维何？维丝伊缗。齐侯之子，平王之孙。

简兮

简兮简兮，方将万舞。日之方中，在前上处。
硕人俣俣，公庭万舞。有力如虎，执辔如组。
左手执龠，右手秉翟。赫如渥赭，公言锡爵。
山有榛，隰有苓。云谁之思？西方美人。彼美人兮，西方之人兮。

静女

静女其姝，俟我于城隅。爱而不见，搔首踟蹰。

静女其娈，贻我彤管。彤管有炜，说怿女美。

自牧归荑，洵美且异。匪女之为美，美人之贻。

硕人

硕人其颀，衣锦褧衣。齐侯之子，卫侯之妻。东宫之妹，邢侯之姨，谭公维私。

手如柔荑，肤如凝脂，领如蝤蛴，齿如瓠犀。螓首蛾眉，巧笑倩兮，美目盼兮。

硕人敖敖，说于农郊。四牡有骄，朱幩镳镳。翟茀以朝。大夫夙退，无使君劳。

河水洋洋，北流活活。施罛濊濊，鳣鲔发发。葭菼揭揭，庶姜孽孽，庶士有朅。

伯兮

伯兮朅兮，邦之桀兮。伯也执殳，为王前驱。

自伯之东，首如飞蓬。岂无膏沐？谁适为容！

其雨其雨，杲杲出日。愿言思伯，甘心首疾。

焉得谖草？言树之背。愿言思伯。使我心痗。

终南

终南何有？有条有梅。君子至止，锦衣狐裘。颜如渥丹，其君也哉！

终南何有？有纪有堂。君子至止，黻衣绣裳。佩玉将将，寿考不忘！

园有桃

园有桃，其实之肴。心之忧矣，我歌且谣。不知我者，谓我士也骄。彼人是哉，子曰何其？心之忧矣，其谁知之？其谁知之，盖亦勿思！

园有棘，其实之食。心之忧矣，聊以行国。不知我者，谓我士也罔极。彼人是哉，子曰何其？心之忧矣，其谁知之？其谁知之，盖亦勿思！

杕杜

有杕之杜，其叶湑湑。独行踽踽。岂无他人？不如我同父。嗟行之人，胡不比焉？人无兄弟，胡不佽焉？

有杕之杜，其叶菁菁。独行睘睘。岂无他人？不如我同姓。嗟行之人，胡不比焉？人无兄弟，胡不佽焉？

有杕之杜

有杕之杜，生于道左。彼君子兮，噬肯适我？中心好之，曷饮食之？

有杕之杜，生于道周。彼君子兮，噬肯来游？中心好之，曷饮食之？

山有扶苏

山有扶苏，隰有荷花。不见子都，乃见狂且。

山有乔松，隰有游龙，不见子充，乃见狡童。

有女同车

有女同车，颜如舜华。将翱将翔，佩玉琼琚。彼美孟姜，洵美且都。

有女同行，颜如舜英。将翱将翔，佩玉将将。彼美孟姜，德音不忘。

丘中有麻

丘中有麻，彼留子嗟。彼留子嗟，将其来施施。

丘中有麦，彼留子国。彼留子国，将其来食。

丘中有李，彼留之子。彼留之子，贻我佩玖。

溱洧

溱与洧，方涣涣兮。士与女，方秉蕳兮。女曰观乎？士曰既且。且往观乎？洧之外，洵訏且乐。维士与女，伊其相谑，赠之以芍药。

溱与洧，浏其清矣。士与女，殷其盈矣。女曰观乎？士曰既且。且往观乎？洧之外，洵訏且乐。维士与女，伊其将谑，赠之以芍药。

东门之枌

东门之枌，宛丘之栩。子仲之子，婆娑其下。

穀旦于差，南方之原。不绩其麻，市也婆娑。

穀旦于逝，越以鬷迈。视尔如荍，贻我握椒。

墓门

墓门有棘，斧以斯之。夫也不良，国人知之。知而不已，谁昔然矣。

墓门有梅，有鸮萃止。夫也不良，歌以讯之。讯予不顾，颠倒思予。

泽陂

彼泽之陂，有蒲与荷。有美一人，伤如之何？寤寐无为，涕泗滂沱。

彼泽之陂，有蒲与蕳。有美一人，硕大且卷。寤寐无为，中心悁悁。

彼泽之陂，有蒲菡萏。有美一人，硕大且俨。寤寐无为，辗转伏枕。

鸤鸠

鸤鸠在桑，其子七兮。淑人君子，其仪一兮。其仪一兮，心如结兮。

鸤鸠在桑，其子在梅。淑人君子，其带伊丝。其带伊丝，其弁伊骐。

鸤鸠在桑，其子在棘。淑人君子，其仪不忒。其仪不忒，正是四国。

鸤鸠在桑，其子在榛。淑人君子，正是国人。正是国人，胡不万年？

七月

七月流火，九月授衣。一之日觱发，二之日栗烈。无衣无褐，何以卒岁。三之日于耜，四之日举趾。同我妇子，馌彼南亩，田畯至喜。

七月流火，九月授衣。春日载阳，有鸣仓庚。女执懿筐，遵彼微行，爰求柔桑。春日迟迟，采蘩祁祁。女心伤悲，殆及公子同归。

七月流火，八月萑苇。蚕月条桑，取彼斧斨，以伐远扬，猗彼女桑。七月鸣鵙，八月载绩。载玄载黄，我朱孔阳，为公子裳。

四月秀葽，五月鸣蜩。八月其获，十月陨箨。一之日于貉，取彼狐狸，为公子裘。二之日其同，载缵武功，言私其豵，献豜于公。

五月斯螽动股，六月莎鸡振羽，七月在野，八月在宇，九月在户，十月蟋蟀入我床下。穹窒熏鼠，塞向墐户。嗟我妇子，曰为改岁，入此室处。

六月食郁及薁，七月亨葵及菽，八月剥枣，十月获稻，为此春酒，以介眉寿。七月食瓜，八月断壶，九月叔苴，采荼薪樗，食我农夫。

九月筑场圃，十月纳禾稼。黍稷重穋，禾麻菽麦。嗟我农夫，我稼既同，上入执宫功。昼尔于茅，宵尔索綯。亟其乘屋，其始播百谷。

二之日凿冰冲冲，三之日纳于凌阴。四之日其蚤，献羔祭韭。九月肃霜，十月涤场。朋酒斯飨，曰杀羔羊。跻彼公堂，称彼兕觥，万寿无疆。

【附录二】

一、基础阅读（建议第一学段阅读）

（1）《〈诗经〉讲义》（傅斯年　著）

（2）《读懂你从未彻底读懂的〈诗经〉》（李山　著）

二、拓展阅读

【建议第二学段阅读】

（1）《解读〈诗经·邶风·静女〉》（郦波　著）

（2）《〈诗经〉中的人面桃花》

（3）《有女同车》
（4）《女性美之歌》
（5）《双洎河边赠芍药》
（6）《黄河流域的情歌》
（7）《棠棣花开》
（除第一篇外，其余均出自《大家小书·闲坐说诗经》金性尧　著）
（8）《思无邪：〈诗经〉名物图解》（细井徇　绘）

【建议第三学段阅读】

（9）《诗经的文化精神》（李山　著）
（10）《谈美书简》（朱光潜　著）
（11）《诗论》（朱光潜　著）

（二）大唐帝国的暖光

——从〈小石潭记〉看柳宗元入世情怀

【写在前面】

《小石潭记》，属于《永州八记》之一，是一篇山水游记。《小石潭记》仅仅是一篇山水游记？在“悄怆幽邃”的小石潭后面，有一颗怎样的心？当把作品放在作者的人生历程中来，放在社会的洪流中来，想必又能看出些别的来吧？曾经繁华盛世的大唐，走到公元803年之时，已是风雨飘摇。生活在这一时代的柳宗元，有兼济苍生的情怀，理想却在现实面前夭折。即使如此，他仍不惧艰危，以一己之力在做生命中最后的拼搏，状山水文学，建思想体系，成理论著述，为官一任，遗惠一方。现实打压了他的锐气，却没有磨除他与绝望斗争的信念，他坚韧而执着地走出自己生命的历程，使此刻风雨飘摇的大唐帝国还存有那一点点温暖的光。由单篇文章出发，组建小专题，设计相应的学习活动，进而了解作者其人及其思想情怀。

【指导思想与理论依据】

《语文课程标准》的“课程基本理念”中提到“语文课程应通过优秀文化的熏陶感染……使他们提高思想道德修养和审美情趣”“学生对语文材料的感受和理解又往往是多元的”“学生是学习的主体。语文课程必须……鼓励自主阅读、自由表达，充分激发他们的问题意识和进取精神”。“课程目标和内容”中提到“阅读浅易文言文，能借助注释和工具书理解基本内容。注重积累、感悟和运用，提高自己的欣赏品位”，语文学科核心素养也涉及语言、思维、审美、文化等方面，基于此，设计本课教学。

【教学背景分析】

1. 教材

《小石潭记》全名《至小丘西小石潭记》，是柳宗元的著名山水游记《永州八记》中的第4篇，记叙柳宗元参与王叔文改革失败，被贬至永州，借写山水游记抒发胸中之情的散文，为千古传诵的名篇。作者从不同角度描绘了小石潭景物，着意渲染它幽深冷寂的气氛，情景交融，形似写景，实则写心。柳宗元之情怀从中可窥一斑。

2. 学生

学生已初步具备阅读浅易文言文的能力，能够通过诵读，感受文章声韵之美；能借助想象，体味意境之美；能借助一定资料，初步体会情感之丰。

3. 学情特点

初读文章后，学生在阅读批注中存在的困惑主要有：

（1）对……词义不理解。

（2）作者按什么顺序来写小石潭。

（3）文章表现了作者怎样的情感？

（4）为什么要在结尾段不厌其烦地交代同游者？

（5）景色如此之美为何感到“不可久居”？

基于此，确定了本课教学重难点。

【课前准备】

学生：

（1）熟练朗读课文。

（2）查找与作者和本文写作背景相关的资料。

（3）结合阅读疑问或阅读感受，圈点勾画，写下批注，提出疑难。

教师：

收集学生批注，分析整理共性问题，以此确定教学内容。

【教学目标和重难点】

教学目标：

（1）反复诵读，借助关键词句，多角度感受小石潭景物之美。

（2）结合文本及相应资料，理解柳宗元山水游记作品的入世情怀。

（3）读写结合，以写几句话的方式呈现对柳宗元情怀的理解。

教学重点：

多角度感受小石潭景物之特点，理解柳宗元山水游记作品的入世情怀。

教学难点：

以写几句话的方式，呈现对柳宗元情怀的理解。

【教学过程】

1. 多种方法解词义

【学习活动】

请同学们提出在预习过程中对字、词、句意思的疑问，大家共同交流解决这些疑问。

提示方法：

（1）从字的结构入手，根据字形推断词义。如有学生不理解“坻”“屿”“嵁”“岩”“缀”等字的意思，就引导他们从偏旁部首“土”“山”“纟”入手进行推断。

（2）调动已有知识储备，建立新旧知识之间联系。如有学生不理解“犬坐”的意思，就提供《狼》一文中“其一犬坐于前”供参考；不能准确理解“凄神寒骨”中的“凄”和“寒”字，就提供《陋室铭》中“乱耳”“劳形”供参考借鉴。

（3）借助工具书、前后语境解释词义。学生还提到一些字词，不能用以上方法解决，就请他们直接查阅《古代汉语词曲》，并根据“词不离句，句不离文”的原则，联系前后语境，选择最为合适的义项。如“翕忽”一词，可以根据“佁然不动，俶尔远逝”——鱼儿静止时一动不动，一旦游动，瞬间移位，并根据“皆若空游”无所依所表现的空灵之境，猜测其意思应该是“轻快敏捷”的意思。

【设计意图】这样设计，目的在于引导学生掌握解决“言”问题的方法，形成自主学习能力。

2. 各个角度赏其景

【学习活动】

交流课前所做批注。

学生在课前批注中，以“赏析景物特点”为内容的批注所占比例很大。请同学们看投影，被展示批注的同学读一读自己所写的批注。读后由学生自己整合提炼从哪个角度写的批注，并由教师补充。

学生赏析切入点主要包括：

（1）结合用词欣赏。如“蒙络摇缀”一字一态，形象地写出潭边景物遮掩缠绕的形态，也表现出小石潭的清幽宁静。再如“皆若空游无所依”的“空”字，写出鱼似无所依靠，表现水的清澈，鱼的自由等。

（2）结合写作手法欣赏。如“为坻，为屿，为嵁，为岩”的白描、“卷石底以出”“参差披拂”的细腻描写；如“日光下澈，影布石上”，借写日光、鱼影表现水清的侧面描写、鱼儿动静相生的姿态；如“斗折蛇行”的比喻，逼真地写出溪身的蜿蜒曲折；如移步换景的表现手法，“如鸣珮环”“清冽”“潭中鱼可百许头”等诉诸听、触、视觉的多感觉刻画；如先听水声再跨越重重阻隔，终近潭边这“未见其形、先闻其声”的多层次渲染；如“全石以为底”“四面竹树环合”视角视线的变化；如看得见的“岸势”与“不可知其源”的源头虚实相生……

为学生补充一些名家对此文的鉴赏资料：

沈德潜：“记潭中鱼数语，动定俱妙。后全在不尽，故意境弥深。”（《唐宋八大家文读本》）

孙琮：“篇中遥望潭西南一段，便是不写尽妙景；潭中不久坐一段，便是不游尽妙境。笔墨悠长，情兴无极。”（《山晓阁选唐大家柳柳州全集》）

【设计意图】

这样设计意在引导学生学会寻找合适的切入角度欣赏景物之美、文学之境，并能借助名家评论，丰富自己的认识。

3. 多元切入感情怀

【学生活动】思考：“文章到底表达了作者怎样的情感？”

学生充分讨论交流后，形成共识：欣赏山水之乐，被贬荒夷之忧

为学生引入补充材料：

次之未能励材能，兴功力，致大康于民，垂不灭之声。（柳宗元《答贡士元公瑾论仕进书》）

始吾幼且少，为文章，以辞为工。及长，乃知文者以明道。（柳宗元《答韦中立论师道书》）

（柳宗元）发其无尽之牢骚，泄其一腔之悲愤，楚声满纸，读之肃然。（清 林纾）

余闻而愈悲，孔子曰："苛政猛于虎也！"吾尝疑乎是，今以蒋氏观之，犹信。呜呼！孰知赋敛之毒，有甚于是蛇者乎！故为之说，以俟夫观人风者得焉。（柳宗元 《捕蛇者说》）

千山鸟飞绝，万径人踪灭。孤舟蓑笠翁，独钓寒江雪。（柳宗元 《江雪》）

结合上节课所了解柳宗元之经历：他一生有两项重大活动，一是参与永贞革新，二是领导古文运动（这二者都与他复兴儒学、佐世致用的思想有关）。心系天下而有志难平，至亲好友相伴亦不能排解内心的孤独凄凉。引导学生进一步体会，在文中可以若隐若现"看"到多个柳宗元：闲适超脱、娱情山水，倔强不屈、孤傲独立，自我批判、内心反省。可以归结为三个词："娱"（山水间会舒缓心志）、"明"（文以明道）、"愤"（愤世之作）三种思想，而这些都是他积极入世情怀的表现。

【设计意图】

引导学生明确，理解作者情感的途径是多元的——可以结合文字，可以结合作者人生经历（知人论世），可以结合作者其他作品，也可以结合名家评论，以此丰富自己的认识。

4. 几句抒怀表心声

引导学生以"柳宗元，你（是）______"写几句话，展示自己的理解。

5. 小结

一场安史之乱，昔日繁华成落花。这时，一个新的时代面孔出现，他内敛不狂放，他儒雅不世俗，他孤傲无软骨，他就是柳宗元。虽半生亲朋凋落，孤雁悲鸣，他却用自己短暂的一生，为即将没落的大唐帝国留下了一束温暖的光！

【教学设计特色】

（1）以教材为基础，整合相关学习材料的专题教学。

（2）基于学情教学。教师为主导，学生为主体。

（3）突出对学生思维品质和学习方法的训练指导。

（4）多次诵读，逐步加深理解。

（5）着力提升学生语文学科素养。

板书：

小石潭记

柳宗元

	幽清之境	娱
入世情怀	孤寒之心	愤
	温暖之光	明

（三）生命中的那些人

——专题学习：鲁迅散文中的老师

【写在前面】

一人一景一事，未必见全貌；几人几景几事，个人情思，总可见一斑。如何读散文？散文不同于小说，同样是塑造人物形象，小说强调人物形象的典型意义，而散文则着重于真实再现人物，强调人物的个性特点以及对自己产生的重要影响，进而使读者体察到作者的人格魅力。在人、事中体察作者情思，是阅读散文时需要关注的。鲁迅的散文中只提及过自己的几位老师，这几位老师在鲁迅人生的重要阶段，分别对鲁迅产生了重要影响，将写几位先生的文章放在一起阅读，就能使学生更强烈地体会到散文刻画人物的作用，学习阅读散文的基本方法。

【教学目标】

（1）结合文章内容及相关研究资料，体会鲁迅散文中的老师特点。

（2）分析鲁迅如何写自己的几位老师，体会几位老师对鲁迅的影响。

【教学重点】

结合文章内容及相关研究资料，体会鲁迅散文中的老师特点及他们对鲁迅的影响。

【教学难点】

分析鲁迅如何写自己的几位老师。

【学生准备】

【教学过程】

1. 导入

鲁迅先生在自己的文章中，专门提过3位老师——寿镜吾先生、藤野先生、章太炎先生，我们来看看，在鲁迅的笔下，3位老师的特点。

2. 自学，研究

任务一：三位老师各有怎样的特点？

任务二：这三位老师分别给鲁迅怎样的影响？

任务三：鲁迅是怎样写三位先生的？

3. 交流探讨

（1）三位老师各有怎样的特点？

寿镜吾先生——

质朴，方正，博学，略有点迂腐古板，热情善良并可敬、可爱。

给鲁迅以知识的启蒙。

在与百草园的对比中写先生。

藤野先生——

生活中不拘小节，工作中严谨负责，没有民族偏见，治学严谨，实事求是可敬可亲。

章太炎先生——

有革命精神，有学术成绩，但后期思想有些落伍　可敬、可悲病重之时仍追怀。

（2）这三位老师分别给鲁迅怎样的影响？

都给鲁迅以思想的深远影响。

寿镜吾——为鲁迅打下了良好的学习基础。

藤野先生——给来自弱国的鲁迅以心灵的慰藉。

章太炎先生——以其革命精神影响着鲁迅。

三位先生在鲁迅成长的关键时期，分别对鲁迅产生了重要的影响，在感受三位先生精神品质的同时，我们也感受到了鲁迅先生伟大的人格。

（3）鲁迅是怎样写三位先生的？

①从外貌特点上来写先生的外在形象。

②在与鲁迅相处的生活片段中，表现出先生的精神品质。

③在鲁迅的自我精神成长过程中，表现先生的人格及对鲁迅思想的重要影响。

4. 思维提升

思考交流：如何阅读散文，把握散文刻画人物的方法和意义？

5. 成果呈现

将本课探究所得以自己喜欢的风格、样式写成一篇文章。

附：【自学材料】

关于鲁迅先生三位老师的一些资料

鲁迅在诸多的老师中，最为敬重的有三位：一位是他的启蒙塾师寿镜吾先生；一位是他的日本老师藤野先生；还有一位就是他青年时期的老师章太炎先生。

一、寿镜吾

寿镜吾（1849—1929），名怀鉴，又字镜吾，晚号菊叟，都昌坊人。愤于洋人跋扈，清廷丧权弱国，以不买洋货、绝意仕进明志，在家中三味书屋设馆收徒，厘定规约，年收学生不过8人。为启发学生思路，提高文学修养，选授课文注重文采，因其异于传统，被人讥为"离经叛道"。教学之余，以读书自娱。晚年常阅报纸，与人议论时政，言及帝国主义侵略、订立不平等条约时，辄气愤扼腕，可见其忠心和正义。

"鲁迅12岁上学。第二年秋后，因祖父下狱，少年鲁迅离家去绍兴农村——皇甫庄、小皋埠避难，故学业中断。1894年夏间回家，仍返三味书屋。这样一直到大约1898年往南京水师学堂学习前半年才离开，首尾竟达六年"

为人正直，崇尚气节，注重礼义，生活俭朴：

晚年，置一夏布长衫，挂于墙上，与两子换穿。每逢春节，于学生拜年次日必回拜。客人来访，必整衣冠相迎。清贫自守，不愿儿辈科举入仕，次子鹏飞富才学，镜吾将其锁于楼房内，不令出而应试。鹏飞缘绳而下，赴京得朝考一等第一名，授吉林宏安知县，镜吾斥为不孝，拒收送来之银。书屋后有丹桂一竿，时徘徊其下，有一亭名"自怡"，又于对面墙上，书"寄傲"两字，以示傲然遗世，自得其乐之意。

鲁迅于光绪十八年（1892）二月入三味书屋受教，其文章予鲁迅深刻影响，鲁迅在《从百草园到三味书屋》等文中认为他"他为人方正、质朴、博学"。在当时比较开明，不打骂学生；对学生既和蔼又严格。但在封建社会里，他的教学内容，教学方式都是守旧的。他教学严，“有一条戒尺，但是不常用，也有罚跪的规则，但也不常用。”他热爱学生，有如下事例为证：

鲁迅父亲病重，急需一种“三年以上陈仓米”，鲁迅多方搜求未果便告知了寿先生。几天后寿先生自己背了米送到鲁迅家里，所以后来鲁迅无论求学南京，还是留学日本，或入京工作，只要回乡便不忘去看望寿先生。1906年他奉母命从日本回乡完婚，仅在家十天，也要去寿先生家坐一坐。1912年进京工作后仍与其保持书信联系，1915年底寿夫人病逝，鲁迅又主动送挽幛致哀。

1898年，18岁的鲁迅，怀揣着慈母多方设法筹措的8块银圆，离开家乡进了南京水师学堂，后来又改入南京路矿学堂。鲁迅在南京路矿学堂期间成绩优异，使他在毕业后获得了官费留学的机会。1902年，他东渡日本，开始在东京弘文学院补习日语，后来进入仙台医学专门学校。他之选择学医，意在救治像他父亲那样被庸医所害的病人，改善被讥为“东亚病夫”的中国人的健康状况。于是，鲁迅先生便认识了日本老师——藤野。

二、藤野严九郎

藤野严九郎（1874—1945）生于日本福井县，是藤野家第六代医生。1874年7月1日生，9岁时父亲亡故，由大哥二哥抚养，严九郎排行老三。他在小学时学习过汉学。1892年4月，从福井学校中途退学，进入爱知医学校，1896年10月毕业，留校作解剖学教师的助手。1897年7月后，在东京帝国大学医学院学习解剖学1年。1901年10月，藤野应聘到仙台医专任解剖学讲师，当时刚满27岁。他和敷波重次郎教授担任一年级的解剖学理论、二年级的解剖实习和局部解剖学。一年级的正副班主任大体上照例由敷波和藤野担任。班主任管理的范围很广，据当时仙台医专规定，诸如学生的学习态度、学生的管理教导、出席情况、考试成绩的统计以及教室的整理和保管，都由正副班主任负责。

1911年，东北帝国大学成立，1912年仙台医专并入，成为东北帝大医学部，所有校舍、教职员、学生原班未动。1915年决定成立东北帝国大学医科大学，藤野因学历不够，被迫于6月底提出“请求免职”，7月1日降为临时讲师，8月9日被解除讲师职务。藤野因生活关系，认为可以搞一搞耳鼻喉的工作，到东京三井公司的慈善医院就业。1919年回故乡自立诊所，1945年在福井逝世。

藤野生活朴素，当时教授上课，来回都坐人力车，而藤野则是步行。鲁迅离开仙台前曾到他家去过，他送给鲁迅一张照片，背书“惜别藤野谨呈周君”。鲁迅为安慰藤野，曾故意说：“我想去学生物学，先生教给我的学问，也还是有用的。”据说后来藤野跟侄子藤野恒三郎说过：“周君是个好学生……但不是当医生的人。看来是为研究生物学才学生理学和解剖学的。”恒三郎说，听藤野先生的口气，他是相信了鲁迅分别时为安慰他而说的想学生物学的话，犹见其热爱学生。

鲁迅讲：“他对我的热心的希望，小而言，是为中国，就是希望中国有新医学；大而言之，是为学术，就是希望新的医学传到中国去。他的性格，在我的眼里和心里是伟大的。”

总之，“为中国”与“为学术”，既为藤野爱护鲁迅之根本，也是师生之间友谊的基础。这六个字把藤野的思想和性格升华到更高的境界了。藤野先生“最使我感激”的，说到底，正是感激他的“为中国”“为学术”的崇高思想和品德。尽管藤野对于鲁迅中途辍学并不很理解，但是，对于一位善良正直的日本学者来说，能如此同情和尊重一个“弱国”学生的抱负，是难能可贵了。

鲁迅弃医从文，离开仙台医学专门学校，回到东京，翻译外国文学作品，筹办文学杂志，发表文章，从事文学活动。在留学日本期间，鲁迅初步形成了他的世界观和人生观。但是，鲁迅的思想和感情不但为当时大多数的中国人所无法理解，就是在留日学生中也很难得到广泛的响应。他翻译的外国小说只能卖出几十册，筹办的文学杂志也因缺乏资金而未能出版。家计的艰难，使鲁迅不得不回国谋职。1909年，他从日本归国，先后在杭州浙江两级师范学堂（今杭州高级中学）和绍兴府中学堂任教员。

鲁迅与他的日本老师藤野先生情谊很深，说“对事认真负责、严格要求，热情诚恳、治学严谨、生活朴素，对弱国学生无民族偏见，更是对鲁迅很关怀，常常给予鼓励。”到1926年，“他的照相至今还挂在我北京寓居的东墙上，书桌对面。”1935年，日本友人增田涉翻译的《鲁迅选集》要定稿时，鲁迅回信说：“一切随意，但希望能把《藤野先生》选录进去。”

周君来的时候是中日战争之后，又过了相当的年数，很可悲的是，当时日本人还骂中国人做猪头三。在有这恶骂风气的时候，所以同级生之中也有这样的一群，动不动就对周君加以白眼，另眼看待。我少年的时候，曾承福井藩校出身的姓野坂的先生教过汉文，因此一方面尊重中国的先贤，同时总存着应该看重中国人的心情，这在周君就以为是特别亲切和难得了吧。如果周君因此而在小说里和友人之间把我当作恩师谈着，我要是早读到该有多好啊!既然他至死还想知道我的消息，倘早通了音信，他本人也该多么喜欢啊!（摘自藤野严九郎《谨忆周树人君》）

鲁迅逝世前，他还曾让增田涉打听藤野先生的下落。藤野先生的侄子藤野恒三郎说："40年前，也就是鲁迅逝世的那一年，有一位记者拿来了一张鲁迅逝世时的照片给我叔父严九郎看。这时，我叔父才知道鲁迅逝世的消息，当时，严九郎正襟而坐，把那张照片举过头顶，然后提笔写了'谨忆周树人君'，由此可见，藤野严九郎对鲁迅的敬慕之情多么深切！"

摘自《心随东棹忆华年》，1976年11月7日《人民日报》

三、章太炎

章太炎（1869年1月12日—1936年6月14日）名炳麟，字枚叔，初名学乘，后改名绛，号太炎。浙江余杭人，清末民初民主革命家、思想家、近代朴学大师，著述甚丰。

鲁迅先生对章太炎先生的感情要比前两者复杂。在他眼里章太炎是一个有学问的革命家，鲁迅十分钦佩他反对清王朝的革命精神，可以说是"七被追捕，三入牢狱，而革命之志，终不屈饶"的革命家。章太炎因早年热心维新运动和反清革命，1906年因各种原因流亡日本，主持《民报》。鲁迅常去报馆听他讲学，不仅折服先生渊博的学识及和蔼可亲的长者风度，更钦敬他的革命精神。但五四运动后，章先生慢慢落伍了；白话文运动多年后，他依旧维护文言而攻击白话。怎么办，尊师还是重道？鲁迅从一个革命家的高度毅然选择了后者，写了《趋时和复古》等文章，对章先生进行了尖锐批评，我摘录了其中一段：

"清末，治朴学的不止太炎先生一个人，而他的声名，远在孙诒让之上者，其实是为了他提倡种族革命，趋时，而且还'造反'。后来'时'也'趋'了过来，他们就成为活的纯正的先贤。但是，晦气也夹屁股跟到，康有为永定为复辟的祖师，袁皇帝要严复劝进，孙传芳大帅也来请太炎先生投壶了。原是拉车前进的好身手，腿肚大，臂膊也粗，这回还是请他拉，拉还是拉，然而是拉车屁股向后，这里只好用古文，'呜呼哀哉，尚飨'了。"

然而，1936年6月，章太炎逝世不久，国民政府把他打扮成“纯正先贤”，宣布要进行“国葬”，更有一些报刊贬低他为“失修的尊神”，章太炎早年的革命精神被掩埋。于是，鲁迅不顾病重，于逝世前10天写下了著名的《关于太炎先生二三事》为自己的老师鸣不平，也可见其师生情谊。

（四）活动·探究——人物专访

【写在前面】

统编语文教材第一次将“活动·探究”作为独立的一个单元，八级上册的新闻单元即是如此。本单元学习有3个层级的学习任务：阅读新闻稿，写作新闻稿，人物专访。提高阅读与表达的水平，增强适应社会、服务社会的能力，是21世纪人际交流应具备的素养。本案例侧重于人物采访的过程和采访文稿的写作，学生在真实的语言实践活动中，不断得到提升。

【教学目标】

（1）学会拟定简洁有效的采访提纲。

（2）能成功地完成人物专访。

（3）撰写有个性化风格的人物专访文章。

【教学重点】

（1）学会撰写简洁有效的采访提纲。

（2）撰写有个性化风格的人物专访文章。

【教学过程】

（1）导入。

（2）根据已选定的采访对象，拟定采访提纲，写下来。

（3）修改采访提纲。引导学生关注采访问题的层级性和有效回答性。

【预设】

（1）围绕中心设定问题，问题尽量细致。

（2）采访提纲内容：

①了解人物基本信息。如对方年龄、工作、业余爱好等等。

②了解对被采访人有重要意义的事件：了解初衷，如为什么发生这件事情？是否做了相应准备？了解经历，如事件的起因和重要过程，以及带给被采访人的影响。

③人物专访。进行实地采访，与摄制组和学习任务组共同配合，做好采访记录。

④以一篇人物专访为例，学习撰写人物专访。

⑤择优推送语文组公众号。

【教学反思】

本活动的活动设计，对教师能力要求较高。教师需要帮助学生修改完善采访提纲，使采访提纲思路清晰，问题环环相扣，以使采访顺利进行。要注意学生学习成果的转化，人物采访提纲等内容要及时指导并留存。

二、语文学科特色实践活动案例

案例名称：“‘诗雨星空’诗词大会”语文学科实践活动

（一）活动案例陈述

1. 活动背景

《语文课程标准（2011）》指出“语文课程致力于培养学生的语言文字运用能力，提升学生的综合素养”“语文课程是一门学习语言文字运用的综合性、实践性课程，应着重培养学生的语文实践能力，而培养这种能力的主要途径也应是语文实践。语文课程是学生学习运用祖国语言文字的课程，学习资源和实践机会无处不在，无时不有。因而，应该让学生多读多写，日积月累，在大量的语文实践中体会、把握运用语文的规律”“语文课程应该是开放而富有创新活力的”。“语文学科核心素养”围绕“语文的建构与运用”“思维发展与提升”“审美鉴赏与创造”“文化传承与理解”提出了具体的要求。统编语文教材的推广使用，对传统教学模式提出新的挑战。在新课程改革的背景下，如何卓有实效地开展语文教学、提高学生语文素养，是语文教师面临的一个重要问题。初一阶段，学生学过古诗词作品后，总是机械背诵，遇到与某句古诗词相契合的情境，很难脱口而出与此情境相应的诗句，考试中也常常出现错别字。没有诗意的生活是单调而乏味的，没有实效性强的实践活动，很难让学生所学的诗词作品内化。由此，必须策划一次与古诗词有关的学科实践活动，来促进学生对古诗词的理解与学习，学校“‘诗雨星空’诗词大会”应运而生。

学生刚刚进入中学，对中学的学习方式不太适应。在古诗词学习中，经常出现背诵不熟练、写错字的情况，几经检测落实，依然收效不大。同组的其他老师也遇到了类似的问题，每天找老师背诵的同学络绎不绝，经常看到今天刚背完的同学，第二天又出现在同一地点背诵同一首诗，诗词测试卷子上错别字让人触目惊心。因此，组里的老师们决定搞一次与诗词相关的活动。

2. 活动对象

初一、初二全体学生

3. 活动目标

（1）引导学生亲近古诗词，感受古诗词魅力；

（2）体会中华文化的博大精深、增强文化自信。

4. 活动形式

整个活动大致分以下几个阶段：

第一阶段，准备阶段。编写活动手册《诗雨星空》，精选近百首经典诗词，下发给学生，指导学生安排好诵读计划，制定详细的检查方案，学生进行前期准备。

第二阶段，笔试海选。老师们精心命制试题，全员参与，以笔试的形式进行全员海选，让一部分优秀学生准备决赛。

第三阶段，终极对决。决赛分为必答题、抢答题、风险挑战题，最后出现平分情况，以飞花令形式定胜负。

5. 活动时间场地

2017年12月18日，五中分校地安门校区大会议室。

6. 活动过程

（1）开场动画《我为诗狂》。

（2）主持人开场词。

（3）集体配乐诗朗诵《沁园春·雪》，朗诵者来自初二初二各班共40位同学。

（4）宣布复活选手名单：在初赛中失利落选的班级各派3位选手，在大会开始之前，进行复活赛。复活赛每位选手答题时间3分钟，一共20道题，时间到则停止答题。老师现场阅卷，每个年级得分最高的3位同学，不分班级分别组成初一、初二年级复活联队。

（5）第一轮比赛：初二年级必答题。在本轮比赛中，每队都会获得100分的底分。每队回答五道题，答题时间为每道题15秒。答错不扣分，每答对一道题加10分。15秒内本队任意一名选手答对即可加分，若答题时间内未答对，不扣分。

（6）第二轮，混合抢答题。

共10道抢答题，初若抢答正确加10分，错误则要减10分！每道题公布后，选手会有三秒钟的思考时间，三秒钟后可以用抢答器进行抢答。请选手们在抢答时轻按面前的抢答器，提前抢答将会失去答题机会，抢答器变为绿色则代表抢答成功。

（7）第三轮，初一年级必答题，规则与第一轮相同。

（8）第四轮，混合抢答题，规则与前面抢答环节规则相同。

（9）第五轮，风险挑战题。本轮题目依据难度，分为10分题，20分题，30分题和40分题。10分和20分值各有四道题，30分和40分各有三道题，答对加分，答错则要扣除相应分数。每个战队将经过抽签决定了选题的顺序。如果某一分值的题都被选完，剩下的战队只能在其他分值中进行选择。

（10）第六轮飞花令。如有平分的团队，则依据飞花令决出最后的名次，每人答题时间五秒钟；如果没有平分团队，则根据飞花令决出最具魅力选手。各年级一等奖一名，二等奖两名，三等奖四名。如获奖班级因为并列而多于所设奖项，第六轮飞花令视为加时赛。

（11）学生优秀原创诗词展示。

（12）集体诗朗诵：学生原创诗词。

（13）公布现场决赛名次，颁奖。

（14）领导点评（工作人员负责在奖状、锦旗、书上添写内容）。

（15）颁奖结束。

（二）活动案例分析

自活动方案宣布之后，学生中掀起了一股古诗词背诵热潮。课间不仅可以见到学生三三两两结组背诗的情况，而且常常会在某个特定的情境下，出现一位同学脱口而出一两句诗句，甚至同学间开玩笑时，都可能会引用几句诗词进行善意的调侃，越来越多的同学迷上了诗词创作。现场直播决赛时，学生热情高涨，时而为同学的精彩回答而热烈鼓掌，时而为一题惜败而惋惜不已，还有很多同学在此次活动结束之后，直接爱上了诗词，甚至购买了《全唐诗》作为茶余饭后的读物。在同学的强烈要求下，今年还会举办“校诗词大会”第二季。我们指导学生将参加此次活动的资料收集整理，并编制评价手册，引导学生自评、他评，进行总结和反思。

一次诗词大会，让更多的同学爱上了诗，可能会有更多的诗人涌现出来，可能很多人今后的生活方式也因此变得充满诗意，我们愿意为此而继续守护。

下面是几首学生原创的诗词作品：

诗　咏

千秋河山依然在，万古诗词传今朝。
醉酒不闻天子呼，独坐弹琴复长啸。
宁死江东楚歌处，不随古人悲寂寥。
一剑天涯逍遥去，狂歌穿云上九霄。
烟云掠去愁滋味，海上明月共江潮。
炎黄精髓五分继，我为诗狂天下傲。

江城子·五分学子恩师颂

谆谆教诲暖心房。念师恩，永难忘。熬尽苦心，桃李育芬芳。传道雏鹰助展翅，明日望，当自强。

五分学子捧书香。智勇双，六气扬。仰天长笑，为国展荣昌。意气风发吟古韵，谱华章，铸辉煌。

咏　雪

银装素裹漫古道，
未闻枯藤昏鸦吵。
若无数点寒梅出，
疑是暮春柳絮飘。

山坡羊·咏雪

山亭小憩，雪归平野，晶莹如玉贵纯洁。今瑞雪，兆丰年。甘露沁土抚原野，舍身为民话离别。聚，人有约；散，人有约。

水　仙　说

水仙是谓国之名花也。予独爱水仙之生于清涟，无施旁料，便若葱若蒜：舒畅伸展，洁花顶立，亦香亦幽。然惜之过春而衰。黄庭坚赞水仙“含香体素欲倾城，山矾是弟梅是兄”。水仙虽过春而衰，却倍珍生之年华焉。

噫！人生百年之短若水仙之命也，却应惜时当下，尽己之力，待到暮年，无怨无悔。

当学生看到自己的原创诗词在大屏幕上展示的时候，感到发自内心的兴奋，同时也为现场飞花令的同学惊叹不已。从活动实施过程来看，“诗词大会”属于语文活动，内容与语文学习密切相关，也是学生感兴趣的、愿意积极参与。活动过程中学生积极的准备背诵，说明他们的参与意识很强并卓有成效。活动结束后，学生对诗词的热情并没有减少，而是以创作诗词的形式，展现他们对诗词的热爱，就提高学生语文素养的角度来看，这是传统的课堂教学所不能比拟的。另外，语文老师精心细致的策划和指导，为此次活动的成功起到了重要作用，活动整体安排和分阶段实施，也是成功的必要保证，同时下一季诗词大会会继续进行，保证了活动的连续性，有利于引导学生可持续学习。

三、活动成果总结

（一）经验

“语文学科特色活动”指的是在学校教育的语文课堂教学过程中，以提高学生汉语言文字运用能力和语文素养为目的的，在教师教学活动的引导和促进下，学生自主参与的、能动性强的主体认识活动、实践活动和交往活动。也就是说它以学生的兴趣和直接经验为基础，在教师的指导下，通过多种形式的实践活动，让学生增强学习、运用语文知识与能力，并从中得到情感熏陶、思想提升，培养创新精神、实践能力及综合运用知识的能力的活动。这次诗词大会的成功召开，提供以下几点可供借鉴的经验：

（1）语文学科实践活动要体现出“语文味”。语文学科特色活动区别于其他综合实践活动课，关键在于要突出“语文”二字的特色，这是根本。学生借助活动，达到相应的语文知识能力训练目标，学到的是语文知识能力，提升的是语文素养，否则语文学科特色活动就不再具有存在的必要性。

（2）要有“综合性”的特点。“学科特色”强调的是学科特点，但在活动具体实施过程中，训练的是学生的多种能力，如组织协调能力、搜集信息的能力、整合信息的能力、提炼加工总结能力、语言运用能力、研究性学习能力、交流沟通能力、表演能力、表达能力、写作能力、创新能力等。

（3）要有“实践性”。“学科特色活动”区别于单一的课堂学习模式，不局限于书本知识的传授，以学生的生活和实践为基础发掘课程资源，让学生亲自实践，在活动中学习、在实践中运用，提高解决实际问题的能力。实践的内容是丰富的，形式也是多样的。所以这种类型的课，功夫应该在课外，课内仅限于展示活动的作用。

有效开展语文学科特色活动，离不开教师的精心策划。活动课不是学生热热闹闹地“作秀”，更多时候我们所接触的语文综合实践活动课有这几种类型：演戏型、甩手型、上课型。要么将课程当成简单的游戏，师生热热闹闹地“秀”一场；要么当成传统的字词句分析课，枯燥乏味，无法完成教学目标，可谓是低效甚或是无效的教学。语文学科特色活动不能只靠教师讲授，但亦不能完全没有师授，这里的“授”指的是教师在开展活动前后，要对学生进行必要的充分的指导。所谓“台上一分钟，台下十年功”，我认为一次完整的综合实践活动课，至少需要4个课时来完成4个环节：策划、指导、实施、总结，甚至更详细。

（二）反思与不足

与第一季诗词大会相比，这次的准备更为充分，上一次诗词大会只是简单印刷了几页纸，本次大会编写的精美教材，可以在活动结束以后继续使用。此次活动的方案，与之前相比更为详细，更能激发学生的参与兴趣，对提升学生语文素养，起到了更积极的作用。

当然，本次活动还是有一些遗憾。虽然全体学生参与了笔试，但是后续进入决赛的学习涉及面还不够广，争取在下一季的活动中有所改进。

总而言之，语文学科特色活动课不是作秀，不可能一蹴而就。老师们要充分了解学情，周密思考，精心策划，做好总结，为提升学生语文素养而不懈努力！

第四节　后　　记

语文活动是与语文素养生成、发展、提升的明确目的相结合的，是学生的自主活动。学生要在真实的语言实践中亲自体验过程，完成任务，提升思维能力，提高语文素养和思想境界。在进行语文活动设计时，无论是课堂教学，还是语文学科特色活动，都应紧紧围绕“阅读与鉴赏、表达与交流、梳理与探究”的语文核心能力进行设计，应是语文活动而非综合实践活动，应重视形式与内容的统一、整体与部分的统一。在进行活动设计时，教师要充分了解学情，根据学情特点和学生实际需要设计。教师应成为活动的创设者、组织者、调控者，绝不是旁观者，以保证活动的有效性。

注释：

［1］ 中华人民共和国教育部．义务教育语文课程标准（2011年版）［M］．北京：人民教育出版社，2011.
［2］ 蔡可．如何认识语文活动课［J］．中学语文教学，2016（7）.
［3］ 吕叔湘．论语文教学［M］．济南：山东教育出版社，1987：133.